청소년을 위한
지금 시작하는
인문학 가로
읽기

청소년을 위한 지금 시작하는 인문학 – 가로 읽기

1판 1쇄 2014년 10월 10일
　　7쇄 2019년 12월 26일

지 은 이 주현성
일러스트 문수민

발 행 인 주정관
발 행 처 더좋은책
주　　소 경기도 부천시 원미구 상3동 529-2 한국만화영상진흥원 311호
대표전화 032-325-5281
팩시밀리 032-323-5283
출판등록 2011년 11월 25일 (제387-2011-000066호)
홈페이지 www.ebookstory.co.kr
이 메 일 bookstory@naver.com

ISBN　978-89-98015-07-7　04100
　　　　978-89-98015-06-0　(세트)

※더좋은책은 북스토리(주)의 임프린트입니다.
※잘못된 책은 바꾸어드립니다.

이 도서의 국립중앙도서관 출판시도서목록(CIP)은 e-CIP 홈페이지
(http://www.nl.go.kr/ecip)에서 이용하실 수 있습니다.
(CIP제어번호 : CIP2014027018)

청소년을 위한 지금 시작하는 인문학 가로읽기

주현성 지음

더좋은책

삶과 세상에 대해 배우고, 학습 의욕도 키우는

우리 시대 청소년에게 꼭 필요한 인문학

"인문학은 왜 공부해야 하나요?"

"대학 입시 준비도 바쁜데, 굳이 지금 인문학을 공부해야 할까요?"

최근 인문학에 대한 관심이 커지면서 많은 학생들을 강의에서 만날 수 있었는데, 그 학생들이 가장 많이 하는 질문입니다. 그럴 때면 저는 이렇게 대답합니다.

"인문학 공부가 학교 성적 향상이나 입시 준비에 방해가 된다고 생각하다니, 참으로 안타까운 일이군요. 인문학은 우리 삶에 그 무엇보다 유용할 뿐만 아니라, 공부에도 많은 도움이 됩니다. 장차 사회에 필요한 창의적인 인재가 되는 데도 분명 중요한 자산이 되어줄 것입니다."

제 말이 믿기지 않는다고요?

인문학이 교과 공부와 별개의 것처럼 느껴지는 것은 성적의 우선순위가 영어와 수학 점수에서 결정되기 때문입니다. 하지만 충분한 이해 없이 단순한 암기나 반복된 문제풀이만으로는 좋은 점수를 받지 못한다는 사실은 여러분이 더 잘 알 겁니다. 특히 수능과 논술, 면접 등은 해당 지식의 이해와 그 응용 능력을 중점적으로 보기 때문에, 배경지식을 익히고 이해하는 것은 매우 중요합니다. 바로 인문학을 공부하는 목적과 같은 것이지요. 인간과 사회에 대한 전반적인 것들을 다루는 인문학은 다양한 과목의 배경지식이 되어줄 뿐 아니라, 그동안의 통념을 깨뜨리며 세상을 바꾼 위대한 천재들의 다양한 사고방식을 통해 응용력과 창의력 또한 키워나갈 수 있습니다.

하지만 단지 성적 향상 때문에 여러분에게 인문학을 권하는 것은 아닙니다. 오히려 인문학이 우리 삶에 주는 놀라운 유용성 때문에 애써 인문학을 소개하고 싶은 것이지요. 인생 전체를 보면, 청소년기야말로 인격과 가치관이 자리 잡기 시작하는 아주 중요한 시기입니다. 인문학은 여러분에게 훌륭한 멘토가 되어줄 수 있답니다. 인문학에는 인생 선배들의 삶에 대한 고민이 곳곳에 배어 있어 앞으로의 삶과 꿈에 대해 고민하는 여러분에게 친절한 대화 상대가 되어주기 때문이지요.

그래서 이 책에서는 교과 학습에도 적극 도움이 되고, 지식에 대한 흥미와 인간에 대한 이해 또한 담아내고자 했습니다. 『청소년을 위한 지금 시작하는 인문학―가로 읽기』에는 논술, 면접, 수능 등에 도움이 되는 교과 과정에 충실한 인문 지식을, 『청소년을 위한 지금 시작하는 인문학―세로 읽기』에는 교과 과정을 뛰어넘어 우리가 살아가고 있는 시대를 읽기 위한 폭넓은 인문 지식을 나누어 담았습니다.

이 책 『청소년을 위한 지금 시작하는 인문학―가로 읽기』에서는 신화, 현대 회화, 서양 유럽사, 철학과 과학, 민주주의와 한국 사회를 다루고 있습니다.

서양 문명이 많은 부분을 차지하는 현대사회의 문화를 이해하는 데에는 그리스 로마 신화와 유럽사가 매우 중요하지요. 특히 그리스 신화는 문학과 회화, 음악 등 모든 문화에 그 영향을 미치고 있습니다. 또한 유럽사는 오늘날의 자본주의 사회가 만들어지는 과정을 담아내고 있으며, 뚜렷한 분기점들이 있어 역사의 흐름을 쉽게 파악할 수 있는 장점이 있지요.

현대 회화는 그림의 역사에 불과해 보이지만, 그 이면에는 현대의 사고방식이 어떻게 변모하고 있는지를 볼 수 있답니다. '인문학의 꽃'이라 할 수 있는 철학과 과학의 변천사는, 인류가 세상을 어떻게 바라보았으며, 또 어떻게 정확한 지식을 만들어냈는지를 알게 해주지요.

마지막으로 민주주의와 한국 사회를 다루었습니다. 오늘날 이루어지는 모든 것은 민주주의 제도 위에 있지만, 우리는 그것이 정확히 무엇을 추구하며, 무엇을 보호하려고 하는지 등을 배우고 익히지 못했지요. 그 결과 한국 사회는 많은 희생을 치러야 했답니다. 민주주의와 한국 사회에 대해 아는 것은 우리가 무엇에 관심을 갖고, 무엇을 해야만 하는지를 알아보는 시간이 될 것입니다.

여러분이 이 책을 통해 교과서 속 지식뿐만 아니라 살아 있는 인문 지식을 즐겁게 접할 수 있기를 바라며, 나아가 더 많은 지적 호기심과 열정으로 세상과 마주하기를 기대합니다.

주현성

contents

 제3장 세계사를 이해하는 첫걸음, 서양 유럽사

제1장

교양의 시작,
그리스와 세계의
신화

신화는 왜 알아야 하나요?

오늘날 우리는 세상이 무엇으로 이루어졌고, 어떻게 움직이는지 과학과 철학을 통해 설명하곤 합니다. 하지만 우리 인류가 처음부터 과학과 철학으로 세상을 해석한 것은 아니랍니다. 인류가 직립보행을 하고 정착생활을 시작하고서도 한참 후에야 오늘날과 같은 철학과 과학으로 생각하기 시작했지요. 그렇다면 철학과 과학이 발달하기 이전에는 세상을 이해하거나 해석하려는 생각이 없었을까요?

아닙니다. 인류는 '인류'라는 이름을 붙일 만한 그 시대부터 이미 세상을 이해하고 해석하려 노력했습니다. 그들은 사물과 세계를 인간과 같이 의지와 감정이 있다고 생각했으며, 땅이나 산으로부터 인류가 태어났다고 여기곤 했지요. 그리고 그것들이 신이나 정령이라고 생각했습니다.

신화는 이렇게 세상을 해석하는 방법으로 시작되었답니다. 따라서 신화를 읽는다는 것은 고대인들의 오랜 사고방식을 엿보는 것이며, 인류의 생각이 어떻게 변화해왔는지를 추적하는 과정이기도 합니다. 또한 신화는 이후 다양한 영역에 스며들어 사회와 문화에 영향을 미쳤는데요. 이에 오늘날의 사회·문화를 이해하는 데에도 중요한 배경지식이 되어주고 있습니다. 여기서는 현대 문화의 주류가 되어버린 서양 문화의 배경지식인 그리스 로마 신화를 비중 있게 다루고, 인류 신화의 뿌리라 할 수 있는 메소포타미아 신화와 한국, 중국의 신화도 간단하게 살펴보도록 하겠습니다.

제우스,
신들의 왕이 되다

　그리스 신화에서 가장 많이 들어본 신이 있다면 아마 제우스^{Zeus}일 겁니다. 그는 신 중에서도 가장 높은 신들의 왕으로, 우리에게는 번개를 들고나와 당장이라도 불호령을 내릴 것 같은 모습으로 알려져 있지요. 신들의 왕인 만큼 모든 신들에게 명령을 하거나 회의를 주관하기도 하지만, 그가 『성경』에 나오는 신처럼 이 세상을 창조했다거나 절대적인 힘 또는 성스러운 모습을 보여주는 건 아니랍니다. 그는 오히려 자신의 아버지 크로노스^{Cronos}에게 잡아먹히지 않기 위해 숨어서 자라야 했고, 인간을 미워했으며, 왕이 된 이후에도 아내의 눈을 피해 다니며 애정 행각을 일삼던 바람둥이였답니다.

제우스의 할아버지와 할머니

그렇다면 제우스는 왜 아버지에게 잡아먹히지 않기 위해 숨어서 자라야 했을까요? 이 이야기를 하자면 그의 할아버지, 할머니까지 거슬러 올라가야 합니다.

제우스의 할머니는 대지의 여신, 가이아^{Gaia}입니다. 그런데 그녀는 여신일 뿐 아니라, 우리가 발붙이고 사는 대지 그 자체였답니다. 가이아는 태초의 혼돈인 카오스^{Chaos}에서 태어났고, 아들 우라노스^{Uranus}를 낳습니다. 우라노스는 하늘 가장 높은 곳, 즉 '천공'을 의미하지요. 가이아는 아들 우라노스와 결합하여 거인 족 신들을 낳았답니다. 맙소사, 가이아가 자신이 낳은 우라노스 사이에서 아이를 낳았다고요? 이런 해괴망측한 일이……. 놀라지 마세요. 신화란 자연의 현상을 의인화하여 설명하면서 시작된 것이다 보니, 이렇게 종종 해괴할 때가 있습니다. 그리스인들은 혼돈에서 대지가 나왔으며, 대지가 하늘을 낳았다고 생각했습니다. 어쨌든 이렇게 제우스의 할머니와 할아버지는 6남 6녀의 아이들을 낳았고, 제우스의 아버지 크로노스는 그중 막내로 태어나게 됩니다.

크로노스와 그의 형제들은 거대한 대지와 하늘의 아들이다 보니 아주 거대한 거인 족 신이었습니다. 그런데 가이아와 우라노스는 거기서 멈추지 않고, 키클롭스^{Cyclops}라는 외눈박이 괴물 신 3형제와 헤카톤케이르^{Hekatoncheir}라는 50개의 머리와 100개의 팔이 달린 괴물 신 3형제까지 더 낳았지 뭡니까. 이 끔찍하게 생긴 괴물 신들은 걸핏하면 싸우고, 소란을 피웠습니다. 이를 보다 못한 우라노스는 이 애물단지 신들을 모두 타르타로스Tartaros에 가두어버렸지요. 타르타로스는 빛이 닿지 않는 땅속 깊은 곳으로, 저승 세계 또는 저승 세계 중에서도 가장 깊은 곳을 의미합니다. 문제는 이 타르타로스가 땅속 깊은 곳이라는 점입니다. 가이아가 대지, 즉 땅이기 때문에 타르타로스란 가이아의 뱃속이었고, 이 괴물 신들이 타르타로스에 갇혀서 소란을 피우기만 하면 가이아는 배가 아파 참을 수가 없었던 것이지요.

매일 복통에 시달리던 가이아가 남편 우라노스에게 복수하기로 결심하고, 막내아들 크로노스를 끌어들입니다. 크로노스는 낫을 들고 침실에 몰래 잠입해 있다가 우라노스가 가이아에게 다가오자, 우라노스의 성기를 잘라 던져버렸습니다. 이에 대지의 아들이요, 남편으로

아프로디테의 탄생 우라노스의 성기가 바다에 떨어진 곳에서 아프로디테가 탄생했다. 보통 아프로디테에게는 아들 에로스(Eros)가 사랑의 화살을 들고 수행원처럼 따라다닌다.

서 신들의 왕 자리를 차지하고 있던 우라노스는 왕좌에서 쫓겨나고, 그의 아들 크로노스가 왕위에 오르게 되지요.

　이 사건으로 인해 하늘과 땅은 영원히 갈라지게 되었다고 합니다. 또한 이때 잘려나간 성기는 바다로 떨어졌는데요, 그 주위로 거품이 모여들더니 그곳에서 미의 여신 아프로디테Aphrodite가 탄생했습니다. 아프로디테는 여성 속옷 브랜드와 같은 '비너스Venus'라는 이름으로 우리에게 더 잘 알려져 있지요.

제우스의 아버지, 크로노스

"너 역시 자식에게 쫓겨날 것이다."

우라노스는 쫓겨나며 크로노스를 저주했습니다. 크로노스는 이 저주의 말에 왕위에 오르고도 마음을 놓을 수가 없었지요. 이에 그는 신들을 함부로 대하며 폭정을 휘둘렀으며, 부인인 레아Rhea가 자식을 낳으면 쏜살같이 달려와 한 입에 꿀꺽 삼켜버렸지요.

레아는 벌써 다섯 명의 아이를 잃었습니다. 여섯 번째 아이를 가진 레아는 더 이상 아이를 잃을 수 없어서 가이아를 찾아가 도움을 요청합니다.

자식을 삼키는 크로노스 아이들과 돌멩이는 이보다 훨씬 작았을 것이며, 통째로 넘어갔을 것이다. 자신이 낳은 자식을 잡아먹는 크로노스는 모든 것을 존재했다 사라지게 하는 '시간'을 의미한다.

가이아는 레아를 크레타 섬으로 데려가 몰래 아이를 낳을 수 있게 해주었지요. 레아는 커다란 돌멩이를 포대기에 싸서 자신이 낳은 아이라며 크로노스에게 주었습니다. 당연히 크로노스는 이것을 받자마자 아이라고 생각하며 의심 없이 통째로 꿀꺽 삼켜버렸습니다. 아이는 가이아의 보호 아래, 산양의 젖을 먹으며 요정들의 보살핌으로 무럭무럭 자라났습니다. 이 아이가 바로 제우스입니다.

제우스는 청년이 되자 아버지가 삼켜버린 형제들을 구하기로 결심했어요. 그는 크로노스에게 다가가 몰래 구토제를 먹였습니다. 약을 먹은 크로노스는 심하게 구역질을 하더니, 예전에 삼켰던 돌멩이부터 누이와 형들을 모두 토해내 버렸습니다.

제우스와 뱃속에서 빠져나온 그의 형제들은 재빨리 크로노스를 타르타로스에 가두고, 그리스에서 가장 높은 올림포스 산으로 가 그곳에서 자신들의 세력을 키웠습니다.

당시 세상을 지배하고 있던 건 거인 족 신들이었고, 제우스와 형제들은 거인 족이 아니었지요. 거인 족의 왕인 크로노스를 타르타로스에 가둔 제우스의 형제들은 어쩔 수 없이 거인 족과 전쟁을 벌여야 했습니다. 전쟁이 치열해지자 제우스의 형제들은 타르타로스에 갇혀 있던 괴물 신들을 해방시켜 자신들을 돕게 했습니다. 무엇이든 만들어내는 훌륭한 대장장이였던 키클롭스 3형제가 제우스에게는 번개를, 포세이돈Poseidon에게는 폭풍과 지진을 일으키는 삼지창을, 하데스Hades에게는 몸이 보이지 않는 황금투구를 만들어주었습니다.

헤카톤케이르 3형제는 수백 개의 팔을 이용해 거대한 바위들을 던져 거인 족을 꼼짝달싹 못 하게 만들었고, 제우스의 번개는 삽시간에 대지를 불바다로 만들었습니다. 전세는 완전히 제우스 형제들에게 기울었고, 마침내 그들은 쇠사슬로 거인 족을 묶어 타르타로스에 가두어 버렸습니다. 제우스는 타르타로스를 청동 문으로 봉쇄해버리고, 헤카톤케이르 3형제를 시켜 더 이상 소란도 반란도 일으키지 못하도록 지키게 했습니다.

마침내 제우스와 그의 형제들이 승리한 것입니다. 승리의 주인공인 제우스는 신들의 왕으로 등극했으며, 그의 형제와 누이들 또한 최고의 신으로 추앙받게 되었답니다.

인간 세상을 지배한
제우스의 가족

　제우스와 그의 형제들은 이제 최고의 신이 되어 세상을 지배하게 되었습니다. 그들은 왕의 형제와 누이이기에 왕족이기도 합니다. 그런데 그들 못지않게 중요한 왕족이 또 있었지요. 바로 제우스의 자녀들입니다. 이들은 주로 올림포스 산에 모여 살았기 때문에 올림포스는 신들의 중심지이자, 세상의 중심지가 되었습니다.

　여러분이 듣게 되는 대부분의 그리스 로마 신화는 이 올림포스의 왕족들에 관련된 이야기라고 볼 수 있습니다. 우리는 그들을 '올림포스 12신'이라고 하지요.

세상을 나누어 가진 제우스의 형제들

제우스의 형제와 누이는 앞서 말했듯이 제우스를 포함하여 3남 3녀입니다. 그중 장녀 헤스티아Hestia는 불과 화로의 여신입니다. 화로는 옛날 가정에서 없어서는 안 될 중요한 것이었기 때문에 그녀는 가정의 수호신으로 여겨졌습니다. 그런데 헤스티아는 가정의 수호신답게 올림포스 산에 조용히 머물러 있었나 봅니다. 그리스 신화에는 그녀에 대한 신화가 별로 없답니다. 그래서 올림포스 12신을 이야기할 때 헤스티아를 포함하기도 하고, 포함하지 않기도 하지요. 그녀가 12신에서 빠지는 경우에는 제우스가 자신의 허벅지에서 직접 낳은 디오니소스Dionysos를 12신에 넣습니다.

제우스의 둘째 누나는 풍요와 대지의 여신 데메테르Demeter입니다. 그녀는 곡물과 농사를 관장하는 만큼 그리스인의 특별한 숭배를 받았으며, 꽃과 곡식이 피고 지는 사계절과도 관련이 있답니다. 특히 지하 세계의 신인 하데스가 데메테르의 딸 페르세포네Persephone에게 반해 지하 세계로 페르세포네를 납치해간 사건이 유명하지요. 딸을 잃어버린 데메테르는 슬픔에 잠겨 모든 일을 내팽개쳐버리고 자신의 딸을 찾아 나섭니다. 문제는 풍요와 대지의 여신인 그녀가 돌아오지 않자, 대지의 곡식들이 모두 여물지 않는 것이었지요. 세상이 척박해지자 하는 수 없이 제우스가 나서서 데메테르와 하데스를 중재했습니다. 그래서 1년 중 3분의 1은 페르세포네가 지하 세계에 와서 하데스와 함께 살고,

청소년을 위한 지금 시작하는 인문학 •

나머지 3분의 2는 지상으로 나와 데메테르와 함께 살게 했지요. 그래서 페르세포네가 하데스에게 가면 겨울이 오고 초목이 지며, 다시 데메테르에게 돌아오면 봄이 와서 꽃이 피고 열매가 열린다고 합니다.

페르세포네의 귀환 데메테르와 페르세포네가 지상과 지하 세계를 오가는 패턴이 바로 계절이다.

마지막 셋째 누나는 결혼과 결혼 생활의 여신 헤라^{Hera}입니다. 그녀는 명실공히 제우스의 정실부인이자, 신들의 여왕이랍니다. 사실 제우스는 소문난 바람둥이라서 헤라 이전에도 두 번이나 결혼을 했지요. 하지만 헤라야말로 제우스와 남매인 동시에 부인이었기에 정실부인으로서 여왕의 자리를 차지할 수 있었던 것 같습니다. 그녀는 또한 제우스와 같이 하늘의 여신이기도 합니다. 그래서 고대 그리스인들은 하늘에서 커다란 폭풍 번개가 치면 제우스와 헤라가 부부 싸움을 한다고 생각했답니다.

다음은 제우스의 남자 형제 이야기를 해보겠습니다.
제우스는 세상을 하늘, 바다, 지하 세계로 삼등분해 형제들과 나누어 지배했습니다. 제우스는 하늘을 지배했고, 맏형인 포세이돈은 바다를 지배하며 제우스 다음가는 힘을 발휘했지요. 그리고 마지막으로 지하 세계를 차지한 둘째 형 하데스가 바로 좀 전에 말한 페르세포네를 납치한 주인공이지요. 그는 지하 세계를 다스리기 때문에 좀처럼 올림포스에 얼굴을 내밀 일이 없었답니다. 그래서 올림포스 12신을 이야기할 때 하데스는 거론되지 않지요.

헤라의 질투와 제우스의 자녀들

헤라는 정확히 말해 제우스의 세 번째 아내랍니다. 그럼 제우스의 첫 번째 아내는 누구였을까요? 바로 지혜의 여신, 아테네Athene의 어머니로, 원조 지혜의 여신 메티스Metis였답니다. 그런데 제우스는 아내 메티스가 임신하자 아내를 작게 만들어서 통째로 삼켜버렸습니다. 왜 그랬을까요? 제우스 또한 그의 아버지처럼 아내에게서 자신을 대신해 세상을 지배할 신이 태어난다는 예언을 들었기 때문입니다. 그러니 이번에는 아이가 아니라 아예 아내를 삼켜버린 것이지요. 재미있는 점은 제우스가 아내를 삼키고 나서 더욱 지혜로워졌다고 합니다.

그런데 점점 달이 차자 제우스의 머리가 엄청나게 아파오는 거예요. 고통을 참다못한 제우스는 도끼를 가져오라고 해서 자신의 머리를 내려치게 했답니다. 그러자 이게 웬일입니까? 그 머리에서 손에 창과 방패를 들고 갑옷까지 차려입은 아테네 여신이 함성을 지르며 태어났다고 합니다. 그녀는 아테네 도시를 수호하는 신이며, 동시에 전쟁의 여신이기도 합니다. 제우스의 딸인 동시에 제우스의 머리에서 직접 태어

나기까지 한 아테네는, 어엿한 왕족으로서 올림포스 12신에 이름을 올리고 있습니다.

　두 번째 아내는 율법과 질서의 여신 테미스Themis입니다. 그녀와 제우스 사이에는 계절의 여신, 호라이Horai 세 자매와 운명의 여신, 모이라이Moirai 세 자매가 있지만, 모두 올림포스 12신에 들지 못했지요.

　그리고 세 번째로 마지막 정실부인이 된 제우스의 누이, 헤라입니다. 그들의 자녀 중에는 올림포스 12신에 속해 있는 불과 대장간의 신헤파이스토스Hephaistos와 전쟁의 신 아레스Ares가 잘 알려져 있습니다. 형 헤파이스토스는 못생기고 절름발이지만, 성실할 뿐만 아니라 각종무기와 장신구를 만들어 신들에게 많은 도움을 주었습니다. 반면 동생

아레스는 건장하고 뛰어난 외모를 가졌지만 난폭했지요. 심지어 형의 아내인 아프로디테와 불륜까지 저질렀으며, 전쟁의 신이면서도 전쟁에 능하지 못했다고 합니다. 아레스는 공격적이고 파괴적인 전쟁을 주도했고, 전쟁의 여신 아테네는 방어적이지만 뛰어난 지혜와 냉철한 이성으로 대부분의 전쟁을 승리로 이끌었다고 합니다.

이렇듯 제우스는 아내를 세 번이나 맞이했지만, 결코 만족하지 못했습니다. 마음에 드는 여신이나 여인이 눈에 띄면, 사랑을 나누기 위해 수단과 방법을 가리지 않았지요. 그러니 헤라의 마음이 편할 리 없었겠지요. 헤라 또한 눈만 뜨면 남편이 어디서 또 바람을 피우지 않나 감시했으며, 남편과의 애정 행각이 발각되는 이들은 쫓아가 치명적인 저주를 내리곤 했답니다.

헤라의 질투로 인해 여러 가지 고초를 겪었지만, 올림포스 12신의 반열에 오른 신들도 있습니다. 바로 아폴론^{Apollon}과 아르테미스^{Artemis}, 그리고 올림포스 12신에 포함되기도 하고 빠지기도 하는 디오니소스가 그들이지요.

태양신, 아폴론과 달의 여신, 아르테미스는 거인 족 여신인 레토^{Leto}가 낳은 쌍둥이 오누이입니다. 그런데 레토가 이들을 임신했을 때, 헤라가 레토의 자식들이 자신의 자식들보다 더 위대해질 것이라는 사실을 알게 되면서 필사적으로 그녀의 출산을 방해하고 나섭니다. 헤라는 모든 나라에 레토를 받아들이지 못하도록 명령하고, 출산 장소를 제공하는 곳은 불모지로 만들어버릴 것이라고 협박했지요. 레토는 출산할 곳을 찾지 못하고 어쩔 수 없이 여러 나라들을 떠돌아다녀야 했고, 델로스 섬을 아폴론의 성지로 만들어주겠다고 약속하고서야 그 섬에서 출산 준비를 하게 되었지요. 하지만 헤라의 방해는 계속되었습니다. 헤라가 출산의 여신, 에일레이티이아Eileithyia를 붙잡고 있어 진통한 지 9일이 넘었지만 출산을 할 수 없었지요. 이를 보다 못한 제우스가 에일레이티이아를 매수하고서야 레토가 무사히 아폴론과 아르테미스를 낳을 수 있었답니다.

아폴론은 태어난 지 나흘이 지나자, 어머니 레토를 괴롭히던 델포이의 거대한 뱀 피톤을 활로 쏴 죽여버립니다. 원래 델포이는 가이아의 성소였고, 피톤이 이 성소를 지켰다고 합니다. 하지만 이제 그 자리를 아폴론이 차지하게 된 것이지요. 이때부터 사람들은 가이아의 뜻이 아닌 제우스의 뜻을 따르게 되었다고 합니다. 아폴론은 헤라의 걱정대로 올림포스 12신 중에서도 제우스에 버금가는 영향력을 발휘하며 인간들의 숭배를 받게 되었지요.

디오니소스 또한 헤라의 질투 때문에 태어나기 전부터 커다란 역경을 겪어야 했습니다. 디오니소스의 어머니 세멜레Semele는 테베의 공주였는데, 제우스는 신과 인간을 가리지 않고 바람을 피웠지요.

헤라는 세멜레가 제우스의 아이를 가진 것을 알고 그녀를 죽이기로 마음먹고, 세멜레의 늙은 유모로 변신하여 그녀에게 다가갔습니다.

"정말 제우스와 사귄다고요? 그걸 어떻게 믿을 수 있겠습니까? 그가 진짜 제우스라면 증거를 보여달라고 해보세요. 하늘에서처럼 휘황찬란한 차림을 하고 와달라고 해보세요."

세멜레는 유모의 말에 호기심이 생겼지요. 정말 그가 제우스인지,

제우스라면 실제 모습은 어떨지 궁금해진 것이지요. 이윽고 제우스가 세멜레를 만나러 왔습니다.

"부탁이 있으니 꼭 들어주세요."

"말해보시오."

"꼭 들어주신다고 스틱스 강의 신을 증인으로 맹세해주세요."

"스틱스 강의 신을 증인으로 맹세하리다."

스틱스 강은 저승의 강이랍니다. 그러니 제우스는 방금 목숨을 걸고 맹세를 한 셈이고, 이제 아무리 제우스라도 함부로 이를 어길 수 없게 되었지요.

"하늘에서와 같이 휘황찬란한 차림을 하고 저를 만나러 와주세요."

세멜레의 말이 제우스의 귀를 타고 들어오는 순간, 제우스의 얼굴은 순식간에 굳어버렸습니다. 자신이 하늘에서 하고 있는 차림은 인간의 눈으로는 감히 쳐다볼 수 없는 어마어마한 빛의 갑옷을 입고, 한순간에 모든 것을 태워버리는 번개를 들고 있는 모습이기 때문이지요. 제우스는 자신의 섣부른 약속을 뒤늦게 후회했지만 돌이킬 수는 없는 것이었습니다.

슬픈 얼굴로 하늘로 돌아간 그는, 마침내 휘황찬란한 차림으로 세멜레 앞에 나타났지요. 순간 세멜레는 그 광휘에 휘말려 불에 타 죽고 말았습니다. 제우스는 재가 되어가는 그녀의 몸에서 아직 6개월밖에 자라지 않은 아이를 꺼냈지요. 그러고는 자신의 허벅지를 갈라 집어넣고 꿰매어 자랄 수 있게 했습니다. 디오니소스는 이렇게 인간을 어머니로, 제우스의 허벅지를 빌어 태어났답니다.

디오니소스는 자라서 포도주 만드는 방법을 발명해 인간들에게 알려줌으로써 술의 신이 되었지요. 그러나 헤라의 응징은 계속되었습니다. 헤라가 그를 미치게 만들어 여기저기 떠돌게 되었으니까요. 하지만 다행스럽게도 그는 여신 레아의 도움으로 광기를 치료하고, 새로운 제례 의식도 전수받았습니다. 그는 이제 세상을 돌아다니며 포도주 제조법과 새로운 제례 의식을

디오니소스의 탄생 제우스의 허벅지에서 태어나고 있는 디오니소스는 이름 속에 '어머니가 둘'이라는 뜻이 있다.

전파하며 영향력을 키워가게 됩니다. 술과 그의 제례 의식은 무질서하고 광란에 가득 찬 것이었기에 각국의 군주들에게는 배척당했지만, 많은 젊은이들이 그를 따랐다고 합니다. 이렇듯 그는 제우스의 다리에서 직접 태어났고, 많은 인간들이 따랐기 때문에 인간 어머니에게서 태어났음에도 종종 올림포스 12신의 반열에 오르곤 합니다.

헤르메스와 아프로디테

한편 제우스가 바람을 피워 낳았음에도 헤라의 사랑을 듬뿍 받고 자란 신도 있습니다. 바로 거짓말과 전령의 신, 헤르메스Hermes입니다.

밀애를 즐기는 아프로디테와 아레스 아프로디테는 사랑의 여신에 어울리게 헤파이스토스의 동생, 아레스 등 많은 이들과도 밀애를 즐겼다.

그는 제우스와 거인 족 아틀라스 Atlas의 딸, 마이아Maia와의 사이에서 태어났습니다. 참고로 아틀라스는 올림포스 신들에게 패한 벌로 지구를 떠받들고 있는 신으로 우리에게 잘 알려져 있지요.

헤르메스는 태어날 때부터 눈치가 빠르고 말재주가 좋아, 태어나자마자 헤라의 무릎에 앉았지요. 그 모습이 어찌나 기특하고 귀여워

보였는지 헤라는 그에게 자신의 젖을 먹이고 아들처럼 아꼈다고 합니다. 눈치도 행동도 빨랐던 그는 제우스를 비롯한 신들의 전령사 역할을 하며 어엿하게 올림포스 12신의 자리에 올라 있습니다. 날개 달린 모자를 쓰고 날개 달린 신발을 신었다면, 그가 바로 헤르메스랍니다.

마지막으로 소개할 올림포스 12신은 미의 여신이자, 사랑의 여신인 아프로디테입니다. 앞에서 이미 우라노스의 성기가 바다에 떨어지자 거품이 모이면서 아프로디테가 탄생했다고 설명했지요. 이렇게 볼 때 아프로디테가 유일하게 올림포스 12신 중 제우스와 직접적인 혈연관계가 없다고 할 수 있습니다. 그녀는 미의 여신인 만큼 매우 뛰어난 미모를 지녀서 많은 남신들이 그녀를 소유하고자 경쟁했다고 합니다. 보다 못한 제우스가 자신의 아들이며, 가장 못생긴 절름발이 신인 헤파이스토스와 결혼시켜버렸지요.

프로메테우스와
판도라의 상자

『성경』을 보면 신은 오직 하나밖에 없고, 그 하나밖에 없는 신인 하나
님이 인간을 만들었다고 말합니다. 하지만 그리스 신화에서는 제우스
를 비롯해 수많은 신들이 등장하고 있지요. 그렇다면 그 많은 신 중에
서 누가 인간을 만든 것일까요? 뭐니 뭐니 해도 제우스가 신들의 왕이
니 그가 만든 것일까요? 아닙니다. 그리스 신화에서 인간을 만들었다
고 주로 거론되는 이는 바로 거인 족 프로메테우스Prometheus랍니다. 그
는 직접 인간을 만들었으며, 인간을 위해 자신의 목숨까지도 아끼지 않
았던 아주 특이한 신이었답니다. 그리스 신화대로라면 인간과 인간의
문명은 프로메테우스에게 가장 많은 빚을 지고 있다고 볼 수 있지요.

프로메테우스의 불

'미리 알다' '먼저 생각하는 자'라는 뜻을 가진 프로메테우스는 올림포스 신들이 거인 족과 전쟁을 할 때, 올림포스 신들의 승리를 내다보고 거인 족이면서도 동생인 에피메테우스Epimetheus와 함께 제우스 편에 섰습니다. 그래서 많은 거인 족이 감옥에 갇히거나 형벌을 받을 때 이 형제는 무사할 수 있었지요.

어느 날 제우스는 프로메테우스를 불러 생명체를 만들라고 명령했습니다.

"땅을 내려다보니 생명체라고는 하나도 없구나. 지금 가서 땅에 번성할 생명체를 만들 거라."

프로메테우스는 물과 흙을 가지고 여러 생명체를 만들고, 신의 형상을 본뜬 인간도 만들었습니다. 그리고 동생인 에피메테우스에게 각 생명체에게 필요한 선물을 하나씩 주라고 했지요.

에피메테우스는 어떤 동물에게는 날개를, 또 어떤 동물에게는 날카로운 이빨과 발톱을, 또는 두꺼운 등껍질이나 빠른 발을 주었습니다. 그런데 이렇게 나누어주다 보니, 정작 신의 형상을 닮은 인간에게는 줄 선물이 하나도 남아 있지 않았습니다. 몹시 당황한 에피메테우스는 형 프로메테우스를 찾아가 의논하였지요.

한참을 망설이던 프로메테우스는 횃불을 붙이기 위한 뭉치를 가지고 하늘로 올라가 여신 아테네의 이륜차에 달린 불에서 불을 붙여 가지고 내려왔습니다. 프로메테우스는 자신을 방어할 수단도, 다른 동

물을 잡아먹을 수단도 없던 나약한 인간에게 이 불을 선물해주었습니다. 인간은 이제 불을 가지고 무기를 만들고, 음식을 익혔으며, 추위도 피할 수 있게 되었지요. 동물 중 가장 강한 존재가 된 것입니다.

하지만 나중에 제우스가 이 사실을 알고는 몹시 분노합니다. 사실 불은 신들만이 사용하는 것이었기 때문입니다. 그래서 화가 난 제우스는 인간에게서 다시 불을 빼앗아버렸습니다. 인간은 다시 힘없고 나약한 처지로 내몰리게 된 것이지요. 프로메테우스는 그런 인간의 모습을 차마 볼 수 없었던 모양입니다. 그는 이번에는 헤파이스토스의 대장간에 숨어들어 불을 훔쳐오고 말았습니다.

독수리에게 간을 쪼이는 형벌을 받고 있는 프로메테우스 제우스에 맞서면서까지 인간을 돕고자 했던 프로메테우스는 신화 속에서 인간의 구원자이자 문명의 씨를 뿌린 존재로 그려진다.

이로 인해 인간은 다시 편안한 삶을 살 수 있게 되었지만, 프로메테우스는 끝도 시작도 없는 엄청난 고통을 받아야 했답니다. 제우스가 그를 잡아다가 카소스 산 암벽에 쇠사슬로 꽁꽁 묶은 다음, 매일같이 독수리가 그의 간을 파먹게 했기 때문이지요. 특히 그 간은 매일 다시 재생되어버리기 때문에 그의 고통은 훗날 헤라클레스^{Heracles}가 구해줄 때까지 계속되었다고 합니다.

어쨌든 프로메테우스는 제우스에게 도전하면서까지 인간을 위해 노력했는데요, 바로 이런 이유로 '프로메테우스의 불'이라고 하면 어떤 금기에도 굴하지 않는 인간 정신을 나타내는 말이 되었답니다.

에피메테우스와 판도라의 상자

제우스는 프로메테우스에게 가혹한 형벌을 내리고도 성이 차지 않았습니다. 그래서 이번에는 인간에게 직접 형벌을 내리고 싶었지요. 그는 묘한 꾀를 생각해내고 대장장이 신, 헤파이스토스를 불렀습니다.

"헤파이스토스, 인간에게 여자를 만들어주어라. 아름다운 여신을 닮은 여자를 말이야."

그때까지만 해도 세상에는 여자가 아직 없었답니다. 헤파이스토스가 제우스의 명에 따라 여자를 만들었습니다. 헤파이스토스의 솜씨가 좋아서인지, 여신을 닮아서인지 아무튼 그녀는 매우 아름다웠지요. 지혜의 여신, 아테네는 그녀에게 옷 만드는 기술을, 아프로디테는 매력과 우아함을, 헤르메스는 어떤 남자든지 깜박 넘어가 버리는 말솜씨 등 많은 신들이 그녀에게 다양한 선물을 주었답니다. 그래서 그녀의 이름은 '모든 선물을 다 받았다'는 뜻의 판도라^{Pandora}라 불리었지요.

제우스는 이 판도라에게 상자 하나를 내어주며 말했습니다.

"이것은 신들의 왕인 내가 직접 주는 선물이다. 하지만 이 상자를 절

상자를 여는 판도라 보통 판도라의 상자는 '알아봤자 좋을 것이 없는 사실'이나 '뜻밖의 재앙의 근원'을 의미한다.

대 열어보아서는 안 된다.”

선물을 받은 판도라는 프로메테우스의 동생인 에피메테우스에게 보내졌습니다. 그녀를 본 에피메테우스는 첫눈에 반해버렸지요.

그런데 형 프로메테우스는 제우스가 내린 형벌을 받으러 가기 직전, 제우스가 주는 선물은 절대 받아서는 안 된다고 미리 충고를 했었습니다. 에피메테우스라는 이름이 '나중에 생각하는 자'란 뜻이라서일까요? 그는 그 충고는 새까맣게 잊어버린 채 서둘러서 그녀와 결혼해버렸답니다.

판도라와 에피메테우스는 신혼의 단꿈에 젖어 행복한 나날을 보냈습니다. 하지만 시간이 지날수록 판도라의 머릿속에는 제우스가 준 상자가 자꾸 떠올랐어요.

“도대체 저 상자 안에는 무엇이 들어 있는 걸까? 무엇이 있기에 열어봐서는 안 된다는 걸까?”

판도라는 이런 생각을 할 때마다 솟아나는 궁금증을 참을 수 없었습니다. 참다못한 어느 날, 판도라는 용기를 내어 그 상자의 뚜껑을 열고 말았지요. 그러자 그 순간 미움, 고통, 질투, 질병, 공포 등 온갖 나쁜 것들이 상자 안에서 튀어나오는 게 아니겠어요. 판도라는 깜짝 놀라

서둘러 상자를 닫았습니다. 하지만 이미 나쁜 것들이 세상 여기저기로 흩어져 퍼져 나가버린 후였지요.

판도라는 후회했지만 이미 소용없는 일이었습니다. 그러나 다행히 상자 안에 하나 남아 있는 것이 있었지요. 바로 희망입니다. 그래시 인간은 불행과 고통 속에서 힘들게 살아가지만, 희망을 품고 살아갈 수 있게 되었다고 합니다.

영웅이 된
제우스의 아들들

디오니소스의 어머니인 세멜레의 경우에서도 볼 수 있듯이 바람둥이 제우스는 여신뿐만 아니라 인간 여성에게도 욕정을 품었습니다. 그는 한 번 연정의 대상을 정하면 어떤 방법을 통해서라도 성공시켰고, 결국 인간의 몸에서도 신의 피를 이어받은 아이가 태어나게 되었지요. 그 아이들은 인간의 몸에서 태어났지만 평범한 인간과는 무엇이 달라도 달랐답니다. 신들의 왕인 제우스의 아들인 만큼 결코 범상치가 않았지요. 특히 페르세우스Perseus와 헤라클레스Heracles는 세상에 모르는 사람이 없을 만큼 위대한 영웅이 되었는데요, 심지어 헤라클레스는 죽어서 디오니소스처럼 신의 반열에까지 오르게 된답니다.

메두사의 목을 자른 페르세우스

'딸이 낳은 아들에게 죽임을 당할 것이다.'

어느 날 아르고스의 왕 아크리시오스Akrisios에게 내려진 신탁입니다. 아크리시오스 왕은 이 신탁에 대한 두려움 때문에 딸 다나에Danae를 청동으로 된 방에 가두어버립니다. 딸이 아이를 낳지 않는다면 자신도 죽을 일이 없기 때문이지요. 하지만 이게 웬일입니까? 그 누구도 쉽게 접근할 수 없는 이 방에 다나에에게 눈독을 들인 이가 나타났습니다. 바로 최고의 바람둥이 제우스였지요. 그는 황금 비가 되어 굳게 닫혀 있는 청동문의 문틈으로 스며들었습니다.

황금 비와 사랑을 나눈 다나에는 달이 차자 아이를 낳았습니다. 아이가 태어나자 아크리시오스 왕은 두려움에 휩싸인 채 다나에와 아기를 나무상자에 넣어 바다로 떠내려 보냈습니다. 상자는 세리포스 섬에 도착하여, 아이는 그곳에서 늠름한 청년으로 성장합니다. 이 청년의 이름이 페르세우스입니다.

페르세우스는 쳐다보면 돌로 변해버리는 무시무시한 힘을 가진 메두사Medusa를 처치한 영웅으로 우리에게 잘 알려져 있지요. 그는 한 님프에게서 날개 달린 샌들과 메두사의 머리를 넣기 위한 자루, 그리고 사람이 쓰면 모습이 보이지 않는 투구를 빌렸습니다. 또한 헤르메스에게서 메두사의 목을 벨 수 있는 금강 낫을, 아테네에게서는 청동 방패를 빌렸지요. 물론 이는 아버지인 제우스가 아들 페르세우스를 걱정해 돕게 한 것입니다.

청동문에 갇힌 다나에 제우스가
황금 비가 되어 다나에에게 다
가서고 있다. 이렇듯 그는 사랑
을 위해서라면 기꺼이 어떤 것으
로든 변신하며 바람을 피우는데,
그리스 왕들이 자신의 뿌리를 최
고의 신에게서 찾으려 하기 때문
에 이런 신화가 만들어지는 것이
기도 하다.

메두사를 찾아낸 페르세우스는 보이지 않는 투구를 쓰고, 청동 방패를 쳐다보며 뱀이 우글거리는 메두사의 머리를 향해 달려들었습니다. 메두사를 직접 보면 돌로 변하기 때문에 청동 방패를 거울처럼 사용한 것이지요. 그는 순식간에 메두사의 머리를 잘라 자루에 넣었습니다.

모험에서 돌아온 이후, 페르세우스는 어머니 다나에와 함께 자신의 외할아버지를 만나고자 고향 아르고스로 향하게 됩니다. 그러나 그는 도중에 라리사에서 열리는 원반던지기 경기에 참가했다가 한 노인을 죽이게 되지요. 불행히도 그 노인이 바로 딸이 돌아온다는 소식에 겁을 집어먹고 몸을 피하러 왔던 외할아버지 아크리시오스였습니다. 신탁은 그렇게 피할 수 없는 숙명처럼 영웅들의 삶을 덮치곤 했답니다.

헤라의 질투와 헤라클레스

헤라클레스는 '헤라의 영광'이라는 뜻입니다. 하지만 그는 이름과는 반대로 태어나서 죽을 때까지 헤라의 질투와 복수심에 희생되어야 했답니다.

제우스는 영웅 중에서도 가장 뛰어난 영웅을 탄생시키기 위해 영웅 페르세우스의 손녀뻘인 알크메네Alcmene에게 눈독을 들였지요. 하지만 그녀에게는 이미 암피트리온Amphitryon이라는 남편이 있었답니다. 물론 그렇다고 포기할 제우스가 아니지요. 제우스는 남편이 멀리 원정 나가기만을 기다렸다가 남편으로 변해 알크메네에게 접근했습니다. 그런데 알크메네는 이미 남편의 아이를 임신하고 있었기 때문에, 그녀는 제우스의 아이와 함께 쌍둥이를 갖게 되었답니다.

"다음에 태어나는 페르세우스의 후손은 미케네의 왕이 될 것이다."

제우스는 들뜬 나머지 신들 앞에서 위와 같이 호언장담합니다.

하지만 이 말은 알크메네의 임신 사실을 이미 알고, 분노에 휩싸여 있던 헤라의 질투에 불을 지핀 격이었지요. 헤라는 출산의 여신에게 알크메네의 출산을 최대한 늦추게 하고는, 페르세우스의 일족인 스테넬로스Sthenelos의 아이가 먼저 태어나도록 만들었습니다. 그래서 스테넬로스의 아들이 미케네의 왕이 되어버렸지요.

헤라의 분노는 거기서 멈추지 않았습니다. 헤라클레스와 같이 태어난 쌍둥이 이피클레스Iphicles를 죽이기 위해 독사를 보냈습니다. 하지만 놀랍게도 생후 8개월밖에 안 된 아기 헤라클레스는 맨손으로 독사

를 목 졸라 죽여버렸답니다. 이미 그때부터 범상치 않은 힘을 갖고 있었던 것이지요. 헤라클레스는 18세가 되자 키타이론 산의 흉포한 사자를 혼자서 때려잡기도 했습니다.

성인이 된 헤라클레스는 테베의 공주 메가라^{Megara}와 결혼해 3명의 자식을 두고 행복하게 살고 있었습니다. 하지만 이를 가만히 두고 볼 헤라가 아니지요. 어느 날 헤라는 그에게 광기를 불어넣었고, 그는 미친 상태에서 자신의 자식들을 모두 죽여버립니다. 정신이 든 헤라클레스는 피를 토하듯 절규했지요. 그는 자신의 죄를 씻기 위해 신탁이 명한 대로 미케네의 왕이 명하는 12가지 과업을 달성하러 떠납니다.

미케네 왕이 내린 과업은 인간으로서는 달성하기가 불가능한 것들이었습니다. 하지만 헤라클레스는 거침없이 달성해내고 맙니다. 네메아 계곡에 사는 강철 같은 살갗을 가진 사자를 죽여 가죽을 가져오고, 머리가 9개 달린 뱀 히드라도 퇴치했습니다. 아르테미스 여신의 황금 뿔 사슴을 잡아오기도 하고, 매우 빨리 달리는 에리만토스 산의 거대한 멧돼지도 생포해버렸지요. 30년 동안 한 번도 청소한 적이 없어 거의 손대기가 불가능해 보였던 아우게이아스의 외양간도 하루 만에 청소해버렸고, 스팀팔로스의 사나운 새 떼 또한 모두 죽여버렸답니다. 또 더 먼 세계로 나아가 크레타 섬의 미친 황소와 트라키아의 식인 말을 잡아왔으며, 헤라의 방해에도 불구하고 아마존 족 여왕의 허리띠를 가져왔지요. 심지어 세상의 끝에 있는 전설의 섬인 에리테이아에 가서 괴물 게리온을 죽이고 그곳 붉은 소를 산 채로 잡아왔고, 인간들은 구경도 하기 힘든 헤스페리데스의 동산에 있는 황금 사과를 따왔으며,

저승의 입구를 지키는 개 케르베로스까지 생포해왔습니다.

헤라클레스는 이렇게 12개의 과업을 모두 달성함으로써 자식을 살해한 죄를 씻을 수 있었을 뿐 아니라, 그 과정에서 최고의 영웅으로 이름을 날리게 되었지요. 이후 그는 칼리돈의 공주 데이아네이라Deianeira와 재혼하여 행복한 삶을 살게 되었습니다.

하지만 아내의 질투와 어리석음으로, 결국 헤라클레스는 속옷에 발

죽어가는 네소스 헤라클레스의 활에 맞아 죽어가던 네소스는 데이아네이라에게 자신의 피가 사랑의 미약이니, 남편의 사랑이 식었을 때 사용하라고 말한다. 사실 그 피는 맹독이었는데, 그녀는 훗날 남편 헤라클레스의 마음이 변할까 두려워 남편의 속옷에 그 피를 바르고 만다.

라진 네소스Nessos의 맹독으로 인해 고통스러운 죽음을 맞이하게 됩니다. 그리스 최고의 영웅이 죽자, 신들조차 몹시 안타까워했습니다. 그래서 신들은 헤라클레스를 올림포스로 맞이하고 그를 신의 반열에 올렸으며, 헤라 또한 그와 화해하고 자신의 딸 헤베Hebe와 결혼시켰다고 합니다.

사랑의 배신으로 얼룩진
인간 영웅들

그리스 신화에서 이름을 날린 영웅들 중에는 제우스의 아들들만 있는 것은 아니랍니다. 우리에게 잘 알려진 이아손^{Iason}과 테세우스^{Theseus}는 인간의 아버지와 어머니 사이에서 태어났지만, 세상 사람들이 모두 칭송하는 영웅이 될 수 있었습니다. 하지만 그들 역시 평범한 조상의 피를 이어받은 것은 아니었고, 둘 다 왕의 핏줄을 이었습니다. 그들에게는 또 다른 공통점이 있었는데, 둘 다 사랑하는 여인의 도움을 받아 큰일을 달성했다는 점입니다. 그리고 공교롭게도 그들은 모두 끝내 그들을 도와준 여인들을 배신하게 되지요.

이아손과 메데이아

이아손은 이올코스의 왕 아이손^{Aison}의 아들입니다. 하지만 연로한 아이손은 나이가 너무 어린 이아손에게 왕위를 물려주지 못하고, 끝내 이복동생 펠리아스^{Pelias}에게 왕위를 빼앗기게 됩니다. 아들 이아손의 신상이 걱정된 아이손은 펠리온 산에 사는 반인반마의 현인 케이론^{Chiron}*에게 아들을 몰래 맡깁니다. 훗날 이 아들이 자라 다시 왕권을 찾으러 이올코스로 가면서 모험은 시작되지요.

이아손은 고국으로 향하던 도중, 물이 불어나 옴짝달싹 못 하고 있는 노파를 만납니다. 어쩔 수 없이 이아손이 노파를 도와 등에 업고 강을 건너게 되지요. 그런데 이 노파가 엄청난 무게로 이아손을 짓누르는 게 아니겠어요? 다리가 후들거릴 정도로 힘들게 강을 건넌 이아손은 그 바람에 샌들 한 짝을 물살에 잃어버리고 말았지요. 사실 이 노파는 헤라였습니다. 헤라의 시험을 통과한 이아손은 이후 헤라의 도움을 받으며 많은 역경을 이겨내게 됩니다.

이아손이 나타나자 펠리아스는 매우 놀랐습니다. 그는 이미 '한쪽 샌들만 신은 자에게 왕위를 빼앗긴다'는 신탁을 받은 상태였기 때문이었지요. 펠리아스는 왕위를 돌려달라는 이아손에게 콜키스로 가 황금 양피를 가져오면 왕위를 돌려주겠다고 약속합니다. 물론 이 음흉한 늙은이는 콜키스로 향하는 길이 몹시 험난하다는 것과 절대 잠들지 않

 케이론 반인반마인 켄타우로스 족의 하나로 의술, 무술, 음악, 예술 등 여러 학문에 뛰어난 현자다.

는 용이 황금 양피를 지키고 있다는 것을 잘 알고 있었지요. 인간으로서는 도저히 불가능한 일이었고, 그 과정에서 이아손이 죽을 것이라고 확신했던 것입니다.

이아손은 서둘러 각지에서 동지들을 모아 원정대를 꾸렸고, 갖은 역경을 이겨내며 콜키스에 다다르게 됩니다. 하지만 콜키스의 왕은 황금 양피를 내주기가 싫어 여러 과제를 제시합니다. 이때 이아손을 사랑하게 된 콜키스 왕의 딸, 메데이아^{Medeia}가 그를 도와줍니다. 물론 그녀가 사랑에 빠진 것은 헤라가 에로스를 시켜 메데이아가 사랑에 빠지게 했기 때문이었지요.

마침내 이아손은 모든 과제를 달성하지만, 콜키스의 왕은 황금 양피를 내주기는커녕 오히려 그들 일행을 죽이려고 합니다. 이를 눈치챈 메데이아는 황금 양피를 지키고 있는 용을 잠들게 해 이아손이 황금 양피를 훔칠 수 있게 해주었지요.

메데이아와 원정대는 한밤중에 서둘러 이올코스로 향했습니다. 그런데 메데이아의 남동생이 그들을 추격해오는 게 아니겠어요. 순간 메데이아는 화해하자고 동생을 속여 무참히 죽여버립니다. 그렇게 메데이아는 사랑의 이름으로 서서히 악마가 되어가고 있었지요. 심지어 이아손의 왕위를 되찾게 하려고 펠리아스의 딸들로 하여금 아버지를 토막 내어 가마솥에 넣게 했으니까요. 그녀의 이 천인공노할 악행으로 인해 이아손과 메데이아는 이올코스에서 쫓겨나 코린토스로 가게 됩니다.

하지만 메데이아와 이아손의 행복도 잠시, 이아손은 자신을 위해 물

격노한 메데이아 이아손에게 배신당한 메데이아는 잔인한 복수를 결행한다. 이후 테세우스의 아버지, 아이게우스와 결혼해 테세우스를 죽이려 한다.

불을 안 가렸던 메데이아를 배신하고 코린토스의 공주, 글라우케Glauce
와 결혼하려고 하지요. 이때 메데이아의 잔인함은 극에 달하게 됩니
다. 그녀는 글라우케를 타죽게 하고서 이아손과의 사이에서 낳은 두
아들도 죽인 다음, 그 유해를 안고 도망쳐버렸습니다. 때문에 그리스
사람들에게 메데이아는 악녀를 상징하는 이름이 되었답니다.

테세우스와 아리아드네의 실타래

"아테네에 도착할 때까지 술 주머니를 열지 말라."

아테네의 왕 아이게우스Aigeus는 위와 같은 신탁을 받지만, 그 뜻을
몰라 트로이젠의 현명한 왕 피테우스Pitteus를 찾아가 조언을 구합니다.
피테우스는 그 신탁의 의미가 영웅이 태어나는 것임을 알고, 아이게우
스에게 술을 잔뜩 먹여 자신의 딸, 아이트라Aithra와 동침하게 합니다.

뒤늦게 사실을 알게 된 아이게우스는 아이트라에게 만약 남자아이
가 태어나면 자신의 신분과 이름을 알리지 말고 키워달라고 하고는,
큰 바위 밑에 칼과 샌들을 숨겨놓았습니다.

"아이가 이 바위를 움직일 수 있을 때가 되면 아버지의 이름을 밝히
고, 그 증거로 칼과 샌들을 들려서 아테네로 보내시오."

그는 아이트라에게 위와 같이 당부하고 아테네로 돌아갑니다.

시간이 흘러 아이트라가 낳은 아이가 바로 테세우스입니다. 그 후
테세우스는 성장해 16세가 되자 출생의 비밀을 알게 되고, 아버지를

찾아 아테네로 향합니다.

테세우스는 여행 중 다양한 모험을 통해 만천하에 이름을 알렸는데요, 그중 우리에게 가장 잘 알려진 것이 행인들을 자기 집에 묵게 하고는 침대의 크기에 맞춰 자르거나 잡아당겨 죽이는 프로크루스테스 Procrustes 이야기입니다. 테세우스는 그가 썼던 수법 그대로 프로크루스테스를 죽여버렸지요. 여기서 유래한 말이 '프로크루스테스의 침대'입니다. 마치 프로크루스테스가 자신의 침대에 사람들을 맞추려 한 것처럼, 자신의 생각에 맞추어 남의 생각을 고치려는 경우에 사용하는 말이지요.

무사히 아테네에 도착한 테세우스는 아이게우스의 왕위를 노리는 자들에 의해 위기에 처합니다. 하지만 위기의 순간, 아이게우스가 테세우스의 칼을 알아봄으로써 극적인 부자 상봉을 하게 되지요.

왕자가 된 테세우스는 어느 날 아테네에서 이상한 모습을 보게 됩니다. 아테네가 매년 젊은 남녀 7명을 크레타 섬의 괴물 미노타우로스에게 산 제물로 바치고 있는 게 아니겠어요? 그는 미노타우로스를 퇴치하기 위해, 산 제물의 일원이 되기를 자청하여 모험 길에 오릅니다. 당시 산 제물을 데려가는 배에는 슬픔을 뜻하는 검은 돛을 달았는데, 테세우스는 만일 자신이 성공해서 살아 돌아오면 흰 돛으로 바꿔 달고 오겠다고 아버지에게 약속을 합니다.

미노타우로스는 인간의 몸에 황소의 머리를 가진 인간을 잡아먹는 괴물입니다. 사실 이 괴물은 미노스의 왕비 파시파에Pasiphae가 낳은 아들이랍니다. 미노스 왕은 차마 이 괴물을 죽일 수 없어 미로 속에 가두어두고, 아테네에서 젊은이들을 데려다 미궁으로 들여보내 괴물의 먹이가 되게 했던 것이지요. 이 미궁은 아주 복잡하고 정교하게 만들어져 아무도 빠져나올 수 없는 것으로 악명이 높아서, 설사 그들 중 누군가 살아남는다 해도 결코 빠져나올 수 없었지요.

그런데 테세우스가 크레타 섬에 도착했을 때, 미노스 왕의 딸 아리아드네^{Ariadne}가 테세우스를 보고 첫눈에 반해버렸답니다. 그녀는 테세우스에게 결혼을 약속받고 미궁에서 탈출할 방법이라며 실타래를 건네주었지요. 제물로 끌려가는 일행의 선두에 선 테세우스는 실을 풀면서 미궁으로 들어가 미노타우로스를 쓰러뜨리고서, 실을 따라 미궁을 빠져나올 수 있었습니다. 바로 이 이야기에서 '아리아드네의 실타래'

섬에 남겨진 아리아드네 테세우스가 그녀를 배신했다는 설도 있고, 아리아드네에게 반한 디오니소스가 그녀를 남겨두고 가라고 했다는 설도 있다.

라는 말이 나왔지요. 그 뜻은 '어떤 어려운 일을 해결하는 방법이나 실마리'를 의미합니다.

　테세우스는 아리아드네와 함께 아테네로 향합니다. 하지만 그는 중간에 낙소스 섬에 들렀을 때 아리아드네를 버려두고 와버렸답니다.

　이윽고 테세우스는 제물로 바쳐졌던 젊은이들을 데리고 아테네의 항구로 들어서게 됩니다. 그런데 그는 살아 돌아올 경우 흰 돛을 달겠다던 약속을 까맣게 잊어버리고 말았지요. 언덕 위에서 검은 돛을 단 배를 본 아이게우스, 그는 아들이 죽은 줄만 알고 절망하여 절벽 아래 바다에 몸을 던져버리고 맙니다. 그래서 이 바다를 아이게우스의 바다, 즉 '에게 해^{Aegean Sea}'라고 부르게 되었답니다.

청소년을 위한 지금 시작하는 인문학 ·

신과 인간이 함께 싸운
트로이 전쟁

'신들의 여왕, 헤라' '미의 여신, 아프로디테' 그리고 '지혜의 여신, 아테네'. 이 중 누가 가장 아름다운 여신이었을까요?

어느 날 실제로 이 세 여신들이 누가 더 아름다운가에 대한 언쟁을 벌였습니다. '가장 아름다운 여신에게'라는 글귀가 쓰인 황금 사과가 그들 앞에 있었기 때문이지요. 그녀들은 서로 그 사과가 자신의 것이라고 생각했고, 그 누구도 양보하려 하지 않았습니다. 결국 세 여신은 제우스의 제안에 따라 트로이의 왕자, 파리스Paris를 찾아가 누가 제일 아름다운지를 물었습니다.

헤라는 부와 권력을, 아테네는 지혜와 명예를, 아프로디테는 세상에서 가장 아름다운 여인을 주겠다고 앞다투어 꼬드겼지요. 이때 파리스는 아프로디테의 제안에 손을 들어주었습니다.

트로이 최고 명장, 아킬레우스

황금 사과의 주인이 된 아프로디테는 약속을 지키기 위해 인간 세상의 최고 미인이었던 헬레네^{Helene}를 파리스가 차지할 수 있도록 도와줍니다. 문제는 헬레네가 유부녀였다는 사실이지요. 그것도 그 당시 엄청난 강국이었던 미케네의 아가멤논^{Agamemnon} 왕의 동생, 메넬라오스^{Menelaos}의 부인이었답니다.

파리스가 자신의 아내를 꼬드겨 데려간 사실을 안 메넬라오스가 가만히 있을 리 없었겠지요. 그는 형인 아가멤논과 함께 그리스 동맹군들을 모아 트로이로 향합니다.

이 원정군에는 그리스 최고의 지략가, 오디세우스^{Odysseus}와 최고의 용장, 아킬레우스^{Achilleus}도 있었습니다. 그중 아킬레우스는 여신 테티스^{Thetis}와 인간 펠레우스^{Peleus} 사이에서 태어났는데, 인간의 아들이다 보니 영원히 살 수는 없었지요. 여신 테티스는 이를 안타까워하며 아들이 자신처럼 영원히 살 수 있기를 바랐습니다. 그래서 그녀는 어린 아킬레우스를 스틱스 강에 거꾸로 담갔다 꺼냈지요. 스틱스 강에 몸을 담그면 불사의 몸이 될 수 있었기 때문입니다. 이렇게 불사에 가까운 몸인 아킬레우스가 지키는 그리스군은 언제나 승기를 잡았습니다. 하

신과 인간이 함께 싸운 트로이 전쟁 황금 사과를 얻은 아프로디테와 애인 아레스, 그리고 트로이인의 숭배를 받는 아폴론은 트로이 편에, 황금 사과를 얻지 못한 헤라와 아테네, 트로이 왕가에 원한이 있던 포세이돈은 그리스 편에 섰다.

지만 트로이군에도 만만치 않은 명장이자 파리스의 형인 헥토르^{Hektor}가 있었기 때문에, 어느새 전쟁은 10년에 접어들고 있었지요.

그러던 중 아킬레우스가 총사령관과 다투고 전장에서 빠져버립니다. 이 사실을 안 트로이군은 더 적극적으로 공격해왔고, 그리스군은 패전을 거듭하게 됩니다. 상황을 참다못한 아킬레우스의 가장 친한 친구 파트로클로스^{Patroklos}가 아킬레우스로 변장하고 전장에 뛰어들었지만, 명장 헥토르에게 끝내 전사하고 말았지요.

이 사건으로 친구의 죽음에 분노한 아킬레우스가 다시 전쟁터로 복귀해 닥치는 대로 트로이군을 쓸어버렸고, 적장 헥토르의 목마저 베어버렸습니다. 심지어 그는 헥토르를 전차 뒤에 매달아 트로이 성 주위를 세 바퀴나 돌았지요. 사기가 극에 달한 아킬레우스와 그리스군은 얼마 후 트로이 성문까지 밀고 들어갔습니다. 그때였습니다. 이를 지켜보던 트로이의 수호신, 아폴론이 파리스에게 명령했습니다.

"지금이다. 아킬레우스를 향해 화살을 쏘아라!"

파리스는 아폴론의 말이 떨어지자마자 활시위를 당겼습니다. 시위를 떠난 화살은 아킬레우스의 발뒤꿈치를 꿰뚫었지요. 그런데 이게 웬일입니까? 공교롭게도 테티스는 아킬레우스를 물에 담글 때 깜박하고 자신이 잡고 있던 발뒤꿈치 부분은 담그지 못했거든요. 결국 이 발뒤꿈치가 아킬레우스의 최대 약점이 되어, 불사신에 가까웠던 그리스 최고의 명장 아킬레우스는 끝내 목숨을 잃고 맙니다. 그래서 오늘날 발꿈치의 뒤에 있는 힘줄을 '아킬레스건'이라고 하며, 매우 치명적인 약점 또는 유일한 약점을 비유할 때 사용하곤 합니다.

오디세우스와 트로이의 목마

아킬레우스를 잃었지만 여전히 그리스군이 우위를 차지하고 있었습니다. 하지만 트로이의 성문은 열리지 않았고, 그리스 병사들도 지쳐가고 있었지요. 이때 오디세우스가 계략을 내놓았습니다.

"커다란 목마를 만들어 그 속에 병사를 숨겨놓읍시다."

좀 엉뚱해 보이는 오디세우스의 말에 모두 의아해했지만, 그는 멈추지 않고 자세하게 자신의 전략에 설명을 덧붙였습니다.

"그래요. 충분히 승산이 있을 것 같아요."

이야기가 끝날 무렵 모두의 표정이 밝아졌고, 오디세우스의 전략에 고개를 끄덕이며 감탄하는 이들도 있었습니다.

며칠 후 그리스군은 마치 퇴각한 것처럼 모든 진영을 불태우고, 트로이 성문 앞에 거대한 목마 하나만을 남겨두었습니다. 트로이를 떠난 함대는 트로이에서 보이지 않는 근처의 섬에서 잠복하고, 목마 안에는 오디세우스를 비롯한 50명의 정예 병사가 숨어 있었지요. 트로이 사람들은 텅 빈 그리스 진영과 성문 앞의 거대한 목마를 보고 놀라지 않을

신의 응징을 받고 있는 라오콘 신의 비밀을 발설했다는 이유로 거대한 뱀들에게 라오콘과 두 아들이 고통스럽게 공격당하고 있다. 이 뱀들은 그리스 편에 선 포세이돈이 보낸 것이다.

수 없었습니다. 목마에는 '고국으로 귀향하는 뜻에서 이 선물을 아테네 여신께 바칩니다'라는 문구까지 새겨져 있었어요. 트로이 사람들은 그리스군이 물러간 사실에 기뻤지만, 이를 곧이곧대로 믿을 수만은 없었습니다. 그때 그리스군의 한 병사가 붙잡혀왔습니다.

"목마는 그리스군이 퇴각하며 아테네 여신에게 바치는 선물입니다."

"그 말을 어떻게 믿지? 목마는 또 왜 저렇게 큰 거야?"

"전쟁에서 지고 돌아가니, 아테네 여신이 분노할 게 아닙니까. 이에 여신의 분노를 가라앉히기 위한 선물이지요. 목마가 큰 이유는 목마를 트로이군이 못 가지고 들어가게 하기 위해서죠. 목마가 트로이군의 수중에 들어가면 그들이 전쟁에서 이길 것이라는 예언이 있었습니다."

설명을 듣자 목마를 성 안에 들이자는 의견이 우세해졌지요. 하지만 아폴론 신궁의 사제, 라오콘^{Laokoon}은 그리스군의 계략이라며 쌍심지를 켜며 반대했습니다. 트로이의 공주이자 예언가인 카산드라^{Cassandra}도 목마 속에 병사들이 숨어 있다고 경고했지요. 그런데 바로 그때, 갑자기 바다에서 큰 뱀 두 마리가 나타나 라오콘과 그의 두 아들의 몸을 감아 죽여버리는 게 아니겠어요? 이를 지켜본 사람들은 라오콘의 주장이 틀렸다고 확신했고, 서둘러 목마를 성에 들여놓았습니다.

트로이군은 승리에 들떠 밤늦게까지 잔치를 벌였고, 다들 술에 취해 곯아떨어졌습니다. 주변이 조용해지자 숨어 있던 목마 속의 그리스 병사들이 튀어나왔지요. 그들은 성문을 열고 매복해 있던 아군을 불러들여, 트로이를 순식간에 피와 불의 바다로 만들어버렸습니다. 그렇게 트로이의 병사들은 손 한 번 써볼 겨를도 없이 전멸하고 말았지요.

참고로 오늘날 서양 문학의 최고 원전으로 잘 알려진『일리아스^{Ilias}』와『오디세이아^{Odysseia}』가 이 트로이 전쟁을 무대로 한 작품이랍니다.『일리아스』는 아킬레우스가 사령관 아가멤논과 다투는 사건에서부터 헥토르를 무찌르기까지 그의 남성다운 기개를 담아낸 작품이고,『오디세이아』는 트로이에서 목마 전술을 펴서 승리한 오디세우스가 고국으로 돌아가면서 겪는 신비하고 다양한 모험들을 담은 작품입니다.

메소포타미아 신화와
그 이후의 신화들

　우리에게 가장 많이 알려진 신화는 우리나라의 단군신화와 서양의 그리스 로마 신화일 것입니다. 특히 그리스 신화는 우리나라뿐 아니라 세계적으로도 가장 널리 알려진 신화이지요. 그렇다면 그리스 신화가 가장 유서 깊고 신화다운 면모를 가진 신화일까요?

　아닙니다. 사실 오래되고 영향력 있는 그리스 신화조차도 그 이전의 신화들을 이어받아 형성된 것에 불과하답니다. 단지 오늘날 현대 문명이 유럽 문화의 영향을 많이 받고 있기 때문에 그 뿌리인 그리스 로마 신화가 많이 읽히고 있는 것이지요. 오히려 가장 유서 깊은 신화는 유럽 문명에 큰 영향을 미친 메소포타미아 신화라 할 수 있습니다.

그리스 신화의 뿌리는 수메르 신화

그리스 문명은 메소포타미아 문명과 이집트 문명의 지대한 영향을 받아 형성되었습니다. 그런 만큼 그들의 신화도 메소포타미아와 이집트의 신화에 많은 영향을 받으며 만들어졌답니다. 그중에서도 특히 인류 최초의 문명을 꽃피운 메소포타미아 지역의 수메르 문명은 그리스뿐 아니라 다양한 문명의 문화와 신화에서 뿌리 역할을 했다고 할 수 있지요.

수메르 신화에서 태초의 우주 상태는 물 또는 원시 바다였습니다. '바다'를 의미하는 신, 남무Nammu는 하늘 신, 안An과 대지의 여신, 키Ki를 낳았습니다. 하늘 신, 안이 바로 수메르 신화에서는 최고의 신이지요. 그는 자신의 어머니인 남무와도 관계하여 지하수의 신, 엔키Enki를 낳았습니다.

또한 안은 자신의 누이인 키와도 관계하여 대기의 신, 엔릴Enlil과 산과 언덕의 여신, 닌후르삭Ninhursag을 낳았습니다. 원래 안과 키는 한 몸이었는데, 그 사이에서 대기의 신이 태어나면서 하늘과 땅이 갈라졌다고도 합니다. 어머니나 누이와 관계하는 이야기는 그리스 신화의 우라노스나 제우스를 쉽게 연상케 하지요.

아마도 그리스 신화의 제우스에 해당하는 신은 대기의 신, 엔릴일 것입니다. 엔릴은 제우스처럼 아버지 안을 이어 세상의 실권을 장악하는 신이지요. 그는 누이인 닌후르삭과 관계하여 폭풍우와 전쟁과 사냥의 신인 닌우르타Ninurta를 낳았으며, 바람의 여신, 닌릴Ninlil과의 사이에서 지하 세계의 신, 네르갈Nergal과 달의 신, 난나Nanna를 낳았습니다. 엔릴은 제우스가 여신 또는 여인들과 관계하기 위해 변신을 했듯이, 닌릴과 관계하기 위해 문지기나 뱃사공으로 변신하기도 했지요. 무엇보다 그는 인간을 싫어해 인간에게 역병과 기근을 일으키고, 대홍수까지 주동했는데요, 이는 마치 제우스의 모습을 보는 듯합니다.

한편 그리스 신화에서 인간을 만들고, 인간을 위해 제우스에 대항하는 신이 프로메테우스입니다. 우리는 엔릴의 배다른 형인 엔키에게서 그런 프로메테우스의 원형을 볼 수 있습니다. 최고신 안과 최초의 신 남무 사이에서 태어난 엔키는 그리스 신화로 치면, 가이아에서 태어난 거인 족과도 비슷한 혈통이지요. 프로메테우스가 거인 족인 것처럼 말입니다. 엔키는 당시 생활과 논농사에 필수적인 지하수의 신이면서도 지혜의 신이었습니다. 프로메테우스가 불을 갖다 주어 문명을 만들게 했다면, 엔키는 인간에게 문명과 기술을 전수하는 역할을 합니다. 그는 또한 인간을 만들었으며, 엔릴이 인간에게 역병과 기근을 일으킬 때도 그 모든 것들을 해결해주었지요. 그리고 신들이 엔릴의 주동하에 대홍수를 계획했을 때, 몰래 인간에게 배를 만들어 대피하도록 했습니다. 이렇듯 그는 어느 모로 보나 프로메테우스의 전신이었음을 의심하지 않을 수 없습니다.

수메르 신화에서 엔키만큼이나 인간들에게 인기 있는 신이 있다면, 사랑과 미의 여신, 이난나Inanna일 것입니다. 이난나는 달의 신, 난나의 딸로 금성을 상징하기도 한답니다. 금성을 상징하는 미의 여신, 그

이난나와 엔키 중앙에 날개를 펴고 있는 여신이 이난나다. 그녀는 사랑의 여신이며, 미의 여신이다. 그 오른쪽에 물의 신, 엔키가 있다. 물의 신인 그의 어깨 주위에 물과 물고기가 새겨져 있다.

렇지요. 우리는 그리스 신화의 아프로디테를 떠올릴 수 있습니다. 이 난나는 자신이 가진 성적 매력으로 많은 남자들을 유혹했으며, 심지어 증조할아버지인 안을 유혹해 우르크^{Uruk}의 지배권을 얻어내기도 합니다. 그런데 이난나는 지하 세계를 정복하기 위해 저승에 갔다가 무참히 죽고 맙니다. 다행히 엔키의 도움으로 다시 살아나지만, 저승에서 나가려면 그녀를 대신해 희생할 사람이 필요했지요. 이에 이난나는 저승사자에게 자신의 고생에도 아랑곳하지 않고 호의호식하고 있던 남편, 두무지^{Dumuzi}를 대신 데려가 달라고 말합니다. 이 사실에 두무지는 물론, 두무지의 누이인 게슈티난나^{Geshtinnana}도 몹시 슬퍼하게 되지요. 이를 본 이난나는 두무지와 게슈티난나가 각각 반년씩 지하 세계에 가서 살게 합니다. 여기서 두무지는 농사와 목축을, 게슈티난나는 포도주의 양조 또는 포도주가 익어가는 시기를 의미하지요. 이렇게 그들이

번갈아가면서 지하 세계로 가는 것은 계절의 변화를 의미하게 됩니다. 어떻습니까? 그리스 신화에 나오는 페르세포네 이야기가 생각나지 않나요?

『길가메시 서사시』와 『에누마 엘리시』

수메르가 주도했던 메소포타미아 지역은 이후 바빌론과 아시리아에 의해 정복되고 통일되었습니다. 그리스의 신화가 로마의 신화로 대부분이 전승되며 그 호칭만 바뀌었듯이, 수메르의 신화 또한 바빌론 등으로 이어지며 그 호칭만 바뀌고 많은 부분은 유사하게 전승되었습니다. 특히 바빌론 시대에 기록된 것으로 우리에게 잘 알려진 것은 『길가메시 서사시 Gilgamesh Epoth』와 『에누마 엘리시 Enuma Elish』입니다.

길가메시는 수메르 최초의 도시국가 우르크의 5대 왕이며, 반은 신, 반은 인간인 영웅입니다. 그가 인간들의 여자들을 독차지하자 신들이 그와 대적할 엔키두 Enkidu를 내려보냈는데, 둘은 싸우다 둘도 없는 친구가 되어버렸지요. 둘은 숲의 괴물, 훔바바 Humbaba와 하늘에서 보낸 황소까지 무찔러버립니다. 하지만 친구 엔키두가 죽자, 혼란에 빠진 길가메시는 영원한 생명을 찾기 위해 여행을 떠나게 됩니다. 그 여행에서 대홍수에서 살아나 영원한 생명을 얻은 우트나피쉬팀 Utnapishtim을 만나지만, 끝내 영생은 얻지 못하고 되돌아오게 되지요. 『길가메시 서사시』는 이후 등장하는 그리스의 최고의 서사시 『일리아스』 『오디세이

아』의 원형으로 여겨집니다. 또한 우트나피쉬팀 이야기는 최초의 홍수신화로, 그리스 신화의 홍수신화뿐 아니라 『성경』의 노아의 방주 이야기에까지 그 영향을 미치고 있지요. 혹자는 『성경』에서 말하는 낙원인 '에덴'이 수메르어에서 평원을 의미하는 '에딘'이라는 말에서 나왔다고도 합니다.

『에누마 엘리시』는 바빌론을 대표하는 창조 신화로, 수메르 신화에서는 찾아볼 수 없는 마르두크^{Marduk}의 세계 창조 이야기가 덧붙여 있습니다. 수메르 지혜의 신, 엔키가 변형된 바빌론의 이름은 에아^{Ea}입니다. 이 에아의 아들이 바로 마르두크지요. 마르두크는 바다의 여신, 티아마트^{Tiamat}와 싸워 승리합니다. 그는 죽은 티아마트의 시신을 잘라 반쪽은 하늘을 만들고, 반쪽은 땅을 만듭니다. 그러고는 티아마트의 두 눈에서 티그리스 강과 유프라테스 강이 흘러나오게 했으며, 티아마트의 젖가슴으로 산을 만들어 민물이 폭포처럼 떨어지게 했다고 하지요. 우리는 이와 비슷한 이야기를 중국의 반고 신화에서 만나볼 수 있습니다.

한편 중동 지역을 대표하는 또 하나의 고대 신화로 이집트 신화를 들 수 있습니다. 이집트 신화 또한 그리스 신화나 메소포타미아 신화와 유사한 점들을 가지고 있지요.

예를 들어 태양신, 라 ^{Ra}가 돛단배를 타고 동쪽 하늘에서 서쪽 하늘로 가는 것은 그리스 신화의 태양신, 아폴론이 태양 마차를 타고 움직이는 것이나 메소포타미아 신화처럼 최고의 신 중 하나가 역시 바람과 대기의 신이라는 점 등입니다. 하지만 이집트의 왕들이 자신을 신의 아들, '호루스 ^{Horus}'라고 생각하고, 또 바람과 대기의 신, 아문 ^{Amun}과 태양신, 라 ^{Ra}가 합쳐져 '아문-라 $^{Amun-Ra}$'라는 하나의 신이 되는 것들은 이집트 신화가 가진 독특하고 독자적인 면이지요. 특히 아문-라 같은 신은, 보이지 않는 힘을 소유한 유일한 신 중의 왕으로, 이후 유대교와 기독교에서 나타나는 유일신의 모습을 보여주기도 합니다. 어떤 이들은 기독교에서 기도를 끝내고 하는 말인 '아멘 ^{Amen}'이 아문-라의 '아문'에서 유래한 것이라고 주장하기도 합니다.

마지막으로 그리스 신화와 함께 유럽을 대표하는 또 하나의 신화로 북유럽 신화가 있습니다. 오늘날의 유럽은 로마 시대 이후 게르만 족

아문-라 바람과 대기의 신, '아문'과 태양신, '라'가 합쳐진 최고신이다. 원래 '아문'은 '아문-라'처럼 인간의 모습이지만, '라'는 새의 얼굴을 하고 머리에 해를 달고 다닌다.

이그드라실 오딘이 세계를 창조한 후 심었다는 생명의 나무로, 이 나무를 중심으로 신, 인간, 거인, 엘프 등 다양한 종족이 살고 있다.

같은 북쪽의 이민족이 내려와 융합된 것이지요. 그런 만큼 북쪽 이민족들의 전통 신화 또한 유럽인들에게 많은 영향력을 미쳤다고 볼 수 있습니다. 엘프나 난쟁이 등 다양한 종족들이 등장하는 판타지 문학도 이런 북유럽 신화에서 온 것이지요. 판타지 소설에서 단골로 등장하는 마법의 언어인 룬Rune 문자는 북유럽 신화의 최고신인 오딘Oðinn이 '이그드라실Yggdrasil'이라는 세계를 이루는 나무에 9일 동안이나 매달려 만들어낸 것이라고 합니다.

한국 신화와
중국의 신화

　현재까지 발견되고 연구된 결과를 볼 때 인류의 문명은 분명 중동 지역에서 시작되었으며, 이후 세계에 많은 영향을 미쳤다고 할 수 있습니다. 하지만 우리가 살고 있는 동아시아에도 황하 문명을 비롯한 문명이 등장하여 독자적인 문명을 일구었으며, 우리 민족도 나름의 독창적인 문화와 신화를 형성해나갔지요.

　여기서는 우리나라의 신화와 함께 우리나라에 문화적으로나 정치·사회적으로 많은 영향을 미쳐왔던 중국의 신화를 짚고 가기로 하겠습니다.

한국의 단군신화와 마고 신화

우리나라의 가장 대표적인 신화는 단군신화입니다. 하늘의 왕, 환인桓因의 서자庶子(장남이 아닌 차남 이하의 아들을 말함)인 환웅桓雄이 인간을 다스리기 위해 부하 3천 명을 이끌고 태백산 신단수 아래로 내려왔습니다. 그때 인간이 되고 싶었던 곰과 호랑이가 동굴 속에서 쑥과 마늘만 먹으며 생활하게 되고, 끝까지 잘 참아낸 곰은 여자가 될 수 있었지요. 이 여자, 웅녀熊女와 환웅 사이에서 아들이 태어나니, 바로 고조선을 세운 단군왕검檀君王儉이랍니다. 오늘날 역사학자들의 대부분은 이 신화 속 단군의 존재가 실제 역사와 직접 관련이 있는 것으로 보고 있습니다.

우리 민족에게도 세상에 대한 생성 신화가 있는데요, 무속 신앙이나 전설의 형태로 전국에 전해지는 마고麻姑할미 신화가 그것입니다. 마고할미는 새의 발톱같이 긴 손톱을 가지고 있는 거인 할머니로, 한라산을 베고 누워 한 다리는 서해에, 또 한 다리는 동해에 두고, 손으로 땅을 훑어 산과 강을 만들었다고 합니다.

한편 『환단고기桓檀古記』와 『부도지符都誌』에는 마고 여신 이야기를 전하는데요, 지상에서 가장 높은 마고성麻姑城의 여신, 마고의 딸이 황궁씨黃穹氏를 낳았다고 합니다. 이 황궁씨가 일행을 이끌고 동북아시아 지역의 천산주로 가서 한민족의 직계 조상이 되었다고 하지요. 황궁씨의 자손은 유인, 유호, 한인, 한웅, 단군으로 이어진다고 하는데, 여기서는 단군왕검 이전에도 우리 민족이 국가를 이루고 있었으며, 중국을

능가했다고 전해집니다. 하지만 아쉽게도 『환단고기』와 『부도지』는
출처가 분명하지 않아 학계에서는 그 진위를 의심하고 있지요.

중국의 반고 신화와 여와 신화

　중국의 창조 및 인류 기원에 대한 신화에는 '반고^{盤古} 신화'와 '여와^{女媧}
신화'가 있습니다. 세계가 아직 하늘과 땅이 구분되지 않고 혼돈 상태
였을 때, 반고가 알에서 태어났다고 합니다. 반고는 커다란 도끼를 휘
둘러 알을 깨고 나왔는데, 이때 알이 두 동강 나면서 하늘과 땅이 생겨
났다고 하지요. 반고는 머리로 하늘을 떠받치고 다리로 땅을 지탱하며

1만 8천 년 동안 자라나지만, 마침내 쓰러져 죽었다고 합니다. 반고가 죽자 눈은 해와 달이 되고, 손과 발, 몸통은 산이 되었으며, 피는 강물이, 모발은 초목이 되었다고 합니다. 이 이야기가 우리나라의 마고할미 신화에 영향을 미쳤을 가능성도 있어 보입니다.

　여와는 인간의 머리에 뱀의 몸을 갖고 있는 여신입니다. 이 세상에 하늘과 땅이 막 생겨난 당시에 동식물은 있었지만 인간은 아직 없었지요. 이에 여와가 너무나 쓸쓸하여 흙과 물을 섞어 진흙을 만들고 여기에다 끈을 늘어뜨려서 잡아당겼는데요, 이 진흙 덩어리들이 모두 인간이 되어 움직이기 시작했다고 합니다. 그녀는 인간들을 위해서 결혼 제도를 만들고 자손을 남기게 했지요. 또한 여와의 남편으로 복희伏羲가 있다고 전해지는데요, 복희 역시 머리는 사람이고 몸은 뱀 또는 용의 모습을 하고 있습니다. 이 부부는 대홍수로 인류가 멸망했을 때 표주박 배를 타고 살아남아 인류의 선조가 되었다고도 전해집니다. 복희는 사람들에게 처음으로 사냥법과 불의 사용법을 가르쳤다고도 전해지지요.

　또 우리나라와 밀접한 관련이 있는 신화로 황제헌원黃帝軒轅이 있습니다. 그는 사람들에게 집 짓는 법과 옷 짜는 법을 가르쳤으며, 수레를 발명했다고 합니다. 무엇보다 그는 신화 속에서 중국을 처음으로 통일한 군주이자 문명의 창시자로 숭배되고 있습니다. 헌원은 천지 사방의 신을 모두 불러 모아 그 위세를 자랑했는데요, 이때 치우蚩尤가 반란을 꾀했다고 합니다. 4개의 눈과 6개의 손, 구리로 된 머리와 쇠로 된 이

청소년을 위한 지금 시작하는 인문학

마를 가졌다는 치우는 싸움에 매우 능했다고 전해
집니다. 하지만 황제헌원은 군사를 모아 판천과
탁록에서 치우와 그를 따르는 풍백風伯과 우사雨
師를 격파했다고 중국인들은 말합니다. 재미있는
점은 이 패배자인 치우가 중국인들에게는 전쟁의
신으로 모셔지고 있으니 아이러니하지요. 심지어
유방劉邦은 치우에게 제사를 지내고 나서 항우項羽
를 무찔렀다는 기록도 있답니다. 한편『환단고기』
에서는 이 치우가 단군왕검 이전에 존재했던 배달

치우 천왕 일반적으로 도깨비기와로 알
려진 이 모습을 한국의 대표적인 축구
응원단인 '붉은 악마' 측에서는 치우 천
왕으로 생각하고 있다고 한다.

국 14대 단군이었으며, 탁록에서 황제헌원에게 크게 승리하였다고 전
해집니다.

신화에서
유래된 표현들

그리스 신화는 서양 문화에 많은 영향을 미쳤으며, 그만큼 관련된 많은 말들이 유래하게 되었지요. 중국 문화에서 사자성어가 발달했듯이 말이지요. 여기서 가장 자주 쓰이는 몇 가지만 소개해보겠습니다.

▶ 피그말리온 효과

키프로스 섬의 뛰어난 조각가였던 피그말리온Pygmalion은 아름다운 여인상을 조각하고, 그 여인상을 진심으로 사랑하게 되었습니다. 그는 조각상을 너무 사랑한 나머지, 한시도 떨어져 지내지 않았지요. 이를 본 미의 여신, 아프로디테가 그의 사랑에 감동하여 조각상을 인간이 되게 해주었다고 합니다. 이처럼 타인의 기대나 관심이 실제 현실에 영향을 미쳐 능률이 오르거나 결과가 좋아지는 현상을 '피그말리온 효과'라고 합니다. 실제로 평범한 학생들을 '지적 능력이나 학업 성취의 향상 가능성이 높은 학생들'이라고 믿게 하여, 성적을 향상시킨 심리학 연구 결과가 있습니다.

▶ 나르시시즘

너무나 아름다웠던 미소년 나르키소스Narcissos. 그는 어느 날 연못 속에 비친 자신의 모습을 보고 반해버립니다. 그는 아름다운 자신을 안아보려다 그만 물에 빠져 목숨을 잃고, 그 자리엔 수선화가 피었다고 하지요. 정신분석학자 프로이트Sigmund Freud는 자아의 중요성이 과장되어 자기 자신을 너무 사랑하는 이상 심리를 '나르시시즘Narcissism, 자기애'이라고 불렀습니다. 수선화의 꽃말 역시 '자기애自己愛' 또는 '자기주의自己主義'랍니다.

▶ 이카로스의 날개

테세우스가 아리아드네와 미궁을 빠져나가 도망치자, 미노스 왕은 몹시 화가 나서 미궁을 만든 다이달로스Daedalos와 그의 아들 이카로스Icarus를 미궁에 가두어버렸지요. 하지만 뛰어난 재주를 가진 다이달로스는 새의 깃털을 모아 날개를 만들었습니다. 그리고 그 날개로 미궁 위를 날아 탈출할 수 있었지요. 이때 깃털들을 붙인 것이 밀랍이었기 때문에, 다이달로스는 아들에게 너무 높이 날면 안 된다고 경고했습니다. 하지만 젊고 호기심이 많은 이카로스는 이를 무시하고 더 높이 날아올랐지요. 결국 그는 태양에 너무 가까이 다가가 그 열에 밀랍이 녹아내렸고, 날개가 떨어져 나가면서 바다에 떨어져 죽었지요. 그래서 '이카로스의 날개' 하면 욕망이 지나쳐 화를 초래하는 상황을 표현하거나, 인간의 끊임없는 호기심과 동경을 나타내기도 합니다.

▶ 고르디우스의 매듭

사륜차를 가지고 처음 프리기아에 들어섰다는 이유로 우연히 왕이 된 고르디우스Gordius. 그는 우연히 왕이 되었지만 훌륭히 나라를 다스렸다고 합니다. 그리고 어느 날 고르디우스는 신전의 기둥에 자신의 사륜차를 꽁꽁 묶고 "이 매듭을 푸는 자가 아시아의 왕이 될 것이다"라고 예언했습니다. 이후 아주 오랜 세월 아무도 그 매듭을 풀지 못했지요. 하지만 동방 원정을 나선 알렉산더가 그 매듭을 보고 풀기는커녕, 과감히 매듭을 잘라버렸다고 합니다. 실제로 알렉산더는 유럽, 아프리카, 아시아에 이르는 대제국을 건설했지요. 그래서 대담한 방법을 써야만 풀 수 있는 어려운 문제를 '고르디우스의 매듭'이라고 부릅니다.

▶ 오이디푸스 콤플렉스

코린토스의 왕자로 자란 오이디푸스Oedipus는 '아버지를 죽이고 어머니와 결혼한다'는 신탁을 피하기 위해 테베로 떠났지요. 그는 테베로 가던 중 좁은 길에서 시비가 붙어 한 노인을 죽이고, 사람을 잡아먹는 스핑크스의 수수께끼를 풀어 테베의 왕이 됩니다. 하지만 그가 죽인 노인이 그의 친아버지였고, 그가 새로 맞은 왕비가 그의 어머니였지요. 끝내 비극적인 신탁이 이루어지고 만 것이지요. 프로이트는 이 신화를 모티프로, 남성이 아버지를 경계하고 어머니에 대해 무의식적으로 품는 성적 애착을 '오이디푸스 콤플렉스Oedipus Complex'라고 이름 붙였습니다. 반면 여성이 어머니를 경계하고 아버지에 대해 품는 애착을 '엘렉트라 콤플렉스Electra Complex'라고 합니다.

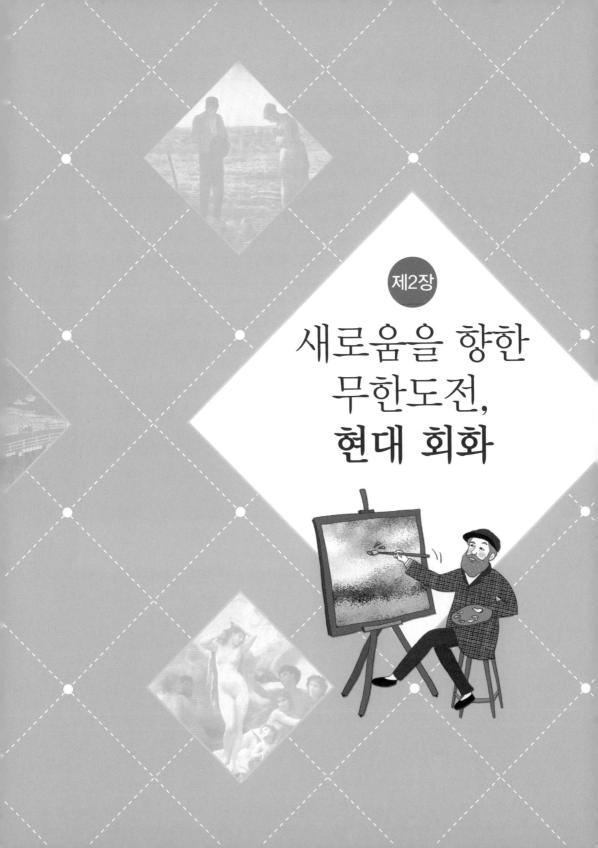

제2장

새로움을 향한 무한도전, 현대 회화

유명한 **회화**를 보면 엄청난 감동을 느끼나요?

삼척동자도 알 만큼 너무나 유명한 화가, 피카소 Pablo Ruiz Picasso. 여러분은 피카소의 그림을 보면 어떤 생각이 드나요? 뛰어난 실력의 화가가 보여주는 생생함에 입이 다물어지지 않나요? 아니면 그림이 주는 형언할 수 없는 감동에 정신이 아찔한가요? 솔직히 그런 생각을 하는 사람들은 많지 않을 것입니다. 초등학생도 그릴 수 있을 것만 같은 생기다만 얼굴과 기괴한 몸짓이나 사물들, 아마도 대부분의 사람들이 왜 이 작품이 그토록 유명할까 하고 의아해할 것입니다.

오늘날 이름난 유명 화가들의 그림이 대부분 이렇듯 잘 그린 것 같지도, 그렇다고 엄청난 감동을 우리에게 선사하는 것 같지도 않습니다. 오히려 알아보기 힘든 이상한 그림이나, 좀처럼 그림이라고는 생각되지 않는 단순한 점 또는 다각형 같은 것으로만 그려진 것들도 많이 있지요. 이러한 현상은 외국뿐만 아니라 국내의 화가들에게서도 볼 수 있는데요, 이것이 바로 현대미술의 중요한 특징이기도 합니다.

그렇다면 왜 그들의 작품은 그토록 유명한 걸까요? 왜 그들은 그렇게 그리게 된 걸까요? 또 우리는 이 작품들에서 무엇을 읽을 수 있는 것일까요?

이번 회화 편은 이렇게 쉽게 이해할 수 없는 모습으로까지 발전한 현대미술에 대해 알아보는 시간입니다.

빛을 그리는 화가, 모네

1874년, 모네 Claude Monet 를 비롯한 젊은 화가들은 전시회를 열었습니다. 전시회에 걸린 작품들 가운데 사람들은 특히 모네의 〈인상, 해돋이 Impression : Sunrise〉를 보고 큰 충격을 받았지요. 분명 바다와 배의 풍경을 그린 것 같긴 한데, 아무리 봐도 그 모습들이 제 형태를 갖추고 있지 않았기 때문입니다. 게다가 아주 성의 없이 대충대충 그린 것 같은 모습이었지요.

여기저기서 엄청난 비난이 쏟아졌습니다.

"저 바다 그림이 걸리기 이전의 벽지 상태가 저 바다 풍경화보다 더 완벽해!"

모네의 〈인상, 해돋이〉 대충 그린 듯한 그의 그림은 충격과 비난을 몰고 왔고, '아주 인상적일 뿐'이라는 비난 속에서 '인상파(Impressionist)'라 불리게 된다.

"물감을 대강 붓질해서 발라놓고는 거기에 자신의 이름을 써놓다니. 정신병자들이 길바닥에서 주운 돌을 다이아몬드라고 우기는 것하고 뭐가 다르지!"

모네의 그림은 그렇게 당시 사람들에게 받아들이기 힘든 것이었습니다. 그렇다면 모네는 무엇 때문에 그렇게 알아보기도 힘든 그림을 그린 걸까요? 또 무엇이 오늘날 그의 그림을 명작의 반열에 올려놓은 것일까요? 우리는 이를 알아보기 위해 당시의 그림이란 어떤 것이었는지를 먼저 알아보아야 할 것 같습니다.

모네 이전의 회화

우리는 그 당시 회화의 분위기를 부
그로William Adolphe Bouguereau와 쿠르베
Jean Désiré Gustave Courbet를 통해 엿볼 수
있습니다. 부그로는 오늘날로 말하면
가장 잘나가는 미술대학 교수이자, 최
고의 권위자 중 한 명이었습니다. 그가
그린 〈비너스의 탄생Naissance de Vénus〉
을 보면 당시 사람들에게 그림이란 무
엇을 말하는지를 알아차릴 수 있지요.

당시에는 그림에 비너스나 신화의
내용이 자주 등장했답니다. 사람들은
그림이란 멋지고 의미 있는 장면을 담

부그로의 〈비너스의 탄생〉 가장 아름다운 여성의 극
치를 그려내고자 한 의도를 엿볼 수 있다.

아내야 한다고 생각했고, 최고의 아름다움을 담아내야 한다고 생각했
습니다. 그러다 보니 인간으로서는 쉽게 따라갈 수 없는 아름다움을
지닌 미의 여신 비너스가 모델로 가장 많이 등장하곤 했지요.

그녀의 피부를 보면 티 하나 없이 하얀 것이 사람의 피부라기보다
마치 대리석 같지요. 여신의 몸매는 또한 아이를 많이 낳기에 가장 이
상적인 몸매라고 하네요. 한마디로 인간의 가장 이상적인 아름다움을
그려내려 했던 것입니다. 이렇게 실제보다 더 실제처럼, 더욱 아름답
게 그려내려 한 것을 '환영주의Illusionism'라고 하는데요, 이는 서양 회화

새로움을 향한 무한도전: **현대 회화** ·

밀레의 〈만종〉 황혼이 지는 전원을 배경으로 기도를 드리고 있는 농부 부부의 모습은 노동의 숭고함과 삶의 진실을 보여준다.

의 오랜 전통이었답니다.

물론 당시에는 이런 환영주의에 반발해 정말 있는 그대로의 모습을 그리려는 사실주의가 나타나기도 했지요.

대표적인 사람들이 쿠르베나 밀레^{Jean François Millet}입니다. 그들은 이상적인 모습이 아닌 우리가 사는 모습 그대로 화폭에 담아내고자 했답니다. 쿠르베는 마을 사람들의 평범한 모습이나 노동자의 힘겨운 모습을 담아내며 현실의 힘겨움을 보여주고자 했는데, 이를 '사실주의^{Realism}'라고 합니다. 밀레는 〈만종^{L'Angélus}〉과 같이 자연과 함께하는 사

람들의 평범한 아름다움을 담아내려 했는데, 이를 '자연주의Naturalism'
라고 부릅니다.

모네, 전혀 다른 그림을 시작하다

　반면 모네의 그림은 이상적인 모습도, 현실 그대로의 모습도 아니었
답니다. 사실 그의 그림을 처음 보면 정말 정성을 담아 대상을 표현하
려 했는지 의심이 들 정도입니다. 그렇다면 그는 왜 이런 그림을 그리
게 되었을까요?

　재미있는 점은 모네도 사실을 그리려고 했다는 점입니다. 그는 선배
마네 Edouard Manet가 그랬던 것처럼 우리 눈에 비친 실제 현실을 그리고
자 했습니다. 마네와 모네는 우리가 사물을 볼 때 마치 사진을 찍듯이
모든 것이 한눈에 보인다고 생각하지 않았습니다. 그런데 이전의 화가
들은 야외에 있는 대상조차 작업실 안에서 원근법과 명암의 법칙에 따
라 살아 있는 듯 그려내려고 했지요.

　두 사람은 야외의 햇빛 아래서 바라보는 사물들은 명암이 제대로 드
러나지도 않으며, 순간적으로 비친 대상들이 대부분 흐릿하게 우리의
뇌리에 남는다는 걸 알게 되었습니다. 즉 빛에 따라서, 그리고 우리의
인식이 느끼는 정도에 따라서 대상이 달라 보이는 것이지요. 그래서
모네는 빛에 따라서 달라지는 세상을 그려내려고 했습니다.

　모네는 그 누구보다 집요하게 빛에 따라 변하는 세상을 추적해,

그 순간순간을 화폭에 담아냈습니다. 그의 이러한 노력은 〈생 라자르 역La gare Saint-Lazare〉을 시작으로 〈건초더미Les Meules〉〈루앙 대성당 La Cathédrale de Rouen〉〈런던의 국회의사당Le Parlement de Londres〉〈수련Les Nymphéas〉 등의 연작에 잘 나타나 있습니다. 우리는 연못의 수련 하나도 봄·여름·가을·겨울, 또는 아침저녁마다 어떻게 다르게 보이는지를 그의 작품들 속에서 확인할 수 있습니다.

또한 모네는 야외의 밝은 느낌을 살리기 위해, 색을 섞어 만드는 대신 색을 대비시켜 더 밝으면서도 같은 색의 효과를 얻어냈습니다. 예를 들어 보라색을 칠하고 싶으면 파랑과 빨강을 섞는 게 아니라, 파랑 옆에 빨강을 놓고 또 그 옆에 파랑과 빨강을 여러 번 교차로 배열하는 식으로 색칠을 해서, 멀리 떨어져서 보면 보라색으로 보이게 하는 것이지요.

당시 많은 사람들이 모네를 비난했지만 젊은 화가들은 열광했습니다. 모네의 이런 도전은 젊은 화가들에게는 새로운 빛과 같았거든요.

무슨 소리냐고요? 당시에는 사진기가 발명되어 사람들에게 사진이 소개되기 시작할 때였습니다. 사진기는 단 한 방에 화가들보다 더 사실적인 모습을 찍어내 주었죠. 아무리 뛰어난 화가라도 정확하고 빠른 것으로 따지면 결코 사진기를 따라갈 수 없었습니다. 그래서 오래도록 그림을 그리는 기술을 익혀온 젊은 화가들은 좌절할 수밖에 없었답니다. 당시는 도제제도 Apprenticeship가 있어 평생에 걸쳐 사실적으로 그리기 위한 방법만 배워왔는데, 그 자리를 사진기가 뺏어간 것이지요. 바로 이때 모네가 전혀 다른 화풍을 가지고 나타난 것입니다. 그의 그림은 이렇게 말하는 것 같았겠지요.

"꼭 똑같이 그리는 것만이 그림은 아니라오."

이렇게 해서 모네를 시작으로 사물을 똑같이 그리는 것이 아닌, 화가의 눈으로 바라본 것을 그리는 전혀 새로운 그림의 시대가 열리게 됩니다. 그리고 동시에 미술사 자체가 새로운 그림을 찾는 모험의 시대로 접어들게 된답니다.

현대 회화의 스승들,
후기인상파

이제 많은 화가들이 인상파를 자처하게 되었습니다. 하지만 빛의 변화에 주목할수록 대상의 형태는 더욱 모호해졌습니다. 화가들은 이 점이 불만이었지요. 그래서 쇠라 Georges Seurat 와 시냐크 Paul Signac 는 모네의 순간적인 붓질보다는 미세하고 촘촘한 점을 통해 빛을 묘사하고자 했습니다. 이런 '신인상파 Neo Impressionist'라고 불리는 이들에 의해 형태는 살아났지만, 뭔가 차가운 느낌을 지울 수 없었지요.

그 후 세잔 Paul Cézanne, 고갱 Paul Gauguin, 고흐 Vincent van Gogh 라는 화가들이 등장해, 형태의 문제를 전혀 다른 방법으로 해결하려 합니다. '후기인상파 Post Impressionists'라 불리는 이들은 생전에는 그 활동이 잘 알려

지지 않았지만, 그들의 사후 20세기 화가들에게 지울 수 없는 흔적을
남기며 최고의 스승으로 불리게 됩니다.

영혼을 담아내려는 화가, 고갱

　한때 주식중매인으로 여유로운 생활을 하던 고갱은 증권거래소가
파산하면서 35세의 늦은 나이에 본격적인 화가의 길로 들어섭니다.
　"인상파는 눈 주위에만 신경을 쓰고 머리를 조금도 쓰지 않아."
　열심히 인상파를 좇아가던 그는 점차 불만
을 느끼고, 인상파가 간과했던 정신이나 영혼
같은 것을 담아내고 싶어졌습니다. 때마침 고
갱은 베르나르Emile Bernard라는 젊은 화가를 만
나게 됩니다. 스테인드글라스나 민속예술 등
에 조예가 깊었던 그 친구는 그런 예술품들은
현실을 그대로 묘사하지 않아도 되며, 검고 뚜
렷한 윤곽선과 순수하고 평평한 채색들로 이
루어졌다고 알려줍니다. 또한 당시 유럽 화가
들에게 유행하던 자포니즘Japonism도 윤곽선과
평평한 색채들로 이루어져 좋은 참고가 되어
주었지요.

자포니즘 일본풍의 취향을 선호하는 현상으
로, 당시 화가들 사이에 큰 인기를 끌었다. 위
그림은 고흐가 무척 좋아해서 즐겨 모사했던
〈에도의 명소 백경(名所江戸百景)〉 중 하나다.

고갱의 〈설교 후의 환영〉 평평한 면을 이루는 강렬한 원색의 색과 검은 선을 쉽게 확인할 수 있다. 나무 위로는 천사와 싸우는 야곱 이야기가 그려져 있다.

고갱은 이제 검은 선과 평면적인 색채들을 자신의 그림에 적극적으로 도입하고, 영혼을 담아내기 위해 원색의 강렬한 색채들을 사용했습니다. 그러자 그의 작품들은 종교적 뉘앙스를 강하게 풍기며 현실과 비현실이 섞여들어 신비로운 느낌을 자아내기 시작했지요. 그중 가장 대표적인 것인 〈설교 후의 환영Vision du Sermon—Combat de Jacob avec l'ange〉을 보면, 원색에 가까운 강렬한 색채와 평면에 가까운 채색들을 볼 수 있습니다. 고갱은 이 그림에서 브르타뉴 지방의 아낙네들이 설교를 듣는 모습과 그 설교 내용을 함께 화폭에 담음으로써 정신세계가 함께 그려지는 시도를 합니다. 그의 이런 시도는 젊은 화가들을 열광시켰고, '종합주의Synthetism'라는 추종 세력을 만들어내기도 했습니다. 이 추종자들은 특별한 의미를 떠올리게 하는 이미지나 꿈, 죽음, 환상 같은 신비로운 주제를 고갱의 검은 윤곽과 강렬하고 밝은색 면 위에 담아내는 것이 특징이었지요.

하지만 고갱은 젊은 화가들의 환호를 뒤로하고, 번잡한 도시를 떠나 남태평양의 타히티 섬으로 향했습니다. 그는 그곳에서 더욱 강렬한 원색과 원시적인 생명력이 강하게 풍겨지는 그림들을 그려나갑니다. 특히 말년에 딸의 죽음을 전해 듣고 실의에 빠져 그린 그림〈우리는 어디서 오는가, 우리는 누구인가, 우리는 어디로 가는가D'où venons-nous? Que sommes-nous? Où allons-nous?〉는 탄생에서 죽음에 이르는 인간의 역사를 한 편의 서사시처럼 상징적으로 담아내고 있답니다.

마음을 그린 열정의 화가, 고흐

고흐는 전도사로 살고자 헌신했지만, 그 헌신이 너무나 지나치는 등 평범하지 않은 성격 때문에 성직자의 직을 잃고 맙니다. 이후 그는 밀레에게 감명을 받아 화가가 되기로 결심하고, 파리로 가서 드가Edgar Degas, 쇠라, 시냐크, 고갱 등과 사귀며 인상파의 세계도 알게 됩니다.

하지만 도시 생활에 어울리지 않았던 그는 2년 후 남프랑스의 아를로 내려가는데, 거기서 화가들끼리의 공동생활을 해보겠다는 생각을

고흐의 〈아를의 침실〉 고흐가 생활하던 방을 그대로 재현하기보다 '휴식'의 느낌을 담으려 했다. 그는 아를의 침실을 색채 등을 다르게 여러 점 그렸다.

하죠. 이때 기꺼이 응해준 이가 고갱이었습니다.

　고흐는 고갱을 기다리며 〈아를의 침실Slaapkamer te Arles〉을 그렸다고 합니다. 굵은 윤곽선과 평평한 색과 면의 표현, 그렇습니다. 고갱이 시도한 것들이지요. 이 때문에 사람들은 이 그림을 고흐가 고갱에 대한 경의를 표현한 그림이라고 말하곤 하지요. 하지만 우리는 이 그림을 통해 고흐도 봐야 합니다. 인상파의 문제를 고갱은 영혼으로 해결하려 했다면, 고흐는 마음으로 해결하려 했기 때문이지요. 고흐는 마음을 담기 위해 사실적으로 그리는 것을 거부했습니다.

"일부러 부정확하게 그려서 나의 비사실적인 그림이 직접적으로 사실을 그린 것보다 더욱 진실되게 보이게 할 거야."

고흐는 스스로에게 이렇게 말했습니다.

〈아를의 침실〉을 한번 보세요. 창문은 열린 것인지 닫힌 것인지 구분을 할 수 없지요. 또 왼쪽 의자 뒤의 벽면은 지나치게 짧으며, 침대와 공간도 지나치게 길어 보입니다. 고흐는 고갱에게 이것이 휴식을 표현한 것이라고 설명했다고 하네요. 하지만 우리는 이 그림에서 휴식을 찾기는 힘들지요. 휘어져 있는 마룻바닥, 그림자 없는 침실……. 우리는 그의 그림에서 오히려 불안을 느낍니다. 그렇습니다. 휴식에 대한 그의 의도는 빗나갔지만, 그의 그림에 대한 염원은 이미 달성된 것 같습니다. 고흐는 결국 평생 불안정하고 불안했던 자신의 마음을 그려낸 것이니까요.

많이 알려져 있듯이 고흐는 정신발작을 일으켜 고갱에게 칼을 휘두르고, 자신의 귀를 자릅니다. 결국 둘의 관계는 끝이 나고, 고흐는 수차례 정신병원 신세를 지게 되었지요.

하지만 그는 그림에 대한 열정을 멈추지 않았습니다. 이후 그가 생을 마감하기 전까지 그린 그림은 300여 점이 넘었으니까요.

당시 대표적인 그림이 〈별이 빛나는 밤 De sterrennacht〉이지요. 이 그림에서도 볼 수 있듯 고흐의 그림은 물감을 듬뿍 칠하고 눌러 붓질을 해, 고랑이 패인

고흐의 〈별이 빛나는 밤〉 격렬한 붓질과 소용돌이 나무, 물결치는 산, 은하수에 휘말리는 달과 별은 고흐의 고뇌에 찬 영혼의 신비로운 교감을 보여주는 듯하다.

듯한 강렬한 붓질이 특징입니다. 또한 소용돌이 모양을 즐겨 사용하고, 에메랄드그린과 노란색을 즐겨 사용했지요. 고흐는 밀밭으로 나가 자신의 죽음을 예고라도 하듯 〈까마귀가 나는 밀밭 ^{Korenvelden onder} ^{dreigende luchten met kraaien}〉을 마지막으로 그리고, 사흘 후 자살로 고단한 삶을 마무리합니다.

영원히 변하지 않는 모습을 그리려는 화가, 폴 세잔

인생 대부분의 시간을 고향 엑스에 눌러앉아 오직 자신만의 그림을 고집했던 폴 세잔. 그는 빛에 따라 매 순간 변화하는 인상파의 순간적인 한계를 넘어, 결코 변하지 않는 사물의 모습, 사물 자체가 가진 진정한 형태와 색을 찾아 화폭에 담으려고 했습니다.

그렇다면 변하지 않는 진정한 것은 무엇일까요? 아마도 그건 다른 것과 구별되는 것이며, 그것만으로도 존재할 수 있는 것일 겁니다.

일례로 사과는 둥근 원구의 형태로 다른 사물과 구별되며, 붉은색으로도 다른 사물과 구별될 수 있지요. 이러한 생각으로 세잔은 사물들을 원구, 원통, 원뿔 등의 기하학적인 원형으로 환원시켜나갔으며, 명암이 아닌 사물이 가진 색·면만을 가지고 입체감을 표현하려 했습니다. 그리고 세잔은 어느 대상만 돋보이고 나머지는 배경에 머무는 것이 아니라, 모든 사물이 각각 존재감을 갖기를 원했어요. 그래서 그는 과거 하나의 시점으로 원근과 명암을 그려내던 기법을 버리고, 각각의 사물마다 바라보는 시선을 달리하기로 했습니다. 그의 그림 안에 어떤 것은 정면에서 봐야만 볼 수 있는 모습이, 어떤 것은 위에서 봐야만 볼 수 있는 모습이 함께 그려져 있지요. 이는 한 시점에서 사물을 표현한다는 것은 이미 순간만을 그리는 것이었기에, 그가 시도한 다양한 시점에서 사물을 표현하는 것이 변치 않는 것을 그리려 한 그의 의도와도 정확히 부합하는 것이었지요.

사물 각각을 살리려는 그의 노력은 화폭 속의 사물들 간에 조화로운

세잔의 〈카드놀이 하는 사람들(Les Joueurs de cartes)〉 몸과 팔은 마치 원통을 보는 듯하다. 왼쪽
사람의 얼굴은 왼쪽에서 빛을 받고 있고, 모자는 오른쪽에서 빛을 받고 있다. 시점과 명암이 동시에
붕괴되고 있는 것이다. 탁자와 술병과의 시점 관계도 딱 맞아떨어진다고 볼 수 없다. 수직의 술병이
하나의 축이 되어 화면을 새롭게 구성해주고 있다.

관계를 생각하게 했는데요, 이를 통해 그림은 화폭만의 원리가 존재한
다는 생각까지 나아가게 되었답니다. 이제 회화는 사물의 원리를 표현
하는 것이 아닌, 화가가 나름대로 화폭에 존재한다고 생각하는 원리를
근거로 그리는 것이지요.

　　세잔의 전혀 새로운 미술은 피카소 등 '입체파Cubist'에 이어지며 20
세기 현대미술의 큰 줄기를 형성했고, 그는 당당하게 '현대 회화의 아
버지'로 불리게 되었답니다.

현대 회화의 거장,
피카소와 마티스

　인상파의 한계를 뛰어넘으려 했던 후기인상파들의 다양한 노력은 미술사의 아주 소중한 유산이 되어 다음 세대로 이어졌습니다. 색을 통해 그림의 핵심을 전달하려는 고갱과 고흐의 의도는 마티스에게 직접적으로 이어지며 20세기 회화가 시작되었고, 머릿속의 것을 담으려는 세잔의 시도는 피카소와 입체파 화가들에게로 이어지며 커다란 반향을 일으켰습니다. 소리 없이 외롭게 자신들만의 미술을 일궈낸 후기인상파 선배들에 의해, 이제 세상을 시끌벅적하게 흔들어놓을 20세기 최고의 거장들이 탄생하게 되는 것이지요. 그것은 20세기 회화의 시작이자, 현대 회화의 본격적인 시작을 알리는 것이었답니다.

나는 알고 있는 것을 그린다, 피카소

20세기 최고의 명성을 누린 화가, 피카소는 세잔의 그림에 감명받아 그 화풍을 가장 적극적으로 따랐던 화가라고 할 수 있습니다. 그는 〈아비뇽의 처녀들 Les Demoiselles d'Avignon〉을 발표해 세상을 놀라게 했는데요, 이 그림에서부터 세잔의 흔적이 뚜렷이 보인다고 할 수 있지요. 우리는 이 그림에서 원뿔 모양의 작은 면들로 분할된 몸통과 원근법, 명암법이 무시되고 다양한 시점들이 표현되어 있는 것을 볼 수 있습니다. 맨 처음 이 그림을 두고 동료들마저 미쳤다고 고개를 절레절레 저었다고 합니다.

하지만 친한 친구이자, 당시 유명한 그림 판매상인 칸바일러 Daniel-Henry Kahnweiler는 이 그림의 가능성을 알아보고 적극적으로 홍보함으로써 피카소와 입체파를 세상에 알렸습니다. 이때 또 한 명의 동조자가 있었는데, 바로 동료 조르주 브라크 Georges Braque였지요.

피카소와 브라크는 의기투합하여 '입체주의 Cubism'를 본격적으로 시작하게 되었습니다. 이들은 먼저 세잔의 가르침에 따라 구체, 삼각추, 원통 등의 기하학적 기본 형태들을 응용해 사물을 표현했습니다. 이때의 작품들은 대상의 구체적 느낌이 어느 정도 살아 있으며, 전체가 하나의 덩어리로 표현되어 묵직한 중량감을 보여주지요. 이후 두 사람은 대상의 형태에 점차 섬세한 면 분할을 가하며 '분석적 입체주의 The Analytic Cubism'로 나아갔습니다. 이때의 그림은 하나의 대상을 많은 시점들을 사용하여 표현함으로써 대상의 전체적 모습을 표현하려 한 장점

피카소의 〈아비뇽의 처녀들〉 여체를 그렸지만 아름다움을 찾아볼 수 없는 이 그림은 소재와 구도 면에서 세잔의 〈수욕도(Bathers)〉를 연상케 한다.

이 있었지만, 그 때문에 대상 자체는 거의 형체를 구별하기 힘들게 되어버렸지요. 재미있는 점은 이 시기에 두 사람 모두 세잔의 가르침을 열심히 따른 나머지, 그 표현 방법이 너무 같아서 본인들조차 자신의 그림이 어떤 것인지 구별할 수 없었다고 하네요.

두 사람은 다시 형태의 상실을 극복해야 했습니다. 이때 브라크가 파피에 콜레Papiers Colle를 시도하게 됩니다. 즉 신문지나 벽지, 담뱃갑이나 트럼프 등 실제 물건들을 붙여가는 몽타주Montage 기법을 통해 구체적 형태를 회복시켜간 것이지요. 이때를 '종합적 입체주의The Synthetic Cubism'라고 하며, 종종 그림 안에 문자와 단어, 숫자들까지 등장하곤 했답니다.

이렇게 피카소와 브라크는 다양한 입체파 운동을 전개하며 20세기 최고의 예술 운동을 선보였습니다. 하지만 불행히도 브라크는 전쟁에 참전했다가 목숨을 잃고 말았지요. 이후 피카소는 〈세 악사Musiciens aux masques〉〈우는 여인Femme en pleurs〉과 같은 좀 더 명료하고 색다른 입체파 그림을 그리기도 하고, 〈안락의자의 올가Portrait d' Olga dans un fauteuil〉 같은 고전주의적 작품을 그리기도 하면서 다양한 활동을 이어갔습니다.

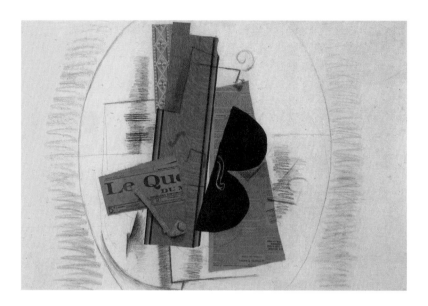

브라크의 〈바이올린과 파이프(Violin and Pipe)〉 브라크의 대표적인 파피에 콜레 작품이다. 파피에 콜레는 현대미술이 처음으로 물체와 만난 예라 할 수 있다.

색의 마술사, 마티스

20세기의 가장 주목받는 미술 운동이 입체파였다면, 20세기를 여는 최초의 미술 운동은 '야수파Fauvisme'였답니다. 이 야수파를 이끈 사람은 피카소의 영원한 라이벌이며, 색채의 마술사로 불리는 마티스Henri Matisse입니다. 피카소가 어릴 적부터 천부적인 재능을 드러낸 화가였다면, 마티스는 21세라는 늦은 나이에 병원에서 요양을 하다가 그림을 시작한 늦깎이 화가였지요. 마티스는 앙드레 드랭André Derain과 모리스 드 블라맹크Maurice de Vlaminck를 만나 서로 자유로운 생각을 나누며 새

마티스의 〈마티스의 부인(Portrait of Madame Matisse)〉 그림자와 원근법은 무시되고, 강렬하고 평면적인 색들로 가득하다. 이 그림은 혁신적인 색뿐 아니라 얼굴에 녹색띠마저 있어, 사람들에게 충격을 주었다.

로운 그림을 모색하게 됩니다.

"정확함이 진실은 아니다."

마티스와 그의 동료들은 이렇게 말하며 눈에 보이는 대로 그리는 것을 부정하고, 감각을 직접적으로 표현하고자 했습니다. 그들은 대상과는 다른 색채를 사용한 고흐와 고갱의 모험을 더욱 밀고 나가, 대상의 색을 무시하고 붉은색을 비롯한 원색 등으로 가득 채워나갔습니다. 그들이 선택한 색들은 더 이상 자연을 표현하는 것이 아니었어요. 그들에게 색은 색채 그 자체의 자율성을 가지는 것이었으며, 형태와 양감, 공간마저도 대체할 수 있는 것이었습니다. 명암이나 원근감 등은 더 이상 의미가 없어졌으며, 색채와 색, 면과 선들은 기존의 전통에서 벗어나 새로운 힘을 발휘할 수 있었습니다. 그들의 강렬한 그림들은 야수 같다고 하여 '야수파'라고 이름 지어진 것이지요. 그들의 미술 운동은 입체파보다 먼저 일어나 특히 감정 표현을 중요시한 독일의 '표현주의Expressionism' 등에 직접적인 영향을 미칩니다.

야수파는 감정의 표현을, 입체파는 아는 것의 표현을 내세우며, 현대미술의 포문을 열게 됩니다.

표현주의와
추상주의

파리에서 시작된 새로운 미술의 물결은 독일에도, 그리고 북유럽에
도 파란을 일으키며 번져 나가기 시작했습니다. 특히 마음과 영혼을
담으려 했던 고흐와 고갱의 의도는 그들에게 표현주의라는 흐름으로
새롭게 태어나게 됩니다. 우리는 그 대표적인 예를 뭉크 Edvard Munch 와
실레 Egon Schiele 에게서 찾아볼 수 있지요. 한편 피카소와 마티스가 일으
킨 미술계의 대변혁은 '추상주의 Abstractionism'라는 이름하에 더 멀리 나
아가기 시작하는데요, 칸딘스키 Wassily Kandinsky 와 몬드리안 Piet Mondrian
이 그 주역이라 할 수 있습니다. 그들의 추상주의로 인해 끝까지 포기
하지 않았던 구체적인 형태가 마침내 사라지고 맙니다.

새로움을 향한 무한도전·**현대 회화**·

뭉크와 실레의 표현주의

　노르웨이 화가, 뭉크는 고흐나 고갱의 의도를 가장 멋지게 소화해 내며 새로운 그림을 선보입니다. 그는 고흐가 그러했듯이 왜곡된 형태와 강렬한 색채를 통해 공포, 고독, 고뇌와 같은 내면의 감정을 화폭에 담아내려 했지요. 특히 19세기 말 최고의 걸작 중 하나로 손꼽히는 〈절규Skrik〉가 그런 특징들을 가장 잘 담아내고 있다고 할 수 있는데요, 그는 자신의 그림을 다음과 같이 설명하며 표현주의가 시작되었음을 알렸습니다.

　"나는 대상을 절규로 바꾸어놓았다. 나는 구름을 마치 피처럼 그렸고, 색채들이 절규하도록 만들었다."

　이후 감정과 감각을 직접적으로 표현하려는 의도를 지닌 표현주의는 독일에서 더욱 활발히 전개됩니다. 키르히너Ernst Ludwig Kirchner는 톱니 모양의 거친 형태로 대상을 왜곡해서, 놀데Emil Nolde는 우스꽝스러운 가면처럼 얼굴을 변형해서 타락한 내면을 보여주려 했지요.

에곤 실레의 〈자화상(Selfportrait)〉 몸의 형태가 과장되고 왜곡되어 있다. 실레는 젊은 나이에도 많은 자화상을 남겼다.

　그런데 이런 표현주의 화가 가운데 우리에게 많이 알려진 사람들은 독일보다는 오스트리아 쪽 화가들이 대부분입니다. 특히 실레와 코코슈카Oskar Kokoschka의 그림은 한눈에도 그것이 표현주의 작품임을 알아차릴 수 있게 하지요.

실레의 그림에서 인간의 육체는 왜곡되고 뒤틀려 있지요. 색채는 차갑고 조화로워 보이지 않는데요, 그는 이를 통해 인간의 불안과 고독 등을 생생하게 보여주고 있습니다. 또한 〈바람의 신부 Die Windsbraut〉로 우리에게 잘 알려진 코코슈카는 불규칙하고 굴곡이 심한 선과 차갑고 어두운 색채를 사용해, 감정의 생생함을 더하고 있습니다.

칸딘스키와 몬드리안의 추상주의

20세기에 들어서면서 야수파와 입체파가 엄청난 반향을 일으키자, 이제 자연과 사물을 그대로 재현하는 것은 진부한 과거의 산물로 생각되기 시작했습니다. 그래서였을까요? 바로 이 시점에서 서로 약속이나 한 듯 그림을 순수한 점·선·면과 색채로만 표현하려는 '추상미술 Abstract Art'이 여기저기서 일어나기 시작합니다.

서른이라는 늦은 나이에 미술을 시작한 칸딘스키는 어느 날 집에 가보니 아주 아름다운 그림이 하나 놓여 있었습니다. 무엇을 그린 것인지는 알 수 없었지만 불타는 듯한 밝은 색채들이 칸딘스키의 마음을 사로잡았지요. 하지만 그는 곧 그것이 자신이 그린 그림을 뒤집어놓은 것이라는 사실을 알게 되었습니다. 이 사건을 통해 칸딘스키는 그림에 대한 새로운 생각을 갖게 되었지요.

"그림이란 무엇을 그리느냐보다, 아름다움을 줄 수 있다면 그 자체로 충분한 것이구나!"

최초의 추상적 수채화 〈즉흥〉 시리즈 중 하나인 이 작품은 자유분방한 색채와 경쾌한 리듬으로, 음악적 효과와 예술가의 감정이 잘 표현되어 있다.

칸딘스키는 이 새로운 신념을 바탕으로 구체적인 사실 재현을 거부하고, 점·선·면과 색으로만 이루어진 그림을 그려 나갑니다. 그는 그 근거를 음악에서 찾았습니다. 음악이 현실의 소리를 재현하지 않아도 듣는 사람의 영혼을 울린다는 점에 착안해, 미술도 현실의 모습을 재현하지 않아도 색채와 점·선·면·구도만으로도 보는 사람의 영혼에 호소할 수 있다고 믿었던 것이지요.

칸딘스키는 먼저 회화를 성립시키는 3가지 원천을 자연에서 받는 직접적인 '인상', 무의식적이고 우발적인 '즉흥', 시간이 지나면서 천천히 자리 잡는 마음속의 구도인 '구성'으로 보고, 이를 〈인상 Impression〉 〈즉흥 Improvisation〉 〈구성 Composition〉이라는 제목의 그림으로 담아냈습니다.

이렇게 시작된 추상주의는 이후 마르크 Franz Marc, 클레 Paul Klee 등이 동조하며 유럽 전역으로 퍼져 나갔지요. 이들은 마음을 표현하는 표현주의의 한 줄기로, 작가의 내면 표현을 중시하는 뜨거운 추상 회화로 자리 잡게 되었답니다.

한편 몬드리안은 알고 있는 것을 그리려 했던 입체파의 의지를 이어받아 차가운 추상을 전개해나갔습니다. 그는 기하학적인 것들을 통해 순수함을 표현하려 했는데요, 이런 순수함이야말로 불변하는 것이라고 생각했기 때문입니다. 이에 몬드리안은 기울어진 사선은 우연성과 불안감 등을 조성한다고 보아 불순물로 여겼으며, 생기를 나타내는 수직선과 평온을 나타내는 수평선만을 사용했지요. 그리고 색도 순수성을 고집해, 특히 초기의 작품들은 빨강, 파랑, 노랑의 삼원색과 흰색과 검은색의 기본색만을 사용하곤 했답니다.

이렇듯 냉정하게 전개된 몬드리안의 추상 회화는 '신조형주의Neoplasticism' 또는 '차가운 추상'이라 불리며 1920년대 건축과 인쇄, 응용미술 전반에 새로운 이정표를 제시해주었습니다.

마지막으로 말레비치Kazimir Severinovich Malevich의 추상화도 있습니다. 그는 그 어떤 것도 담아내려 하지 않는 아주 극단적인 추상화를 추구했습니다.

카지미르 말레비치의 〈흰 바탕에 검은 네모꼴〉 검은 네모밖에 보이지 않는 이 그림에 굳이 의미를 붙인다면, 모든 대상이 사라진 근원적인 무(無)의 상태라 할 수 있다.

"다만 미술이 아무것과도 연관 맺지 않기를 바라며, 스스로 본질적으로 존재할 수 있다는 것을 보여줄 뿐이다."

그의 이런 의도는 〈흰 바탕에 검은 네모꼴 Black Square〉이라는 작품에서 쉽게 찾아볼 수 있습니다. 화면 위에 모든 것을 추방해버리고, 하얀 바탕 위에 달랑 검은 사각형 하나만 그려 넣은 그림이지요. 말레비치의 작품은 곧바로 센세이션을 불러일으켰으며, 말 그대로 가시적 대상이 아무것도 없는 세계를 그려나갔기에 '절대주의 Suprématisme'라고 불렸습니다.

뒤샹의 반예술과
초현실주의

산업혁명 이후 승승장구하며 세계로 뻗어 나가던 서구 사회는 19세기 말이 되자 갑작스러운 경제공황과 세계대전 등에 직면하게 됩니다. 이에 많은 지성인과 예술인들은 장밋빛 미래를 보장해줄 것만 같았던 서구의 '과학적 합리주의Scientific Rationalism'에 대해 회의를 품기 시작했지요. 특히 몇몇 젊은 예술가들은 세계대전이라는 엄청난 광기를 초래한 작금의 문명과 문화를 비판하고, 기존의 예술까지 부정하기도 했습니다. '다다Dadaism'로 불리는 이 급진적인 반문화Counterculture, 반예술Antiart 운동은 스위스 취리히에서 시작하여 미국, 독일, 프랑스 등으로 퍼져 나갑니다.

변기를 들고 나타난 반예술의 대부, 뒤샹

"새로운 예술가는 항의한다."

시인 차라^{Tristan Tzara}는 이렇게 선언하고, 무계획·무변명·무설명으로 기존의 예술에 반기를 들었습니다. 의미 자체부터 별 의미 없는 이름인 '다다'의 젊은이들은 공연에서 자신들의 무의미한 반예술적 행위를 일삼았고, 심지어 언쟁이나 난동까지 보여주며 거침없는 행동을 했지요. 일반인들이 볼 때 괴팍해 보이기만 한 이들의 행동은 당시 유럽 사회를 비판하고 충격을 가하는 것이었으며, 이를 통해 이성과 제도 속에 억압되어 있던 상상력을 일깨우려는 전략이 내포된 것이라 할 수 있습니다.

바로 이런 반예술의 운동에는 반예술의 선구자이며, 이미 독특한 여

청소년을 위한 지금 시작하는 인문학 ·

러 작품으로 상징적 존재가 되어버린 마르셀 뒤샹^{Marcel Duchamp}도 함께 있었습니다.

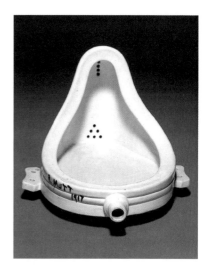

뒤샹의 〈샘〉 이 작품을 보고 있으면, '도대체 예술이 무엇인가?'라는 질문을 하지 않을 수 없다.

어느 날 뒤샹은 뉴욕에서 열린 전위적인 화가들의 전시회인 앙데팡당전^{Independant}에 남성용 소변기 하나를 사 들고 나타납니다. 그는 이 변기에 'R. Mutt(얼간이)'라는 서명을 하고, 제목은 '샘'이라고 붙였습니다. 누가 봐도 이미 생산된 것을 사온 것이 자명한 이 작품에 운영위원들은 적지 않게 당황하여 안 보이는 곳에 치워놓았다고 합니다. 하지만 이것은 곧바로 센세이션을 불러일으켰고, 예술계 자체를 발칵 뒤집어놓았지요.

먼저 뒤샹이 선택한 소변기라는 혐오스러운 소재는 예술 작품이 아름다워야 한다는 기존 통념을 뒤집었습니다. 하지만 정작 더욱 중요한 것은 다른 데 있습니다. 이미 만들어진 기성품을 작품으로 내놓았다는 점에서, 예술가를 상징한다고 할 수 있는 '창작 행위'에 대한 개념이 전복되어버렸기 때문입니다. 예술이란 '창작 행위'이기도 하지만, 이제 '선택 행위'일 수도 있는 것입니다. 뒤샹이 예술 행위의 범위를 확대시켜버린 것이지요. 또한 이러한 도전 자체를 익명으로 전개함으로써 '과연 예술은 무엇이며, 예술가란 무엇일까?'라는 근본적인 의문을 제기하지 않을 수 없게 만들었습니다.

뒤샹은 이렇게 현대미술에 커다란 개념 변화를 몰고 왔습니다. '레디메이드^{Ready-made}', 즉 기성품들을 새로운 차원으로 옮겨놓음으로써, 화가의 손을 붓으로부터 해방시키며 물질주의, 대량생산 시대의 예술가로서 재탄생시켰습니다. 오늘날 전 세계의 많은 미술 비평가들이 현대미술사상 가장 영향력 있는 작품으로 이 〈샘^{Fontaine}〉을 손꼽는 이유가 여기에 있지요. 나아가 그의 반회화적 · 반예술적인 도전은 기존의 사조에 도전하는 모든 새로운 경향을 상징하는 것으로 폭넓게 사용되고 있답니다.

오늘날 이해하기 애매한 '추상표현주의^{Abstract Expressionism}'나 '개념미술^{Conceptual Art}' 등은 모두 뒤샹의 직접적인 영향하에 있다고 할 수 있습니다.

무의식을 통해 이성을 거부한 초현실주의

한때 다다에 열렬히 참여했던 앙드레 브르통^{André Breton}은 다다의 열기가 시들해져 버린 1924년에 '초현실주의^{Surrealism}'를 들고나옵니다. 다다가 합리적 이성을 거부하기 위해 저항의 몸부림을 보이는 데 급급했다면, 초현실주의자들은 '무의식^{Unconsciousness}'이라는 새로운 병기를 가지고 나타납니다.

무의식이란 프로이트가 새로 개척해낸 개념으로, 이성으로는 알 수 없고, 통제할 수도 없는 인간의 본능과 숨겨진 의식이 존재하는 영역입니다. 그는 이 무의식을 꿈을 통해 접근할 수 있다고 설명함으로써 심리학의 새로운 기원을 마련했지요. 초현실주의자들이 볼 때, 바로 이 무의식이야말로 합리적 이성에 대항하는 세계를 잘 보여주는 가장 적합한 표현 도구였던 것이지요.

이들은 프로이트의 '자유연상법Free Association'에서 힌트를 얻어 마음이 흐르는 대로 종이를 오려 붙이거나(콜라주) 또는 종이를 문질러대기(프로타주) 등의 '자동기술법Automatic Description'을 시도합니다. 특히 달리Salvador Dali는 꿈의 세계를 화폭에 옮겨 담음으로써 무의식의 세계를 직접 드러내기도 했답니다.

마그리트의 〈백지 위임장(Le blanc-seing)〉 마그리트의 이 작품은 말이 있어야 할 곳에 공간이, 공간이 있어야 할 곳에 말이 있는 등 상식에서 완전히 어긋난 세계를 보여주고 있다.

한편 마그리트René Magritte는 모순, 즉 대립되는 요소들을 동일한 화면에 결합시키거나 느닷없이 엉뚱한 환경에 배치하는 '데페이즈망Depaysement 기법'을 통해 낯설고 어색한 세계를 한 차원 높게 보여주었습니다.

뉴욕,
미술계를 주름잡다

역사상 최고의 규모로 전개된 제2차 세계대전은 1,200만 명의 사람을 죽음으로 몰아갔고, 유럽과 아시아 전체를 황폐화시켜버렸습니다. 하지만 멀리 떨어져 있던 미국은 그 와중에 전쟁 물자와 무기를 팔았고, 마지막에 참전하여 승리까지 챙길 수 있었지요. 이렇게 유일한 전쟁의 수혜자가 된 미국은 전후 군사력과 경제력에서 최고 강자로 떠올랐습니다.

게다가 전쟁 등의 이유로 몬드리안, 뒤샹, 달리 등 유럽 현대미술의 거장들이 미국으로 거처를 옮겼지요. 여기에 미국 정부도 유럽에 비해 뒤처져 있던 문화 예술을 끌어올리는 데 적극적인 지원을 아끼지 않았

청소년을 위한 지금 시작하는 인문학 ·

답니다. 그 결과 미술계의 주도권은 프랑스의 파리에서 미국의 뉴욕으로 옮겨가게 되었지요. 그 흐름을 주도한 것이 '추상표현주의'와 '팝아트Pop Art'랍니다.

묘사가 아니라 행위다, 잭슨 폴록

"새로운 요구는 새로운 기법을 필요로 한다."

이렇게 생각한 폴록Paul Jackson Pollock은 무엇인가를 의도적으로 묘사한다는 것을 거부하고, 대신 초현실주의의 '자동기술법'적인 기법을 그림을 그리는 행위 자체에 적용하는 새로운 시도를 합니다. 그는 이젤, 팔레트, 붓과 같은 전통적인 그림 도구들을 내팽개치고, 화실로 사

잭슨 폴록의 〈넘버 1(Lavender Mist Number 1)〉 아무것도 표현된 대상이 없지만, 무의식이 표현되어 있다.

용하던 헛간 마루바닥에 캔버스를 넓게 펼쳤습니다. 그리고 부드러운 붓 대신 단단한 붓과 막대기, 삽 등을 들고 캔버스 주변과 위를 걸어 다니면서 액체성 에나멜이나 알루미늄 유화물감들을 마구 떨어뜨리고 흘려댔답니다. 폴록은 의식적으로 무엇인가를 재현해내는 것이 아니라, 그냥 그렇게 작가가 어떤 시간 동안 무의식적으로 움직임으로써 그 행위의 발자취를 하나의 그림이 되게 하려 했지요. '드리핑 Dripping'이라 불리는 이 기법을 통해 캔버스는 화면이라기보다 어떤 행위의 장으로 변해버립니다. 바로 이것이 추상표현주의의 대명사로 불리는 '액션페인팅 Action Painting'이지요.

위아래도 좌우도 존재하지 않는 그림. 어떤 구체적인 대상도 재현하지 않는다는 점에서 '추상'을, 무의식을 표출한다는 점에서 '표현주의'라는 단어가 합성된 '추상표현주의'는 수백 년간 지속되어 오던 서양회화의 전통을 완전히 파괴해버립니다. 또한 그림이 아닌 행위 자체에 가치를 부여한다는 점에서 '미술이란 무엇인가?'라는 정의 자체를 바꿔놓으며 미술계의 새로운 주자로 주목받게 되었지요. 후에 퍼포먼스 등으로 이어지는 '전위예술 Avant-Garde'의 전범이 되는 이 액션페인팅의 성공으로, 미국은 세계 미술계의 주도권을 쥐게 됩니다.

하지만 폴록의 성공은 오직 그만의 힘으로 만들어졌다고는 할 수 없었지요. 미국 정부는 뉴딜정책의 일환으로 자신들의 문화적 열등감을 극복하기 위한 '연방미술지원계획'을 추진하여 수많은 젊은 화가들이 작업에만 몰두할 수 있게 지원해주었으며, 1929년 뉴욕 현대미술관의 건립으로부터 시작해 거대한 국립미술관을 곳곳에 열었습니다. 그리

고 막강한 경제력을 갖춘 화랑들이 액션페인팅 작가의 전시를 앞다퉈 기획했으며, 여기에 애국심이 가득한 평론가들이 합세하여 추상표현주의를 세계에 알려 나갔던 것이지요.

팝아트를 이끈 릭턴스타인과 앤디 워홀

1960년대 미국은 역사상 유례없는 호황과 대량소비 사회로 접어듭니다. 여기에 텔레비전이 출현하면서 매스미디어가 급속도로 퍼져 나갔고, 미국의 팝가수들이 하나둘 세계적인 스타로 급부상하게 됩니

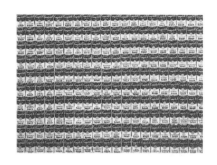

앤디 워홀의 〈200개의 캠벨 수프(200 Campbell's Soup Cans)〉 무한히 반복되는 익숙한 상품의 이미지에서 대량생산과 소비, 대중의 욕망들을 읽을 수 있다.

다. 한마디로 대중문화 사회가 도래한 것이지요. 이런 대중적이고 미국 주도적인 분위기에서 팝아트가 등장합니다.

릭턴스타인 Roy Lichtenstein은 1961년에 미키마우스를 좋아하는 아들을 위해 〈이것 좀 봐, 미키 Look Mickey〉라는 만화의 한 장면을 그림으로 그립니다. 이 그림에는 미키마우스와 도널드 덕의 그림이 실제 만화처럼 말풍선과 대사까지 함께 적혀 있고, 인쇄물을 확대한 것처럼 망점까지 그려져 있었답니다. 만화의 형식, 주제, 기법 등을 그대로 확대한 그의 그림은 대중들에게 많은 친근함과 공감을 불러일으켰지요. 여기서 우리가 특히 주목해야 할 점은 '이 작품에는 화가의 어떠한 개성의 흔적도 드러나지 않는다는 것'이지요. 바로 이것이 팝아트가 가진 중립성과 냉정함으로, 시대의 몰개성이 잘 담겨 있는 것이라 할 수 있습니다. 게다가 팝아트는 그동안의 전위적인 모험이 거부해오던 구체적인 대상을 다시 명확하게 표현해냈는데요, 그러면서도 놀랍게도 전혀 다른 미술을 선보인 것이지요.

한편 앤디 워홀 Andy Warhol은 광고처럼 상품 이미지를 그대로 재현해내는 것에서부터 기존 미술계에 도전장을 던졌습니다. 그는 캠벨 수프 깡통이나 코카콜라 병, 달러 지폐와 같은 상품의 이미지나 마릴린 먼로, 마오쩌둥 같은 유명인의 초상화를 실크스크린으로 찍어 작품으로 만들었습니다. 또한 앤디 워홀은 대중잡지 표지나 슈퍼마켓 진열대 위에 있는 흔한 상품들을 조수들과 함께 작업해 그림으로 대량생산해냈습니다. 한마디로 기계문명에 어울리는 방식으로 미술 작품을 만들어낸 것이지요.

폴록이 죽고 액션페인팅이 모호하고 식상해졌다는 등의 비판으로 추상표현주의가 시들해져버린 시점에서, 이렇게 가장 미국다운 소재를 들고 등장한 팝아트로 인해 미국은 다시 한 번 미술계를 주도하게 된답니다.

그림을 감상하는 데 기초가 되는 7가지 요소

그림은 회화의 역사를 통해서뿐 아니라, 다양한 방법으로 감상할 수 있습니다. 여기서는 그림을 보는 가장 기본적인 요소인 형태, 색채, 빛, 그림자, 점, 선, 면에 대해 살펴보겠습니다.

▶ 형태 vs 색채

우리가 그림을 볼 때 맨 처음 들어오는 것은 사물의 형태와 색채입니다. 그런 만큼 그림이 주는 의미와 느낌은 먼저 이 둘에서 일차적으로 만들어진다고 볼 수 있지요. 형태는 구체적 대상에 따라 의미와 느낌이 달라지겠지만, 그 표현하려는 특성에 따라서도 대별될 수 있습니다. 먼저 자연의 대상을 최대한 살려 역동적으로 표현하는 '유기적 형태'가 있을 수 있습니다. 많은 사실적 그림들이 여기에 속한다고 할 수 있지요. 반면 원이나 삼각형, 사각형 같은 '기하학적 형태'도 있습니다. 이들 기하학적 표현은 차갑고 기계적인 감정을 나타내기도 하지만, 때때로 현실을 초월한 우월한 정신을 표현하기도 한답니다.

그런가 하면 '형태의 왜곡'이라는 것도 있는데, 앞서 설명한 고흐나 표현주의 화가들의 대표적인 표현 기법을 말합니다. 형태를 의도적으로 왜곡해 정상적으로 보이지 않게 함으로써 보이지 않는 내면을 쉽게 드러낼 수 있는 것이지요. 또한 과장된 왜곡을 통해 대상에 대한 흥미를 유발하고 장식성을 높이기도 한답니다. 샤갈의 〈고골에 대한 경의 Homage to Gogol〉가 그 대표적 예라 할 수 있습니다.

색채는 감상자의 감정과 분위기를 환기시키는 가장 대표적인 요소라 할 수 있습니다. 그만큼 색채 고유의 의미와 배열 방법에 따라 다양한 느낌을 만들어낼 수 있지요. 쉬운 예로 빨강은 강렬함과 생명력을, 검정은 차가움, 죽음, 고통 등을 쉽게 드러낼 수 있답니다. 대체로 밝고 깨끗한 색은 즐거운 마음을, 조화롭지 못한 색채는 불쾌감과 불안정성, 초조함을 드러내지요.

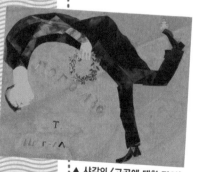

▲ 샤갈의 〈고골에 대한 경의〉

▶ 빛 vs 그림자

보통 빛과 그림자는 하나의 세트같이 움직입니다. 그림을 보면 일반적으로 태양 빛이나 등불이 비추어지는 방향을 등지고 그림자가 드리워집니다. 이를 통해 음영이 드러나면 양감이 생기고 입체적인 느낌이 살며, 실제와 가깝게 재현되지요.

하지만 르네상스 이전의 작품들을 보면 이런 빛과 그림자의 방향이 일치하지 않는 경우가 많습니다. 이는 의도적인 경우와 명확한 원리를 파악하지 못한 경우라 볼 수 있겠지요. 보통 의도적인 경우는 그림자가 생략되어 평면적인 느낌이 드는 경우가 많은데요, 특히 성인 등을 표현하는 종교화 등에 많이 나타납니다. 앞서 설명한 고흐의 〈아를의 침실〉도 자세히 보면 그림자가 없는데요, 이로 인해 초조함과 불안함이 가중되고 있답니다. 세잔 또한 빛과 그림자의 방향을 의도적으로 왜곡시킨 대표적인 예라 할 수 있지요. 반면 카라바조는 빛과 그림자의 강렬한 대비를 통해 극적인 생생함을 살린 대표적인 화가이기도 합니다.

한편 밝은 빛은 편안하고 즐거운 분위기를, 어두운 빛은 억압과 비애를 느끼게 합니다. 또한 빛은 렘브란트Harmensz van Rijn Rembrandt의 〈야경The Night Watch〉에서처럼 특정 대상을 두드러지게 하는 특수 효과를 만들어내기도 하지요.

그런가 하면 그림자는 양감은 물론, 뭉크의 〈사춘기Puberty〉에서처럼 비현실적인 크기를 통해 초조한 마음이나 불안함 등을 드러내기도 한답니다.

▲ 뭉크의 〈사춘기〉

▶ 점, 선, 면

점, 선, 면은 그림을 그리기 시작할 때의 출발점이라 할 수 있습니다. 점은 그것 하나만으로도 눈동자의 동공이 되거나 작은 곤충을 나타낼 수도 있지요. 또한 신인상파는 점묘법을 통해 점만을 모아 한 폭의 그림을 완성하기도 했지요. 선은 점의 연장선이자 형체의 윤곽을 표현하는 것인데요, 이는 비어즐리Aubrey Vincent Beardsley의 경우처럼 화가의 개성을 드러내는 중요한 도구가 되기도 합니다.

면 또한 경우에 따라 중요한 의미를 갖곤 하는데요, 보통 명암이 없는 평면적 면들은 색상과 함께 그 의미가 강하게 전달되곤 한답니다.

◀ 비어즐리의 잉크 드로잉

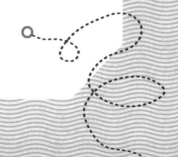

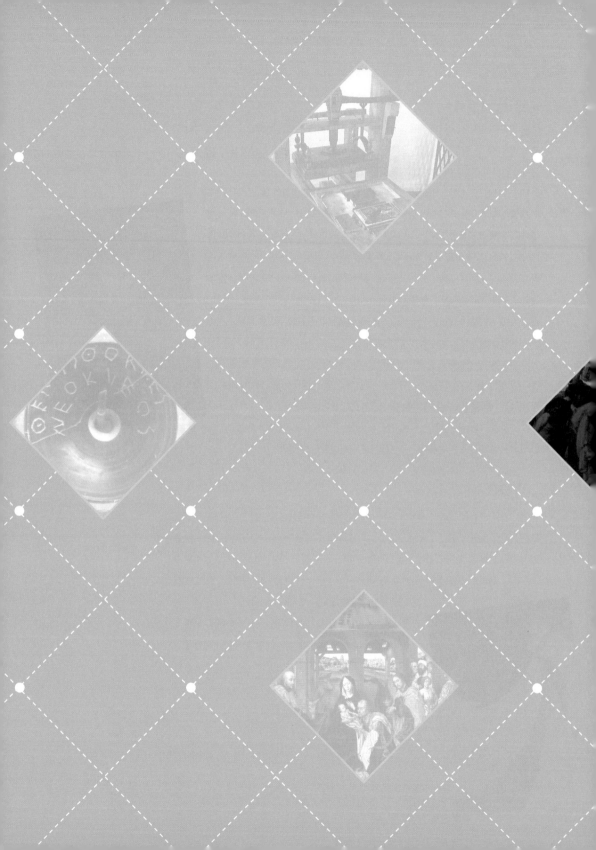

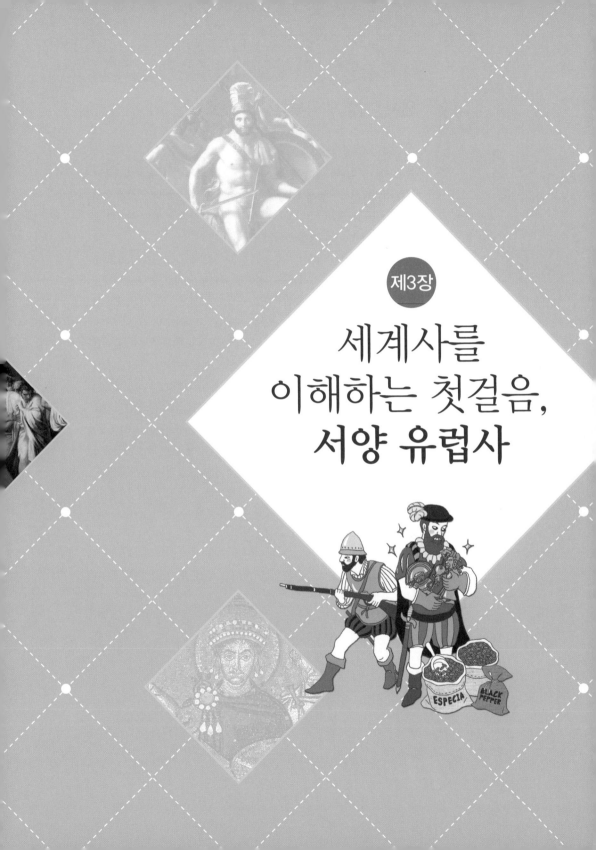

제3장

세계사를
이해하는 첫걸음,
서양 유럽사

역사, 이렇게 공부해볼까요?

인문학에서 역사에 대한 지식은 매우 중요합니다. 각 시대에 중요했던
쟁점과 역학관계가 당시 지형은 물론, 철학과 문화 전반에 영향을 미치
고 있기 때문이지요. 그러므로 우리는 역사의 기본적인 변화 패턴과 요
인들을 이해하고 익혀놓을 필요가 있습니다.

역사를 공부함에 있어 우리나라부터 동양, 서양으로 그 관심의 폭을 넓
혀나가는 방법이 자연스럽지요. 하지만 유럽의 역사를 먼저 공부하는
것도 그에 못지않게 효율적일 수 있답니다. 그 이유는 유럽의 역사가 서
구화된 오늘날의 문화에 많은 영향을 미쳤을 뿐만 아니라, 무엇보다 변
화와 역학관계를 더 잘 보여줄 수 있기 때문입니다. 동양의 역사는 그
시작부터 근대에 들어서기 전까지 거의 변함없는 군주제와 관료제를 정
교하게 발전시켜왔기에, 그 변곡점들을 찾기가 힘들지요. 반면 유럽은
왕정과 민주정을 오가고, 빈약한 군주 지배 체제와 강력한 절대왕정을
겪었습니다. 한때 신의 세계였다가 인간의 세계를 구가하는가 하면, 신
을 증명하려는 노력 속에서 과학을 잉태하기도 했지요. 이렇게 굴곡이
심한 그들의 역사를 들여다본다면 변화의 원인과 결과가 쉽게 드러나,
그만큼 좀 더 쉽게 역사를 이해할 수 있습니다. 이런 역사적 구분을 토
대로 동양사까지 그 관심을 확대해나간다면 더욱 역동적인 세
계사 공부를 할 수 있을 것입니다.

서양 문명의 뿌리,
그리스

 오늘날 우리가 살고 있는 사회는 민주주의 사회입니다. 과거 군주제라는 오랜 역사와는 다른, 새로운 세계를 살아가는 데에는 그리스의 민주주의가 그 모범이 되었지요. 또 오늘날 철학을 이야기할 때도 가장 먼저 떠오르는 사람이 그리스의 소크라테스^{Socrates}입니다. 소크라테스와 그의 제자들은 그리스에서 활동하며 서양 철학의 뿌리를 형성해놓았지요. 그런가 하면 문학을 공부하게 되더라도 그리스의『일리아스』『오디세이아』가 서양 문학의 기원임을 배우게 됩니다. 또한 미술 분야로 눈을 돌려도 비너스 상이나 파르테논 신전 등의 그리스 작품들을 먼저 만나게 될 것입니다.

그만큼 유럽 역사에서, 그리고 서구화된 오늘날의 세계에서 그리스를 빼놓고 그 근원을 이야기한다는 것은 힘든 것이지요.

신화에서 역사로

그리스 신화에서 테세우스는 미노스 왕에게 인질로 끌려간 젊은이들을 구하러 갑니다. 그곳에서 미노타우로스라는 괴물을 무찌르고 마침내 귀환합니다. 이는 더 강했던 미노스 왕이 마침내 테세우스에게 패하는 과정을 보여주지요. 실제 역사에서 미노스 왕의 크레타 문명Cretan Civilization은 먼저 번성하여 테세우스의 아테네에 많은 영향을 주지만, 결국 아테네, 즉 미케네 문명Mycenaean Civilization에 그 주도권을 뺏기게 됩니다. 그렇게 번성한 아테네는 이윽고 이오니아 지방까지 그 세력을 확대하려 합니다. 하지만 그 과정에 걸림돌이 하나 있었지요. 바로 트로이입니다. 결국 아가멤논을 필두로 한 아테네 세력이 트로이 목마의 계책으로 침략하여 멸망시키지요. 그리고 그리스 신화의 대단원은 대부분 이 트로이에서 끝이 납니다.

왜 그런 걸까요? 당시 아테네 중심의 그리스는 마침내 지중해의 패권을 장악했지만, 불행하게도 거대한 화재와 도리아 인의 침입 등이 이어졌습니다. 오늘날까지도 그 원인과 실체를 알 수 없을 정도로 그 피해는 막대한 것이어서, 어떤 기록이나 유물조차 없는 암흑기로 남게 되어버렸습니다. 이렇게 해서 트로이까지 이어진 그리스의 역사는 말 그대로 신화로 전해지게 된 것이지요. 마치 불모지와 같았던 그리스의 도시국가들은 기원전 8세기가 되어서야 서서히 안정을 되찾으며 그 힘을 불려가기 시작합니다.

지금 지도를 펼쳐보면 알 수 있듯이 지중해는 곳곳의 산지와 이를 끼고 도는 좁은 해안선으로 이루어져 있습니다. 이렇듯 넓은 평야가 존재하지 않는 그리스 도시국가들은 광대한 지역을 아우르는 거대한 힘을 가진 왕이 나오기는 어려웠지만, 산지를 방어벽 삼아 자기네 시민들끼리만 똘똘 뭉쳐 살기에는 더없이 좋은 환경이었지요. 그래서일까요? 그들은 전쟁이 발발해도 위아래 할 것 없이 똘똘 뭉쳐 싸웠으며, 그 여력을 모아 바다 건너에 식민지를 건설하기도 했답니다.

그들은 두 가지 유형으로 똘똘 뭉쳤습니다.

하나는 철기를 들고 나타나 한때 그리스를 암흑기로 몰아넣었던 도리아 인의 후손들이 세운 도시국가들의 유형이었지요. 이들은 기름진 땅을 차지해 농업을 중시하면서 자신들보다 10배가량이나 많은 노예들을 힘으로 지배했는데요, 그 대표적인 나라가 스파르타입니다. 이들은 군사력으로 많은 노예들을 지배하기 위해 자기들끼리 똘똘 뭉쳐야 했으며, 모두가 엄격한 군인으로 길러졌습니다. 또한 태어나자마자 군인에 적합하지 않으면 버려졌고, 7세부터 혹독한 단체 군사 훈련을 받아야 했답니다. 그들은 국가의 통제하에 사치를 억제하고 최대한 경제적 평등을 유지하려 했으며, 용맹하기로도 명성이 높았지요.

다른 하나는 한때 도리아 인에게 몰려 해안이나 척박한 땅에 자리 잡은 도시국가들의 유형입니다. 이들은 활발한 무역 활동을 통해 상공업이 번성했는데요, 아테네가 그 대표적인 나라라고 할 수 있습니다. 상공업으로 부를 모은 평민들은 전쟁이 나면 스스로가 전투 장비를 마련해 전장에 나가 싸웠고, 그럴수록 그들의 발언권은 세졌습니다. 결국 귀족들은 물론 부를 모은 평민들까지 적극적으로 정치에 참여하게 되었고, 아고라Agora에 똘똘 뭉쳐 앉아 정치를 논의하면서 민주주의의 분위기가 무르익어갔지요.

　이 나라들은 정치 형태도 다르고, 각각 자기들끼리만 똘똘 뭉쳐 작은 국가들을 이루고 있었지만, 그들은 모두가 하나의 민족, 하나의 신화, 하나의 문화로 묶여 있다고 생각했으며, 그에 따른 자부심도 매우 높았답니다.

거대한 시련이 커다란 기회, 페르시아 전쟁

　이런 그리스의 도시국가들에 시련이 닥쳐왔습니다. 바로 최초의 대제국, 페르시아의 침략이었지요. 거대한 제국을 형성하며 그 힘을 확장해가던 페르시아는 이오니아 등 자신들의 그리스 식민 도시를 도왔던 아테네 등의 그리스 국가들을 응징하기 위해서 기원전 492년 원정길에 오릅니다. 그런데 트라키아와 마케도니아를 정벌하고 아테네까지 공략하려던 페르시아 원정군은 갑자기 불어닥친 폭풍우로 인해 300척의 대함대가 침몰해버리고 말았지요. 이에 2년 후 에게 해를 건

너 직접 아테네 정벌에 나선 것입니다. 보병 2만 5천 명과 기병 1천 명, 600척의 군함을 이끈 이 원정군은 에게 해를 건너 먼저 에레토리아를 점령한 후, 마라톤 해안에 다다랐습니다.

　이때 아테네는 정규군 1만 명과 플라타이아의 지원군 1천 명이 전부였지요. 게다가 지원을 약속한 스파르타의 지원군도 나타나지 않고 있었습니다. 페르시아의 반밖에 안 되는 병력이었지만 아테네의 명장, 밀티아데스Miltiades는 서둘러 공격에 나섰고, 이제까지 볼 수 없었던 포위 작전을 구사해 마라톤 평원에서 페르시아군을 대패시켜버립니다. 이에 당황한 페르시아군은 후퇴 후 즉시 전략을 바꿔 아테네를 공격하기 위해 이동했습니다. 이때 그리스군의 승리를 알리기 위해 한 전령이 목숨을 다해 뛰었고, 아테네 시민들에게 "우리는 승리했다"는 최후의 말을 남기고 숨을 거둡니다. 바로 유명한 마라톤 경기의 유래이지요. 이 전령의 희생으로 아테네는 페르시아군의 변경된 전략에 대비할 수 있었고, 페르시아군은 끝내 눈물을 머금고 뱃머리를 돌려야 했지요.

10년 후, 기원전 480년 페르시아는 다시 그리스를 침략해왔습니다. 1천여 척이 넘는 함선과 수십만에 이르는 병력이 육지와 바다 양쪽에서 그리스를 엄습해왔습니다. 이에 그리스군은 테르모필레의 협곡에서 7천 명의 병력으로, 아르테미시움에서는 271척의 전함으로 페르시아군에 맞섰지요.

초반 육군 연합군의 지휘권을 가진 스파르타 왕, 레오니다스Leonidas는 테르모필레 협곡을 완강히 잘 지켜냈지만, 배신자가 샛길 정보를 누설하는 바람에 끝내 궁지에 몰리게 됩니다. 이에 그리스 연합군은 흩어져버리고, 레오니다스의 정예병 300명만이 남아 모두가 장렬히 전사할 때까지 싸웁니다.

한편 아르테미시움에는 아테네의 테미스토클레스Themistocles가 해군 연합군의 지휘권을 가지고 페르시아군과 맞섭니다. 그는 스파르타의 패전 소식을 전해 듣고 서둘러 살라미스 해변으로 이동해 전열을 가다듬었습니다. 테미스토클레스는 수적인 열세에도 불구하고 살라미스의 좁은 해협을 이용해 페르시아 함대를 쩔쩔 매게 만들었으며, 해풍까지 그리스군을 도와 마침내 대승을 거두게 됩니다. 이것이 세계 4대 해전으로도 유명한 '살라미스 해전'입니다.

테르모필레의 레오니다스 테르모필레의 좁은 골짜기는 대규모의 병력이 한꺼번에 진격하기 어려워 페르시아 대군을 막기가 수월했다. 하지만 배신자에 의해 우회로가 알려지게 되자 레오니다스의 군대는 전멸하고 만다. 이 항전은 "지나는 자여, 가서 스파르타인에게 전하라. 우리들 조국의 명을 받아 여기 잠들었노라"라는 명언을 남겼으며, 영화 〈300〉으로도 우리에게 잘 알려져 있다.

살라미스 해전이 결정적 계기가 되어 그리스군은 승기를 잡았으며, 이후 그리스 도시국가들은 아테네의 주도로 동맹을 맺고 그리스 지역에 남아 있던 페르시아군을 모조리 몰아냅니다. 이 동맹은 전후에도 기금을 모으고 군함을 제공하자고 약속하고, 그 기금의 금고를 델로스에 두었지요. 그래서 '델로스 동맹Delian League'이라고 합니다.

살라미스 해전을 승리로 이끌고 델로스 동맹을 주도한 아테네는 명실공히 그리스 도시국가들의 맹주로 급부상합니다.

마라톤 전투가 스스로 장비를 갖추고 전장에 나간 중산 시민들의 활약이었다면, 살라미스 해전은 노잡이와 수병 등으로 동원된 자유민과 하층민들의 활약이었지요. 이에 마라톤 전투 이후 중산 시민들의 발언권이 강화되었다면, 살라미스 해전 이후에는 자유민과 하층민까지 그 정치적 영향력이 확대되어 민주주의 정치가 본격화되기 시작합니다.

페리클레스 시대와 펠로폰네소스 전쟁

테미스토클레스는 그리스 전체의 영웅이 되었습니다. 하지만 그는 그를 견제하는 사람들에 의해 아테네에서 추방되고 말았지요. 이런 테미스토클레스의 영웅담을 담은 희곡이 『페르시아인Persians』인데요, 이를 후원하며 인기를 얻기 시작한 명문 귀족이 페리클레스Pericles입니다.

페리클레스는 최고의 명문 귀족이었으면서도 민주파의 지도자가 되었으며, 하층민까지 아우르는 정책들을 추진하면서 실권을 잡게 되었지요. 그는 귀족들의 평회의가 아닌 시민들이 구성한 민회가 실권을 갖게 하고, 돈이 아닌 추첨을 통해 관리가 될 수 있게 하는 등 당시 입김이 세지고 있던 하층민들의 지지를 기반으로 민주주의를 현실화시켜 나갑니다.

한편 페리클레스는 안전상의 이유를 들어 델로스 동맹의 기금을 아테네로 옮겨왔는데요, 이 기금을 페르시아 전쟁에서 파괴된 아테네를 더욱 화려하게 재건하는 데 사용해버렸습니다. 뛰어난 예술가들을 동원해 파르테논 신전을 짓고, 거대한 아테네 여신상 등을 만들었으며, 아테네 시의 미관을 아름답게 바꾸는 데도 열을 올렸지요. 오늘날 그리스 미술의 명성은 이런 페리클레스의 노력과도 무관하지 않답니다. 또한 그는 아낙시만드로스 Anaximandros 등 당시의 자연 철학자들과도 친분이 깊었으며, 문예 진흥책을 써서 그리스 곳곳의 학자들을 끌어모았습니다. 델

테미스토클레스의 이름이 새겨진 도편(陶片)
공화정에서 독재란 가장 용납할 수 없는 것이었다. 도편은 독재의 가능성이 있는 자를 몰아내는 데 유효했다. 하지만 그것은 무고한 영웅들도 쉽게 퇴출할 수 있어 악용되곤 했다.

로스 동맹의 기금과 아테네 상공업의 번성 위에 문화 예술이 더해지면서 아테네는 점차 정치·문화의 중심지가 되었고, 앞선 문화와 자유분방한 민주적 토론 분위기가 더 많은 학자와 예술가들을 불러들였지요. 철학의 대명사인 소크라테스도 이 당시에 활동했답니다. 한마디로 페리클레스의 시대는 그리스 문화의 황금기이자, 이후 서구 사회의 정치·예술·철학의 기본 틀이 다져진 시기라 할 수 있습니다.

앞에서도 언급했지만 페리클레스는 델로스 동맹의 금고를 아테네로 옮겨와 아테네의 돈처럼 사용했고, 머지않아 페르시아와 평화 협정을 맺기에 이릅니다. 페르시아에 대한 전쟁 위험이 사라진 상황에서 그것도 아테네에 있는 금고에 군자금을 낸다니? 말이 기금이고 동맹이지, 어느새 주변국은 조공처럼 군자금을 바쳐야 했고, 아테네는 자

신이 마치 제국이나 된 듯 행세하고 있었지요. 아테네의 위세는 갈수록 더해갔고 그 영향력을 더 확장하고 싶어했으며, 주변국들에 대한 강요 또한 더 심해졌습니다.

이런 아테네의 모습을 달가워할 국가는 별로 없었습니다. 특히 과거 맹주국이었던 스파르타는 눈꼴사나워서 못 봐줄 정도였지요. 스파르타는 오래전부터 '펠로폰네소스 동맹Peloponnesos League'을 만들어 주도하고 있었고, 델로스 동맹에는 가입하지 않고 있었습니다. 이런 상황에서 주변국에 막강한 힘을 행사하던 아테네는 메가라 등 몇몇 약소국들을 중재하다가 그만 원성을 사게 됩니다. 이에 그들이 펠로폰네소스 동맹의 맹주인 스파르타에게 지원을 요청하게 되지요. 가뜩이나 아테네의 확장과 위세가 못마땅하던 스파르타는 전쟁을 선포하고, 아테네를 견제하던 펠로폰네소스 동맹국들이 그 뒤를 따릅니다.

싸움은 민주적 정치 색채가 강한 델로스 동맹과 귀족적 또는 군국주의적 색채가 강한 펠로폰네소스 동맹의 맞대결로 이어졌습니다. 페리클레스는 육군이 강한 스파르타의 공격에 대비해 높은 성벽 안에 주민들을 대피시켜놓고, 아테네의 막강한 해군력으로 우회 공격하고자 했습니다. 하지만 신은 아테네의 편이 아니었나 봅니다. 얼마 가지 않아 성 안에 전염병이 돌아, 지휘관인 페리클레스의 목숨마저 앗아가 버렸습니다. 아테네의 막강한 재력과 해군력으로 쉽게 끝날 것만 같았던 이 전쟁은 그 끝을 알 수 없을 정도로 계속되었고, 그 와중에 아테네의 새로운 군사령관 알키비아데스Alkibiades가 배신을 하고 스파르타의 앞잡이가 되는 황당한 사건까지 일어납니다. 그는 심지어 스파르타와 페르

시아의 동맹까지 주선해주었답니다. 아
테네는 이런 다양한 악재 속에서 30년이
나 버티다 끝내 스파르타에 항복하고 말
았습니다.

아테네를 이긴 스파르타는 다시 그리
스의 맹주국이 되었지만, 그도 오래가지
못했답니다. 30년 동안의 긴 전쟁은 두
나라의 국력을 모두 소모시켰고, 그 와
중에 그들이 북쪽의 야만인이라고 깔보
던 마케도니아가 성장해 침략을 해왔기
때문입니다. 당시 마케도니아의 왕은 그

〈라오콘〉 상 그리스 고전 예술은 이상적인 아름다움과
절제미를 강조한다. 반면 헬레니즘 문화는 마치 살아
움직이는 듯 사실적이고 역동적이다.

유명한 알렉산더 대왕Alexander the Great입니다. 그는 그리스는 물론 페르
시아까지 모두 점령하면서 명실공히 동서양을 망라한 지배자가 되었
고, 찬란했던 그리스의 시대는 영원히 막을 내리고 맙니다.

한편 그리스 문화를 수혈받은 마케도니아가 동양 세계까지 정복하
면서 그리스 문화와 동양 문화가 뒤섞이는데요, 이것이 바로 '헬레니
즘Hellenism 문화'입니다. 우리는 헬레니즘을 대표하는 〈라오콘Laocoon〉
상 등의 작품에서 그리스 조각이 역동적으로 변화된 헬레니즘 문화의
특징을 엿볼 수 있답니다.

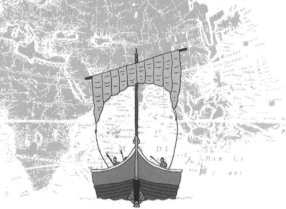

서양의 고대 문명을 구축하는 로마 제국

그리스 문명이 서양 문명의 씨앗이라면, 로마는 그 씨앗을 키워 서양 문명이라는 커다란 골격을 만들어냈다고 할 수 있습니다.

로마는 그리스의 민주주의와 다양한 문화들을 흡수하여 근대 서구 사회에까지 전수했을 뿐 아니라, 그리스도교와 그에 관련된 문화를 탄생시켜 중세는 물론 현대에 이르기까지 그 그림자를 드리우고 있습니다. 종교뿐 아니라 학문과 예술 등 문화 전반에 퍼져 있는 로마의 영향은, 현대의 법률에서조차 그 영향력을 뚜렷이 볼 수 있답니다. 또한 독일의 '카이저Kaiser', 제정 러시아의 '차르Tsar' 등은 모두 로마 황제의 칭호인 '시저(카이사르)Caesar'에서 유래한 말인데요, 그만큼 서유럽의 왕들은 과거 로마의 영광을 되살리고자 했으며, 그런 나라의 왕이 되기를 바랐답니다.

지배에서 벗어나 지중해를 지배하는 로마

트로이가 멸망할 때 트로이 왕의 사위 아이네아스^{Aeneas}가 탈출에 성공하는데요, 그가 로마의 시조로 전해지고 있습니다. 그의 15대 후손이 늑대에게 길러진 로물루스^{Romulus}와 레무스^{Remus}지요. 로물루스가 동생과의 싸움에서 이기고 카피톨 언덕 위에 도시를 세우면서 로마의 역사가 시작됩니다.

처음에 로마는 당시 강성했던 에트루리아의 지배를 받았습니다. 로마인들은 이때 그들에게서 앞선 문화를 배웠는데요, 특히 에트루리아의 뛰어난 토목건축 기술은 건축, 포장 도로, 하수도 등 로마의 대표적 유적에 스며들어 있습니다.

기원전 6세기 말경에 이르러 로마인들은 귀족과 평민이 힘을 합쳐 마침내 에트루리아인을 몰아내고 공화국을 건설합니다. 로마가 독립을 쟁취하는 데에는 평민의 역할이 매우 컸는데, 시간이 흐를수록 귀족들은 자신들의 권한만을 강화해나갑니다. 이에 평민들은 불만을 품고 성산으로 몰려가 그들만의 국가를 세우게 됩니다. 이를 지켜본 귀족들은 당황하지 않을 수 없었겠지요. 평민들 없이 귀족만의 국가란 상상할 수도 없는 일 아니겠어요? 결국 귀족들은 이듬해 평민들의 모임인 평민

세계사를 이해하는 첫걸음, 서양 유럽사 •

회와 그곳에서 선출하는 호민관의 활동을 인정하기로 하고 나서야 평민들을 다시 불러들일 수 있었답니다. 이후 평민들은 자신들의 권리를 점차 확대해 나갔으며, 기원전 450년에는 12표법 Lex Duodecim Tabularum 을 제정해 평민들의 권리를 법률적으로 보호하기 시작했습니다.

귀족과 평민들이 다시 하나가 된 로마는 그 힘을 모아 과거 자신들을 지배했던 에트루리아를 점령하고, 사납기로 유명한 삼니움 족은 물론 남쪽 끝 메시나 해협까지 손에 넣음으로써 마침내 이탈리아 반도의 주인이 되었습니다. 하지만 그들은 여기서 만족하지 않았지요. 이제 그들이 원하는 것은 지중해였습니다. 그들이 택한 것은 지중해 서쪽의 카르타고였습니다. 카르타고는 부유할 뿐 아니라 해전에 강한 강국이었지만, 동쪽에 거대하게 버티고 있는 알렉산더 대왕 사후의 셀레우코스 Seleucos 왕조°보다는 만만해 보였던 것이지요.

로마인들은 카르타고인들을 '포에니 Punic'라고 낮추어 불렀는데요, 그래서 3차에 걸친 이 전쟁을 '포에니 전쟁 The Punic Wars'이라고 합니다.

전쟁이 시작되자마자 로마는 카르타고의 강한 해군력의 맛을 톡톡히 보았습니다. 하지만 로마는 쇠갈고리를 단 배들을 만들어 다시 나타났지요. 이 갈고리를 이용해 적의 함선을 잡아끈 다음, 육지에서 강했던 군사들이 카르타고의 배 위로 뛰어들어가 전투를 벌인 것이지요. 로마는 다시 승기를 잡아 마침내 카르타고의 항복을 받아냈고 시칠리

 셀레우코스 왕조 알렉산더 대왕이 갑자기 죽자 제국은 내전에 휩싸였다. 결국 시리아 지역에는 셀레우코스 왕조, 이집트 지역에는 프톨레마이오스(Ptolemaios) 왕조, 그리스 지역에는 마케도니아 왕국(Kingdom of Macedonia) 등으로 분열됐다.

청소년을 위한 지금 시작하는 인문학

아를 얻게 됩니다.

　2차 전쟁은 카르타고의 영웅 한니발Hannibal이 먼저 시작합니다. 어려서부터 로마에 복수하기 위해 이를 갈았던 한니발은 5만의 군사와 코끼리 부대를 이끌고 로마로 향합니다. 로마는 카르타고의 해군력이 강했기 때문에 바다로 침입해올 것이라고 생각했지만, 한니발은 허를 찌르기 위해 바다 건너에 있는 카르타고의 식민지이자 자신의 본거지인 에스파냐에서부터 출발하는 육로를 택한 것입니다. 그가 험준한 알프스 산맥을 군사들과 코끼리를 거닐고 넘은 것은 너무나 잘 알려진 이야기입니다. 거대한 코끼리에 놀란 로마군은 패배를 거듭했고, 한니발의 군대는 승승장구하며 로마 전역을 휩쓸고 다녔지요. 이제 로마

대 스키피오 한니발은 코끼리를 몰고 와 로마군을 당황시켰다. 이후 스키피오는 사방에서 소음을 만들어 한니발의 코끼리가 정신을 못 차리게 해 대승을 거두었다.

에서 한니발의 이름은 공포의 대상이 되었답니다. 하지만 10년이 지나도 한니발의 군대는 로마를 끝장내기에는 역부족이었고, 카르타고 본국에서조차 지원군이 오지 않았습니다.

이때 로마의 스키피오 Scipio 장군이 대반격을 시작합니다. 그 또한 한니발처럼 허를 찌르는 공격을 감행했는데요, 바로 한니발이 없는 그의 본거지 에스파냐를 치는 전략이었습니다. 스키피오는 손쉽게 에스파냐를 격파하고 본국인 카르타고까지 쳐들어갔습니다. 졸지에 로마군의 창끝에 놓인 카르타고인들은 서둘러 한니발을 다시 불러들였지요. 로마 정벌의 꿈을 가지고 떠났던 한니발은 어쩔 수 없이 발길을 돌려야 했으며, 돌아온 카르타고에서의 일전에서조차 패하고 맙니다. 카르타고는 이 전쟁의 패배로 인해 모든 식민지를 잃고 많은 배상금을 물어야 했습니다.

카르타고인들은 이를 악물고 노력하여 50년에 걸쳐서 물어야 하는 배상금을 10년 만에 다 물어냅니다. 하지만 그 노력이 더 화근이었지요. 로마가 보기에 카르타고는 그만큼 돈을 모으기 좋은 곳이었으며, 카르타고인들은 언젠가 다시 힘을 얻을 수 있는 위험한 존재였기 때문입니다. 이에 기원전 149년, 이번에는 대 스키피오의 양손자 소 스키피오가 대군을 이끌고 쳐들어와 카르타고를 아예 전멸시켜버렸지요. 이로써 카르타고는 로마의 속국으로 전락하고, 로마는 명실공히 지중해 서부를 완전히 장악한 제국으로 거듭나게 됩니다.

공화정의 마지막 영웅, 카이사르

카르타고를 격파한 로마는 에스파냐로 진출하여 많은 나라를 정복했으며, 기원전 189년에는 과거 알렉산더 대왕의 제국이었던 셀레우코스마저 그 대부분이 로마의 영토가 되어버립니다. 이때부터 로마는 지중해의 패권자요, 제국으로서의 그 면모를 과시하게 되었지요.

하지만 이런 로마의 확장은 참으로 아이러니한 것이었습니다. 정복지로부터 들어오는 막대한 세금은 로마를 풍요롭게 만들고는 있었지만, 그것은 오직 지배층의 몫이었기 때문이지요. 뿐만 아니라 로마의 승리를 위해 목숨과 무기를 아낌없이 내놓았던 시민들은 전사하거나 부상 등으로 더 이상 농사를 지을 수 없게 되었으며, 행여 무사히 귀환했다 하더라도 오랫동안 돌보지 못한 토지는 황폐해져 있었습니다. 결국 그들은 전쟁을 통해 더 많은 농장과 노예를 확보한 지배층에 헐값으로 땅을 넘기고 고용 노동자로 전락하거나 빈농이 되어 떠돌아야 했지요. 그러자 지배층은 농장을 더욱 키워 이른바 대농장이라 불리는 '라티푼디움Latifundium'을 만들고 확장해나갑니다.

문제는 중산층과 빈민의 고통에만 있는 것이 아니었습니다. 생각해보세요. 이제까지 로마의 군사력은 중산층이 스스로 무기를 준비하고 나와 전투에 참여했던 것인데, 이런 중산층이 몰락하고 사라졌다는 것은 전쟁에 나가 싸워야 할 군인들이 줄어들었다는 것을 의미하겠지요? 바로 이 때문에 이제까지 승승장구하며 주변 나라들을 꺾어나가던 로마의 군사력이 서서히 약화되어 갔습니다.

그러자 그라쿠스 형제(가이우스 셈프로니우스 그라쿠스Gaius Sempronius Gracchus, 티베리우스 셈프로니우스 그라쿠스Tiberius Sempronius Gracchus) 등 몇몇 의식 있는 정치인들이 중산층 농민을 살리기 위한 다양한 개혁들을 시도합니다. 하지만 기존 지배층의 힘은 이미 너무나 거대한 것이었고, 모두 실패로 점철되고 말았지요. 바로 이런 상황 속에서 곳곳의 노예들은 반란을 일으키곤 했으며, 몸을 사리고 있던 게르만 족과 주변 속국들도 호시탐탐 기회를 노리기 시작했습니다.

이렇게 약해진 군사력은 기원전 111년, 속국이었던 아프리카의 누미디아의 반란과 이를 진압하지 못하는 현실에서 극명하게 드러났지요. 이때 마리우스Gairs Marius 장군이 등장합니다. 평민파 출신인 그는 종래의 토지를 소유한 시민만으로 군대를 꾸려 나갈 수 없음을 직시하고, 국가에서 부담하는 돈으로 빈민들을 모아들였습니다. 그는 빈민들을 훈련시키고 무기를 제공해 전투에 투입시켰으며, 봉급까지 주었지요. 이 군대 개혁으로 로마의 군사들은 다시 힘을 발휘할 수 있었으며, 당당히 승리를 거머쥐고 입성한 마리우스는 영웅이 되었습니다. 이들의 복무 기간은 무려 16년에 달했으며, 여기에 마리우스는 퇴역하는 군인들에게 땅까지 주었지요. 하루하루 힘들게 살던 빈민에게 든든한 직업을 주고, 퇴직까지 보장해주었으니 군인들은 오직 마리우스만을 철저히 따를 수밖에 없게 되었습니다.

마리우스는 군인들을 자신의 사병처럼 움직일 수 있었고, 연전연승과 빈민들의 지지 속에 수차례 재집권을 할 수 있었답니다. 그의 힘은 마치 왕이라도 된 듯 막강했으며, 독재도 서슴지 않았습니다. 바로 그로부터 황제의 등장이 예고되고 있었지요. 그 후 술라Lucius Cornelius Sulla, 폼페이우스Magnus Gnaeus Pompeius, 그리고 카이사르Gaius Julius Caesar 에 이르기까지, 마리우스처럼 자신을 따르는 군인들을 이끌고 각 전쟁 에서 승리하는 영웅들이 등장했으며, 그들의 권력 행사는 이미 한 나 라의 왕이요, 황제의 자리를 놓고 싸우는 것처럼 보였습니다.

물론 그 정점에는 너무나 잘 알려진 영웅 카이사르가 있습니다. 명 문 귀족이자 마리우스의 친척으로, 출신 성분부터 우월한 위치를 가지 고 등장한 그는 평민파에 서서 사람들을 얻기 위해 많은 돈을 쏟아부 었지요. 탁월한 정치가였던 카이사르는 이미 군사령관이 되기도 전에 엄청난 지지를 받고 있었고, 이에 당시 전쟁 영웅인 폼페이우스 및 크 라수스Marcus Licinius Crassus와 함께 셋이서 힘을 나누어 갖기로 합의합니 다. 이른바 '1차 삼두 정치三頭政治'입니다.

평민파인 카이사르의 인기는 원로원의 귀족들을 긴장시켰고, 이에 그들은 카이사르를 갈리아 총독으로 발령내버립니다. 그런데 카이사 르는 오히려 이를 반겼지요. 그는 인기에도 불구하고 아직까지 군사적 업적이 없었기 때문입니다. 그는 완전하다고는 할 수 없지만 갈리아 지방을 충분히 평정했으며, 반란을 일으킨 켈트 족도 진압합니다. 카 이사르는 이를 『갈리아 전기Commentaries on the Gallic Wars』에 직접 써서 오 늘날 중요한 역사적 사료로 남아 있습니다.

그러던 중 크라수스가 파르티아와의 전쟁 도중 사망합니다. 삼두 정 치인 중 한 명이 죽었으니, 이제 폼페이우스와 카이사르의 대권 전쟁 이 일어날 가능성이 커졌습니다. 이때 원로원에서 카이사르에게 군대를 해산하고 로마로 귀환하라는 명령을 내립니다. 로마에는 라이벌인 폼페이우스가 군사를 거느리고 있는 상황이었기에, 군대 없이 로마로 돌아간다는 것은 목숨을 내놓고 오라는 것과 마찬가지였지요. 카이사르는 고민 끝에 결단을 내렸습니다.

"주사위는 던져졌다."

오늘날 중대한 결정을 내릴 때 쓰이는 이 말은 카이사르가 루비콘 강을 건너면서 한 말입니다. 그는 이 말을 하고 갈리아에서 루비콘 강을 건너 군대를 이끌고 로마로 진군합니다. 카이사르의 병력은 순식간에 로마를 장악했으며, 군대 최고지휘권 및 감찰권 등 모든 권력을 손에 쥐게 됩니다.

카이사르는 권력을 쥐고 나서도 곡물과 토지를 분배하고 대규모 공사를 벌여 일자리를 만드는 등 서민들을 위한 정치를 계속했으며, 해외 식민지도 더 많이 개척해 로마의 경제력을 키워 나갔습니다. 그리고 기원전 44년, 마침내 그는 비상시에 모든 권력을 행사할 수 있는 독재관직을 죽을 때까지 유지하는 '종신독재관'의 자리에 올랐습니다. 모든 권력을 영구적으로 지닌 그는 사실 황제나 다름없었지요.

하지만 공화정에서 황제란 쉽게 용납될 수 없는 것이었습니다. 특히 원로원을 비롯한 공화정 지지자들은 이대로 가다간 카이사르가 진짜 황제가 될 것이라는 생각에 불안함을 감출 수 없었지요. 결국 카이사르가 원로원에 파르티아 정복을 논의하러 가는 날, 수십 명이 한꺼번에 그에게 칼을 들고 달려들어 암살하고 맙니다. 이때 암살자 중에는 카이사르가 총애하던 브루투스 Marcus Junius Brutus도 있었지요. 카이사르

카이사르의 죽음 카이사르는 황제가 되고자 했으나, 아끼던 브루투스 등에 의해 암살되었다. 그것도 정적 폼페이우스의 동상 아래서. 원로원 등은 황제 시대를 막고자 그를 죽였지만, 아이러니하게도 그의 죽음이 시민들에게 황제를 쉽게 받아들이게 했다.

가 마지막 남긴 말인 "브루투스, 너마저⋯⋯"는 그런 브루투스를 원망하는 말이랍니다.

이렇게 황제를 꿈꾸며 황제와 버금가는 권위를 가졌던 카이사르는 끝내 진짜 황제는 되지 못하고 최후를 맞았습니다. 오히려 정식으로 황제의 자리에 오른 것은 그의 양아들인 옥타비아누스 Gaius Octavianus였습니다. 그렇게 서양 황제를 일컫는 호칭의 기원이기도 한 카이사르는 황제가 아닌, 공화정의 마지막 영웅으로 역사에 기록되었답니다.

황제의 시대,
예수의 시대

공화정을 지키려는 브루투스 등의 노력에 시민들은 열광했을까요? 아닙니다. 오히려 그들은 시민들의 분노를 사게 되어 쫓겨나고 맙니다. 그만큼 카이사르에 대한 시민들의 신임은 강했던 것이지요. 이후 로마는 공화주의자들의 노력과는 정반대로 황제정으로 넘어가게 됩니다. 그러므로 로마의 정치 체계는 공화정 시대와 황제정 시대로 크게 이분되어 있는 것이지요. 여러분이 이를 잘 참고해야 혼동을 피할 수 있답니다.

또한 로마는 종교적으로도 두 시대로 이분되기 시작합니다. 원래는 제우스 등 그리스 로마 신화의 주인공들이 신으로 숭배받는 다신교의 시대였지만, 예수가 등장하고 기독교가 번성하면서 기독교의 나라로 변모하게 되는 것이지요. 이 종교적 변화는 아주 거대한 것이어서, 당시 이성적이고 인간 중심적이던 유럽의 문화 기반이, 강한 종교적 색채를 띤 신 중심의 문화 기반으로 완전 탈바꿈하는 계기가 된답니다.

심지어 로마는 정치와 종교뿐 아니라, 지배 영역에서조차 두 가지 시기로 나뉘게 되지요. 원래는 하나의 거대한 로마 제국이었지만, 테오도시우스^{Theodosius} 황제가 두 아들에게 나누어 상속하면서부터 동·서로마로 완전히 갈리게 됩니다.

로마를 공부할 때는 이렇게 양분되는 전혀 다른 특징들을 잘 파악하고 있어야 합니다. 그럼 다시 카이사르의 죽음으로 돌아가 로마, 그 갈라짐의 역사를 살펴보도록 하겠습니다.

마침내 황제가 군림하다

카이사르의 죽음은 오히려 카이사르에 대한 강한 향수를 불러왔습니다. 그래서일까요? 다음 정치의 주도권은 카이사르의 부관이었던 안토니우스^{Marcus Antonius}와 카이사르의 기병대장이었던 레피두스^{Marcus Aemilius Lepidus}, 그리고 카이사르의 양아들인 옥타비아누스가 나누어 갖게 됩니다. 이것이 '2차 삼두 정치'입니다.

이 삼두 정치는 세력 기반이 없던 레피두스가 금방 물러나면서, 양자 구도로 변해버립니다. 여기에 이집트 진영을 맡고 있던 안토니우스는 클레오파트라 Cleopatra에게 푹 빠져 헤어날 줄 몰랐고, 결국 옥타비아누스가 악티움 해전에서 안토니우스를 제압하고 유일하고 독보적인 권력자가 되었습니다.

옥타비아누스는 군권은 물론 종교적인 권력까지 이어받아 신과 동등한 숭배의 대상이 되었으며, 민회와 원로원은 황제의 결정을 형식적으로 동의해주는 기관으로 전락합니다. 그는 '신성한 자'라는 '아우구스투스 Augustus'의 호칭을 받았으며, 자신의 후계를 직접 정함으로써 권력의 상속이 가능한 진짜 황제가 되었습니다. 옥타비아누스와 그의 후손들은 카이사르의 후손임을 자처했는데요, 이로써 '카이사르'라는 말이 유럽에서는 황제를 뜻하는 말로 자리 잡게 된 것이지요.

아우구스투스는 정복 전쟁을 벌이기보다는 속주들을 평화롭게 관리하는 데 힘을 쏟았고, 그동안 마찰을 빚어왔던 파르티아 등과도 평화조약을 맺습니다. 이제 확장보다는 거대한 제국을 유지하는 데 더 집중한 것이지요.

아우구스투스의 사후 칼리굴라 Caligula나 네로 Nero Claudius Caesar Augustus Germanicus 같은 폭군이 나타나 로마는 혼란에 빠지기도 했지만, 네르바 Marcus Cocceius Nerva 황제부터는 현명한 자들을 지목해 황제에 오르도록 했습니다. 이에 네르바 황제부터 아우렐리우스 Marcus Aurelius Antoninus 황제까지 이어지는 200년간 로마는 평화와 번영을 누리게 되는데요, 일명 '5현제 Five Good Emperors 시대'로 불리는 이 시대를 역사는 '팍스로마나 Pax Romana'라고 칭송한답니다.

전혀 다른 세상, 기독교의 시대가 열리다

아우구스티누스에 의해 황제정이 시작되고, 5현제 시대로 이어지면서 황제정의 로마는 튼튼히 자리 잡을 수 있었습니다. 하지만 이미 아우구스티누스 시대부터 새로운 종교의 씨앗은 잉태되고 있었답니다. 바로 그 시기에 로마의 모든 것을 변하게 할 성인, 예수가 탄생한 것이지요. 그는 오직 하나밖에 없는 유일한 신인 하나님이 유대인을 구원할 것이라는 자신들의 유대교를 배격하고, 오직 하나님에 대한 믿음과 '민족과 신분을 초월한 사랑'만이 구원을 받을 수 있다는 사상을 전파합니다. 만민평등 사상을 앞세우며 스스로를 세상을 구할 '메시아Messiah'라고 칭하며 교세를 확장해 간 예수는 유대인의 율법학자들에게는 아주 위협적인 인물이며 이단처럼 보였을 것입니다. 이에 그들은 예수를 로마 총독 빌라도Pontius Pilatus에게 고발해 십자가에서 죽음을 맞이하게 하지요. 하지만 그는 며칠 후 다시 부활해 제자들 사이에 나타났고, 또 승천했다고 전해지면서 더 많은 사람들이 그가 메시아였음을 믿게 되었다고 합니다.

이후 예수의 제자들은 유대인을

예수 그리스도의 탄생 동정녀 마리아에게서 아기 예수 그리스도가 태어났다. 하지만 그의 탄생은 단순히 한 인간의 탄생을 의미하지 않는다. 이후 유럽 세계는 신을 위한 사상과 문화로 완전히 변모해버린다. 한편 기원 전후를 가르는 것은 예수 탄생을 기준으로 한다. 하지만 예수는 서기 1년이 아닌 기원전 4년에 태어났다고 한다.

상대로 포교 활동을 벌였는데요, 특히 수제자 베드로 ^{Peter the Apostle}가 이스라엘뿐 아니라 로마까지 포교 활동을 넓힙니다. 베드로는 로마 교회를 세움으로써 이후 교황의 시초가 되었지요. 예수의 제자는 아니었지만 베드로 이상으로 포교 활동에 있어 강한 영향을 미친 사람도 있습니다. 바로 사도 바울 ^{Paulus}인데요, 그는 유대교 율법학자로서 기독교인 탄압에 앞장섰던 사람이지요. 하지만 바울은 기독교도들을 박해하려 다마스쿠스로 가던 중 신비로운 예수의 형상을 경험하고 가장 광범위하고 적극적인 포교 활동에 나서게 되었답니다. 또한 그가 가진 신학 지식은 이후 기독교 사상의 형성에 기본 틀을 제공했다고 할 수 있습니다.

위 두 사람이 적극적으로 포교 활동을 하며 기독교를 알린 것은 폭군 네로의 시대입니다. 네로가 로마에 대화재가 나자 기독교인들의 소행이라고 몰아붙이며 기독교인들을 집단 학살한 사실은 너무나도 잘 알려져 있지요. 네로의 무자비한 탄압으로 베드로와 바울도 순교하였다고 합니다.

기독교인들은 이후 여러 황제들에게 박해를 받아야 했지요. 심지어 5현제 시대 때에도 박해를 받았는데요, 아무래도 여러 신과 황제를 숭배하는 로마의 사상과 오직 하나의 신만을 숭배하는 기독교 사상이 어우러지기는 쉽지 않았던 것 같습니다.

하지만 만민평등을 외치는 기독교는 꾸준히 그 세력을 확장해나갔고, 5현제 시대 이후 로마가 혼란에 빠지자 세력이 더욱 커져갔습니다. 그도 그럴 것이 5현제 시대 말기로 갈수록 세력이 강성해진 게르만 족 등의 이민족들이 쉴 틈 없이 로마의 영토를 들쑤셔대었는데요, 하필 이런 상황에서 마지막 5현제 아우렐리우스가 자신의 아들 코모두스Lucius Aelius Aurelius Commodus에게 왕위를 물려줍니다. 폭정을 일삼던 코모두스가 네로처럼 암살되고, 이후 군인들이 황제를 칭하며 난립하는 군인황제 시대가 거듭되었으니, 로마는 더욱 흉흉해졌습니다. 그럴수록 인간은 무엇인가에 의지해야 했고, 기독교를 믿으려는 사람들이 더욱 늘어나고 있었지요.

한편 이 혼란의 군인황제 시대를 정리한 황제는 디오클레티아누스Gaius Aurelius Valerius Diocletianus입니다. 말단 군인에서 황제까지 오른 그는 한 명의 황제가 다스리기에 로마가 너무 크다고 생각했습니다. 그래서

기독교를 공인한 콘스탄티누스 사실 이전에도 311년 선제 갈레리우스(Valerius Maximianus Galerius)가 밀라노 칙령과 비슷한 기독교에 대한 관용을 선포했었다. 하지만 콘스탄티누스는 기독교를 공인하고 적극적으로 지원해 로마가 기독교 왕국이 되는 첫발을 디디게 했다.

동방의 정제와 서방의 정제로 나누고, 그 밑으로 동방의 부제와 서방의 부제를 두어 다스리게 했습니다. 그리고 자신은 당시 오리엔트 지역과 왕성한 교류를 하며 번성하고 있던 동방의 정제가 되었지요.

하지만 언제나 왕은 하나인 법, 그가 죽자 각각의 정제와 부제들이 다시 황제의 자리를 두고 전쟁을 벌입니다. 이때 모든 이를 평정하고 등장한 이가 콘스탄티누스Constantinus 대제입니다.

콘스탄티누스는 자신의 군대보다 세 배나 많은 적을 무찌르기 전날, 하늘에서 십자가의 형상을 보는 신비한 현상을 경험하고 전쟁에 승리했다고 합니다. 그는 이듬해 313년 '밀라노 칙령Edict of Milano'을 통해 기독교인이 종교를 믿을 수 있는 자유를 인정해줍니다. 또한 과거 국가가 몰수했던 교회의 재산을 돌려주고 성직자에게 연금을 주었으며, 교황에게 라테란 궁전을 선물해 이후 오랫동안 교황청으로 쓰이게 되었지요.

재미있는 점은 콘스탄티누스의 적극적인 친기독교 정책이 그동안 기독교에 가졌던 생각을 180도 바꾸어놓았다는 점입니다. 과거 기독교의 유일신은 황제 숭배와 대립되는 것이었습니다. 하지만 십자가를 보는 신비한 경험으로 승리한 그가 황제가 되면서, 그는 유일한 신이 인정한 유일한 황제로 생각될 수 있었던 것이지요. 이제 기독교의 신은 더 이상 황제와 대립되는 것이 아닌, 황제의 자리를 보장해주는 것으로 역할을 할 수 있게 되었으며, 이런 우호적인 상황 속에서 기독교는 더욱 확장되어 80년 후 테오도시우스 황제 때에는 마침내 국교로 등극하게 됩니다. 그리고 하느님이 승인한 왕이라는 전통은 중세까지 이어지며 신을 중심으로 한 세상이 펼쳐지게 됩니다.

한편 콘스탄티누스 대제는 끊임없이 밀려오는 이민족으로부터 좀 더 안전한 수도를 확보하기 위해 사방이 절벽으로 둘러싸인 콘스탄티노플Constantinople로 천도를 합니다. 그는 경제적으로도 더 왕성한 이 도시를 통해 로마의 부활을 꿈꾸었지만, 그의 사후 아예 동로마와 서로마가 갈라져 버리는 빌미를 제공하는 격이 되고 말았답니다.

신의 세계를 펼친
서양의 중세

흔히 중세를 '암흑기The Dark Age'라고 합니다. 로마 후반부에 힘을 얻기 시작한 기독교가 중세로 넘어가면서 오직 신을 위한 시대로 변해버렸기에, 인간의 이성과 인간에 대한 관심이 사라져버린 시기라 그렇게 부른답니다. 한마디로 신에 대한 믿음으로 사회가 지탱되고 문화가 형성된 시기라고 할 수 있지요. 또한 중세는 끊임없는 이민족의 침입으로 계속 불안에 떨어야 했던 시대이기도 한데요, 그런 의미에서도 암흑기라 할 수 있습니다.

하지만 중세는 그저 암흑만이 존재한 시기는 아닙니다. 오늘날 유럽의 모습은 이 시기에 그 틀을 마련했으며, 증명할 수 없는 신을 증명하기 위해 많은 논리를 펴며 철학과 과학이 정교하게 다듬어지기 시작한 시기이기도 합니다. 아마 중세가 없었다면, 근대의 합리적 이성과 과학이 꽃피울 수 있었다고 그 누구도 확신할 수 없을 것입니다.

참고로 중세는 세계의 힘적 균형에서도 유럽의 암흑기 같은 시기이기도 한데요, 중세의 서유럽은 새롭게 등장한 이슬람 세력 및 아시아의 중국이나 몽골 제국의 세력과는 비교도 안 될 만큼 힘없이 초라한 시기였답니다.

전혀 다른 세계로 변해가는 서로마와 동로마

4세기 말부터 중앙아시아에 있던 훈 족(흉노 족)이 맹렬한 기세로 밀고 들어오면서, 공포에 휩싸인 게르만 족이 로마 영토로 대이동을 시작합니다. 당시 이민족들의 침입을 막을 힘이 없었던 테오도시우스 황제는 게르만 족의 일부인 고트 족에게 로마 영토에 거주하도록 허락하게 되지요. 그가 기독교를 국교로 삼은 것도 제국의 힘을 하나로 응집시켜 이런 난국을 타개해보고자 했던 것입니다. 하지만 테오도시우스 황제의 사후 두 아들에게 제국을 나누어 통치하게 하면서, 이미 수도가 나뉘어 있던 로마는 영원히 동서로 나누어지게 됩니다. 그리고 머지않아 476년, 아이러니하게도 로마의 건국자와 이름이 같은 서로마 황제 로물루스 Romulus Augustus 가 게르만 용병대장 오도아케르 Odoacer 에게 강제로 폐위되면서, 서로마는 멸망하고 말았지요. 이로써 동로마

유스티니아누스 황제 동로마 제국의 최대 전성기를 이끈 유스티니아누스 황제는 밤에 거의 잠을 자지 않을 정도로 열정적으로 일했다고 한다.

만이 살아남아 로마의 명맥을 유지하고, 서로마는 이민족들이 세운 왕조들이 흥망성쇠를 거듭하며 서서히 오늘날의 유럽 지형으로 변모해가게 됩니다.

한편 서로마가 멸망했음에도 게르만 족은 여전히 오래 지속할 수 있는 왕국을 만들어내지 못하고 있었습니다. 그러던 중 지금의 프랑스인 갈리아 지방에 클로비스Clovis라는 인물이 나타나 '프랑크 왕국Frankenreich'을 세웁니다. 그는 게르만 족 중 가장 먼저 로마 가톨릭Roman Catholic Church으로 개종하여 국교로 삼았으며, 주위의 로마 가톨릭의 이단 세력들을 몰아내 버렸지요. 이에 클로비스는 로마인들과 종교적으로 융화되어 '메로빙거 왕조Merovingian dynasty'를 세울 수 있었답니다. 하지만 게르만 족에게는 아들들에게 왕위를 나누어주는 전통이 있었고, 결국 클로비스의 사후 메로빙거 왕조는 분열되고 약화되어 갔습니다.

메로빙거 왕조가 약화되어 가고 있을 때, 동로마 제국에서는 유스티니아누스Justinianus 황제가 나타나 동로마 제국의 마지막 화려한 불꽃을 피우게 됩니다. 동방의 강한 세력인 사산조 페르시아와 평화조약을 맺은 유스티니아누스는 시칠리아와 라벤나 등을 정복하여 과거 옛 로마의 영토 대부분을 되찾았으며, 소피아 성당 등 대대적인 건축 공사를 통해 문화적 위용을 보여주기도 했지요. 하지만 무엇보다 유스티니아누스 황제의 뛰어난 업적은 그전까지 이어져 내려온 로마의 모든 법률을 정비한 『로마법대전 Corpus Juris Civilis』을 편찬한 것입니다. 명료하고 체계화된 이 법전은 동로마 제국이 멸망할 때까지 존속하였으며, 이후 근대 법체계 발전에 커다란 영향을 주었습니다.

그러나 유스티니아누스 황제의 치세는 말 그대로 동로마의 마지막 불꽃이었습니다. 그가 죽은 후 어렵게 회복한 옛 영토들은 다시 빼앗기고 말았으며, 더 이상 뛰어난 황제도 나오지 않았습니다. 이후 동로마 제국은 끝없이 몰려드는 이슬람 세력을 힘겹게 막아내며, 그렇게 저물어가기만 했습니다.

교황의 세계와 중세의 형성

610년경 무함마드 Muhammad가 신의 계시를 받고 이슬람교를 창시한 후, 이슬람 세력은 급속도로 성장하며 중세 시대의 세계 지형을 변화시켜 나갑니다. 그들은 거대한 사산조 페르시아를 무너뜨리고 동로마를 위협하고 있었으며, 바다를 건너 유럽의 서쪽으로도 진격해 프랑크 왕국을 집어삼키려 하고 있었습니다.

바로 이때 카를 마르텔 Karl Martell이 나타납니다. 그는 왕이 아니라 궁재였습니다. 당시 나약할 대로 나약해진 프랑크 왕국의 왕은 이름만 왕일 뿐 제후국을 다스릴 힘이 없었고, 오히려 제후들 중 지지를 많이 받는 자가 재상이 되어 정치를 도맡았는데요, 이를 '궁재'라 합니다.

　궁재 카를 마르텔은 이슬람군이 목전까지 쳐들어오자 군대를 이끌고 푸아티에 평원으로 나가 대승을 거둡니다. 이 승리는 이슬람 세력으로부터 유럽은 물론 기독교 세계를 지켜낸 역할을 한 것으로, 그는 유럽 전체의 영웅이 됩니다. 이런 분위기를 이용해 그의 아들 피핀Pippin der Mittlere은 기존의 왕을 몰아내고 왕위에 올라 '카롤링거 왕조Carolingian Dynasty'를 열 수 있었는데요, 이때 로마 교회의 교황 또한 영웅의 아들이 왕이 되는 것을 기꺼이 받아들였지요. 그래서였을까요? 피핀은 이후 로마 교회를 괴롭히던 롬바르드 왕국The Lombard Kingdom을 공격하여 라벤나 지역을 교황에게 바칩니다. 그의 아들 샤를마뉴Charlemagne 또한 왕이 되자 이탈리아 중부 지방을 정복해 그 땅을 로마 교회에 선물했습니다.

카롤링거 왕조의 왕들에게 연거푸 푸짐한 선물을 받은 로마 교회의 교황은 가만히 있을 수 없었지요. 당시 교황인 레오 3세^{Leo Ⅲ}는 800년 크리스마스 날, 성탄절 미사를 진행하다가 참석해 있던 샤를마뉴에게 갑자기 황제의 관을 꺼내 씌워주며, 서로마에 새로운 황제가 탄생했음을 알렸답니다. 이로써 무너져버린 서로마에 새로운 이민족 황제가 탄생한 것이지요. 샤를마뉴 또한 바라던 바였을 테니 기꺼이 받아들였고, 로마 교황 또한 유럽을 지킬 든든한 왕을 얻는 것이니 아쉬울 게 없었습니다. 아니, 이 사건은 로마 교황에게는 더없이 중요한 도약의 발판이 되었답니다. 로마 교황은 동로마 제국의 그늘로부터 완전히 독립할 기반을 얻은 것이고, 더 나아가 이제 서로마의 황제가 되려면 샤를마뉴처럼 교황의 승인을 받아야 하는 것이니까요. 진실로 교황의 세상이 열리기 시작한 것입니다.

그렇다고 당시 서로마가 교황의 지시에 따라 단지 황제라는 이름만 부활한 것일까요? 아닙니다. 실제로 샤를마뉴는 과거 서로마의 영토를 대부분 확보했으며, 수도원에 학교를 설립하고 궁정학교를 설립해 학문과 예술을 장려하는 등 로마의 문화를 부활시킴으로써 '카롤링거 르네상스^{Carolingian Renaissance}'를 열었습니다.

샤를마뉴는 이렇게 로마의 문화를 부활시킨 장본인이자, 동시에 중세의 기본 틀을 만든 장본인이기도 합니다. 그는 영토를 확장할 때마다 새로운 정복지의 사람들을 로마 가톨릭으로 개종시켜 중세 기독교 사상이 자리 잡는 데 큰 역할을 했으며, 특히 할아버지 마르텔이 전쟁에서 기병 등의 군력을 동원하기 위해 맺은 군주와 신하 간의 봉건 계약을 그가 완전히 정착시켰지요. 중세는 이렇게 기독교 정신과 봉건제도 Feudalism, 그리고 그에 따른 토지제도인 장원제도 The Manorial System 를 기반으로 이루어집니다.

하지만 중세 유럽의 가장 위대한 왕으로 손꼽히는 샤를마뉴의 제국조차 게르만 전통에서 자유롭지 못했습니다. 결국 그의 뒤를 이은 루이 1세 Louis I 가 아들들에게 왕국을 나누어줌으로써 제국은 다시 분열되어 '서프랑크'와 '동프랑크'가 되었으며, 이는 오늘날 프랑스와 독일이 만들어지는 골격이 되었습니다. 특히 독일에 해당하는 동프랑크에서는 후에 오토 1세 Otto I 가 등장해 다시 한 번 교황을 도와줌으로써 '신성로마 제국의 황제'라는 칭호를 받기도 한답니다.

한편 샤를마뉴 시대 전후부터 '바이킹 Viking'이라 불리는 노르만 족이 침입해오기 시작했습니다. 그들 중 일부는 영국을 정복하면서 후에 영국의 귀족과 왕이 되었으며, 일부는 슬라브 족을 정복하고 '키예프 왕국'을 세워 러시아의 기초를 만들었습니다. 또한 원주지에 남은 노르만 족은 '덴마크 왕국' '노르웨이 왕국' '스웨덴 왕국'으로 거듭나게 되었지요. 그들은 새로운 왕국을 세우면서 서서히 로마 가톨릭이나 동로마의 동방 정교회*로 개종하였으며, 같은 봉건제적 정치 · 경제 체제를 갖춤으로써 중세 유럽 문화에 녹아들어 갔습니다. 이렇게 그들은 유럽의 범위를 더욱 넓게 확장하며 오늘날의 유럽 지형이 만들어지는 기본 틀을 제공해주었답니다.

 동방 정교회 동로마 제국의 기독교. 자신들을 초대교회로부터 이어져 온 정통 기독교라는 뜻으로 '정교회'라 부른다.

계속되는 이민족의 침입과 지각 변동 속에서 유럽 전역을 통치할 만한 전제적 왕권을 가진 왕이 탄생하기는 어려웠습니다. 특히 각각의 영주들이 힘을 가진 상태에서 더 큰 영주나 왕에게 절대 복종이 아닌 계약으로 맺어진 관계이기에 전제군주가 뿌리내릴 여력이 없었지요. 하지만 이런 끊임없는 변동 속에서도 변함없이 그 영향력을 뻗어 나가는 세력이 있었으니, 바로 교황이었지요. 이미 여러 황제가 그의 승인을 받고자 땅까지 바쳤고, 새로이 정복된 땅이나 새로이 세워지는 왕국들은 기독교화되어 갔지요. 갈수록 더 많은 땅에, 더 많은 영향력을 행사할 수 있게 된 교황은 이제 이 작은 왕국들을 하나로 묶는 정신적 지주였으며, 때

카노사의 굴욕 당시 교황권이 황제권보다 우위에 있음을 보여준 사건이다. 하지만 이후 하인리히 4세도 힘을 키워 반격에 나서기도 했다.

때로 현실에서조차 왕을 능가하는 힘으로 변해갔습니다.

이런 교황의 힘을 단적으로 보여주는 사건이 '카노사의 굴욕'입니다. 날로 강성해지는 교황권에 힘입은 교황 그레고리우스 7세Gregorius VII는 본래 군주가 가지고 있던 성직자 임명권까지 박탈해버립니다. 이에 신성로마 제국의 황제 하인리히 4세Heinrich IV가 반발하면서 교황을 폐위하고자 했지요. 하지만 황제의 반대 세력인 성직자와 제후들이 교황과 손잡고 황제를 퇴위시키고자 들고일어나면서, 하인리히 4세는 어쩔 수 없이 카노사 성 앞 눈 속에서 무릎을 꿇고 3일 밤낮을 교황에게 용서를 빌어야 했습니다. 현실의 권력이 종교적 권력에 무릎 꿇는 순간이었답니다.

십자군 전쟁과 교황의 몰락

10세기에 들어서면서 서서히 이민족의 침입도 줄어들고, 게르만 족과 노르만 족의 왕국들도 안정세를 보이기 시작합니다. 이런 안정세를 기반으로 농업 생산량도 늘고 인구도 증가했습니다. 각 장원에서는 남는 잉여생산물을 처리하기 위해 지방 단위로 시장도 생겨났으며, 도시가 교역의 중심지로 부각되었지요. 이런 활기는 그동안 공격만 받아오던 유럽인들에게 외부로 뻗어 나갈 여유를 제공하고 있었습니다. 그리고 바로 여기에 힘이 절정에 달한 교황의 권위가 함께하면서 마침내 십자군 원정이 이루어지게 됩니다.

이슬람 세력인 셀주크 투르크 Seljuk Turks 가 기독교의 성지인 예루살렘을 차지하고 성지 순례를 방해하자, 동로마의 황제는 서로마의 교황 우르반 2세 Urbanus II 에게 도움을 청합니다. 이에 교황은 분열된 동서 교회를 통일해 동로마 황제를 자신의 지배하에 둘 수 있는 좋은 기회라고 생각했지요. 물론 왕과 제후들도 동방으로 진출하여 더 넓은 영지를 확보할 수 있다는 희망에 부풀었습니다. 기사들 또한 자신의 명예를 높일 수 있는 기회로 여겼고, 상인들은 동방무역의 거점을 확보할 수 있는 기회로, 농민들은 새로운 일자리를 확보하고 각종 부역에서 벗어날 수 있는 기회로 여겼지요. 이에 '십자군 전쟁 The Crusades'은 모든 계층의 적극적인 참여 속에서 대대적으로 이루어지게 됩니다.

1095년 마침내 적진을 향해 출격한 1차 십자군 원정은 예루살렘을 탈환하며, 기독교인들에게 승리를 안겼습니다. 특히 왕도 없이 오직 왕의 형제들과 유명한 기사만으로 진행된 이 원정은, 연설만으로 이를 주도한 교황의 위세를 더욱 치솟게 했지요. 하지만 전열을 가다듬은 이슬람군은 머지않아 반격을 가해왔고, 왕까지 동원된 2차, 3차 십자군 원정은 실패와 타협 정도에서 끝나고 맙니다. 이후 소집된 4차 이후의 십자군 원정은 같은 편인 동로마 제국을 공격하거나 소년 십자군이 노예로 팔리는 등 비정상적인 행태와 실패만 거듭하게 되었지요.

연설하는 우르반 2세 우르반 2세는 클레르몽에서 종교회의를 열어 성지 예루살렘을 이교도의 수중에서 회복하기 위해 원정에 참가해야 한다고 주장했으며, 원정 참가자에게는 '면죄'를 약속했다.

결국 200년 동안 8차에 이르는 십자군 원정이 실패로 끝나자, 이를 선동했던 교황의 권위는 추락하게 됩니다. 십자군에 참가하느라 오랫동안 영지를 떠난 영주들과 기사들은 수입원도 줄어들고 전쟁 비용으로 가산도 탕진하게 되었지요.

반면 잦은 원정으로 교역이 활발해지면서 도시민과 상인들은 부유해졌으며, 원정을 구실로 막대한 세금을 거두어들이던 왕은 이들 상인들과 손을 잡아 더 많은 재력을 확보하고, 몰락한 영주와 기사들을 제압할 수 있게 됩니다. 그렇게 서서히 교황의 시대가 가고 왕의 시대가 오고 있었는데요, 이를 단적으로 보여주는 사건이 프랑스 국왕 필리프 4세Philippe Ⅳ가 교황을 아비뇽에 가두어버린 '아비뇽 유수Avignonese Captivity'입니다. 특히 그는 교황에 대항할 힘과 명분을 얻기 위해 성직자는 물론 귀족과 신흥 도시의 대표까지 끌어들여 '삼부회Estrates General'라는 신분제 의회를 만들었는데요, 이를 통해 성직자 이외의 계층이 자신의 결정을 지지하도록 이용했던 것이지요. 이 삼부회는 나중에 프랑스혁명 직전에 다시 한 번 등장하게 된답니다.

중세를 한마디로 정리해보면, 군사력을 갖지 않은 교황이라는 존재가 군사력을 가진 왕을 능가하는 힘을 갖게 되고, 또 그 엄청난 영향력을 바탕으로 유럽의 왕과 기사, 농민들까지 동원하여 십자군 원정을 감행하고, 이런 자신의 선택에 의해 마침내 교황이 몰락해가는 과정이라고 말할 수도 있을 것입니다. 이 교황의 성장과 몰락은 바로 기독교라는 하나의 종교와 그에 따른 믿음과 다양한 지식, 문화가 사람들에게 스며들고 강하게 영향을 미치는 과정을 의미하며, 동시에 그 영향으로부터 서서히 벗어나기 시작했음을 의미합니다. 한편 신을 중심으로 한 중세의 모습을 우리는 중세의 철학이나 신과 신의 세계를 표현하는 다양한 예술 작품, 대규모 성당 등에서 쉽게 만나볼 수 있답니다.

르네상스와
대항해 시대

교황이 무너진 바로 그 자리에 이제 신에 대한 관심이 아닌 인간에 대한 관심이 피어오르고 있었습니다. 또한 교황의 권위가 아닌 『성경』 자체의 권위가 자리 잡기 시작했지요.

한편 새로운 항로를 찾아 나선 모험으로 인해 경제적 대변혁도 일어나게 되었습니다. 새로운 대륙은 금과 은은 물론, 많은 노동력과 새로운 작물들을 선물해주었지요. 유럽의 왕과 상인들은 이것들을 가지고 무역을 번성시키면서 막대한 부를 축적했으며, 더 많은 부를 축적하기 위해 왕과 상인이 결탁하기도 했답니다.

이렇게 막대한 경제력을 등에 업은 왕의 힘은 하늘 높은 줄 모르고

치솟았으며, 왕권신수설^{Divine Right of Kings}*을 내세우며 절대왕정의 시대를 구가하게 됩니다.

르네상스와 종교전쟁

십자군 전쟁이 일어나자 무역의 범위가 넓어지면서 동서 무역이 활기를 띠기 시작했습니다. 이에 그 통로에 위치한 이탈리아의 도시 피렌체와 베네치아 등은 막대한 부를 축적했고, 동시에 우수한 동방 문화와 과학기술도 함께 수입되었지요. 여기에 1453년 오스만 제국^{The Ottoman Empire}이 마침내 동로마 제국을 무너뜨리면서, 그리스 학문을 이어오던 동로마 제국의 학자들이 이탈리아로 도망쳐오게 됩니다. 이렇게 경제력과 동방의 우수한 문화와 과학기술, 그리고 잊혔던 그리스 문화까지 도시에 집중되자, 많은 지식인들이 대거 몰려들면서 '르네상스^{Renaissance}'가 시작되었습니다.

이들은 모든 것을 신 중심으로 생각하여 현실 생활의 가치를 부정했던 중세의 세계관을 비판하고, 인간 중심으로 세상을 이해하려 했습니다. 단테^{Alighieri Dante}가 신을 향해가면서도 인간의 내면적인 묘사들로 가득한 『신곡^{La Divina Commedia}』을, 페트라르카^{Francesco Petrarca}가 인간의 본래 모습과 연애 감정을 담은 서정시를, 그리고 보카치오^{Giovanni}

왕권신수설 왕이나 황제가 신으로부터 그 권력을 부여받았다는 사상으로. 장 보댕(Jean Bodin)이 대표적인 주창자이다.

청소년을 위한 지금 시작하는 인문학 ●

Boccaccio가 전통적 도덕과 신앙을 비판하고 인간의 욕망을 묘사한『데카메론 Decameron』을 발표하면서 이런 분위기는 한껏 고조되었습니다. 그리고 여기에 1450년, 구텐베르크 Johannes Gutenberg가 활판 인쇄술을 발명해 대량의 출판물이 가능해지자, 르네상스 문화는 유럽 전역으로 확산되어 나갔습니다. 특히 에라스무스 Desiderius Erasmus나 세르반테스 Miguel de Cervantes Saavedra로 대표되는 북부 유럽의 르네상스는 사회 개혁적인 성향을 강하게 드러내고 있었답니다.

한편 십자군 원정으로 교황의 권위가 추락하고 있을 때, 여전히 교황의 권위가 강성했던 독일 신성로마 제국에서는 교황이 죄를 면제해 준다면서 돈을 받고 '면죄부 Indulgence'를 팔기 시작했습니다. 많은 사람들이 아무런 의심 없이 면죄부를 사기 위해 혈안일 때, 성서학자 루터 Martin Luther가 나타납니다. 그는 '95개 조의 반박문'을 내세우고, 교황의 말이 아니라 성서의 의미에 충실해야 한다고 주장했지요. 루터는 '로마 교황이든 농부든 하느님이 보시기엔 다 똑같은 사람'이라고 가르쳤고, 당시 교황의 말이 곧 하느님의 말이라고 생각하던 사람들의 생각을 뒤흔들었습니다. 또한 루터는 라틴어로만 되어 있던『성경』을 누구나 읽을 수 있게 독일어로 번역했는데요, 그 결과 성서와 루터의 주장은 새로 발명된 대량의 활자 인쇄를 통

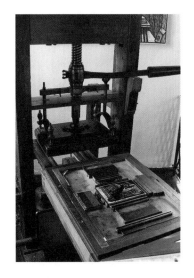

구텐베르크가 발명한 목재 인쇄기 동양보다 늦게 만들어졌지만, 상업화되어 널리 보급됨으로써 사회 변혁의 커다란 동력이 되었다. 특히 성서가 널리 보급되면서 종교개혁에 결정적인 역할을 했다.

해 급속도로 퍼져 나갔지요. 결국 루터는 교황에 의해 파문당했지만, 당시 교황과 신성로마 제국 황제에 불만을 가진 영주들과 루터를 따르는 사람들은 '루터파 교회The Lutheran Church'를 만들어 그를 옹호하고 나섰답니다.

스위스에서도 칼뱅Jean Calvin이 『그리스도교 강요Christianae Religionis Institutio』라는 책을 내고, '성서 지상주의'와 '구원 예정설'을 들고나왔습니다. 그는 성서에 나와 있지 않은 교리는 따를 필요가 없으며, 신의 선택을 받은 사람만이 구원을 받을 수 있다고 주장했습니다. 이는 면죄부를 아무리 많이 사더라도 선택되지 않은 사람은 구원받을 수 없다는 것이며, 결국 오직 정직하고 충실하게 살아가는 방법밖에 없다는 것을 의미했지요. 대신 칼뱅은 충실하게 살다 보면 예상하지 않았던 재물까지 얻을 수 있다고 말했는데요, 이후 이 논리는 신자들이 부를 축적하는 것을 정당화해주는 밑바탕이 되어 자본주의 성장에 영향을 주기도 합니다. 칼뱅파Calvinism는 전 유럽으로 퍼져 나가 잉글랜드에서는 청교도Puritan, 스코틀랜드에서는 장로교Presbyterian, 프랑스에서는 위그노 교도Huguenot로 자리 잡게 되었답니다. 특히 영국의 헨리 8세Henry VIII는 종교적 신념보다는 자신이 재혼하기 위해 신교를 세웠는데요, 자신의 이혼을 반대하는 교황을 무시하고 왕이 교회의 수장이 되는 '성공회The Anglican Church'를 만들었습니다.

이렇게 개신교들이 속속 등장하고 확대되자, 구교인 가톨릭은 긴장하지 않을 수 없었습니다. 이에 구교는 '예수의 군대'로 불리는 '예수회Society of Jesus' 등을 만들어 엄격한 규율로 재무장하고, 아시아와 아프리

청소년을 위한 지금 시작하는 인문학

카까지 적극적인 선교 활동을 펴 잃어버린 교세를 만회하려고 애썼습니다. 게다가 그들은 도서 검열제를 강화해 언론을 통제하고 마녀사냥과 같이 폭력적인 종교재판Inquisitio도 서슴지 않았습니다. 하지만 그럴수록 신·구교 간의 대립은 더욱 첨예해져 갔고, 그 결과 프랑스에서는 위그노 전쟁Huguenots Wars, 네덜란드에서는 독립전쟁War of Independence, 독일에서는 30년 전쟁Thirty Years' War이 일어나고 말았습니다.

이 전쟁들은 물론 종교적인 갈등을 계기로 일어났지만, 그 속에는 정치·경제적인 이권이 숨어 있었습니다. 특히 최대의 종교전쟁이며, 최후의 종교전쟁으로 불리는 30년 전쟁은 그야말로 종교가 아닌 속세의 이권을 다투는 전쟁임이 극명히 드러나는 전쟁이었지요. 자국에서는 구교를 지지하고 있던 프랑스가 전쟁에서는 신교의 편에 서 있었기 때문입니다. 구교 독일 신성로마 제국 황제군과 에스파냐, 그리고 이에 맞서 덴마크, 네덜란드, 영국, 스웨덴 등의 신교와 구교지만 신교 편에 선 프랑스가 모두 전쟁에 뛰어들면서 최초의 세계 전쟁이 되기도 했지요. 이 전쟁은 1648년 '베스트팔렌 조약Peace of Westfalen'으로 막을 내리며 많은 변화를 몰고 오게 됩니다.

무엇보다 신성로마 제국 황제와 교황의 권위가 함께 몰락하여 유럽에서의 로마 가톨릭 교회와 신성로마 제국의 지배적 역할이 실질적으로 무너져버렸지요. 이 조약으로 제후들은 완전한 영토적 주권과 통치권을 인정받았으며, 정치는 종교의 영향에서 벗어나 이후 절대왕정Absolute Monarchy 시대의 기반이 되어주었습니다. 종교적으로는 가톨릭이나 루터파, 칼뱅파 등의 개신교가 모두 평등한 종교적 자유를 허용받았으며, 스위스와 네덜란드가 독립을 승인받아 오늘날의 유럽 지형에 한층 다가가게 되었답니다.

대항해 시대와 절대왕정의 탄생

십자군 원정은 유럽인들의 입맛도 바꾸어놓았습니다. 유럽인들이 많이 먹는 육류는 당시 보관이 쉽지 않아 썩거나 악취가 나곤 했는데요, 그들이 십자군 원정에서 나쁜 향을 없애주는 동방의 향신료를 맛보게 되었지요. 이제 유럽인들은 향신료 없이는 음식을 먹을 수 없었고,

이사벨 여왕으로부터 환대를 받고 있는 콜럼버스 항해를 마치고 에스파냐로 돌아온 콜럼버스는 새로운 땅에 향료와 금광이 많다고 속여 이사벨 여왕과 페르난도(Fernando II) 왕에게 환대를 받았다. 그의 사후 그 거짓말이 씨가 된 듯 거대한 은광들이 발견되었다.

그 결과 향신료 수요가 급증해 통후추 알 1개가 비슷한 크기의 은 1개와 같은 값으로 거래되기도 했습니다.

동남아시아나 인도에서 생산되는 향신료는 이슬람 상인들에 의해 독점되거나 지중해 무역의 중심에 있던 이탈리아 등이 중개 이익을 챙기고 있었습니다. 반면 유럽 서쪽 끝자락에 있던 포르투갈과 에스파냐는 이런 거래에서 소외되어, 아무리 향신료 값이 올라도 울며 겨자 먹기로 사들여야 했답니다. 이에 그들은 바닷길을 통해 이슬람 제국을 돌아 인도나 아시아와 직접 거래할 길을 찾아 나서게 됩니다.

가장 먼저 모험을 시작한 포르투갈은 바르톨로메우 디아스 Bartolomeu Dias가 희망봉을 발견하고, 바스코 다가마 Vasco da Gama가 마침내 인도의 캘리컷에 다다랐지요. 그리고 에스파냐에서는 이사벨 여왕 Isable I이 콜럼버스 Christopher Columbus를 후원하여 미지의 대륙이었던 아메리카를 발견하고, 마침내 마젤란 Ferdinand Magellan이 세계 일주라는 쾌거도 일구어 냅니다.

이들의 모험은 세계에 대한 시야를 넓혔으며, 지구는 둥글다는 사실을 증명함으로써 바다 끝 세상에 대한 공포를 날려버렸습니다. 물론 세계를 평평하게 생각하던 교회의 교리에도 흠집이 났지요. 무엇보다 그들이 가져온 변화는 단순히 생각의 변화만을 의미하는 것은 아니었답니다.

포르투갈은 인도를 찾아 나서는 초기부터 이미 아프리카 곳곳에 해양 기지를 만들었는데요, 오히려 그곳에서 '노예 무역 Slave Trade'이라는 새로운 돈벌이를 발견했습니다. 그들은 노예를 팔아 수익을 올렸을 뿐 아니라, 설탕 공장에 노동력을 투입함으로써 가장 저렴한 설탕을 만들어 유럽 시장을 독점할 수 있었지요.

에스파냐는 더 큰 행운을 거머쥐었답니다. 그들이 새로 발견한 신대륙에는 엄청난 양의 금과 은이 매장되어 있었고, 강제 동원할 수 있는

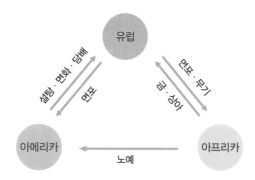

| 대서양을 중심으로 한 삼각무역 |

원주민이라는 풍부한 노동력, 감자, 옥수수, 토마토 등 유럽의 식량문제를 해결할 새로운 작물들까지 기다리고 있었기 때문이지요.

　두 나라의 번영으로 지중해 무역은 쇠퇴하고 대서양을 중심으로 하는 '삼각무역三角貿易'이 새롭게 부상하기 시작했습니다. 삼각무역은 주로 아프리카와 아메리카, 유럽 사이에 펼쳐졌습니다. 유럽인들은 무기, 장식품 등을 아프리카의 추장 등에게 주고 노예를 사들이거나 직접 노예를 사냥했습니다. 이 노예들은 주로 아메리카로 옮겨져 사탕수수나 커피, 면화 같은 열대작물을 재배하거나 설탕, 커피 등을 생산하는 데 강제 동원되었습니다. 특히 에스파냐가 은광을 발견하면서 그곳 원주민들은 은광을 캐는 데 강제 동원되었지요. 반면 유럽인들은 아메리카에 자신들이 만든 면직물을 강제로 내다 팔았답니다.

　아시아로부터의 수입 또한 갈수록 늘어났는데요, 향신료는 물론이고 차와 도자기, 비단 등의 수입도 크게 늘었습니다. 그러나 국가 체제가 발달한 아시아에서는 유럽인들이 강제로 착취할 수 있는 것도, 내

세계사를 이해하는 첫걸음, 서양 유럽사 ·

169

다 팔 것도 그리 많지 않았지요. 그 결과 아시아와의 무역은 대부분 적자였는데, 다행히 에스파냐를 중심으로 거대한 양의 은을 내다 팔 수 있었기에 적자를 메우고 풍요롭게 부를 축적할 수 있었답니다.

이제 금과 은만으로 유럽 시장을 쥐고 흔들 수 있을 정도인 에스파냐가 유럽의 새로운 강자로 떠올랐습니다. 에스파냐의 행운은 여기서 멈추지 않았습니다. 카를 5세^{Karl V}와 그의 아들 펠리페 2세^{Felipe II}가 합스부르크와 포르투갈 등 많은 땅을 유산으로 물려받아 순식간에 거대한 제국이 되었으니까요. 에스파냐는 막대한 경제력과 영토를 가지고 최강자로 군림하기 시작했으며, 마침내 이슬람 군대까지 꺾어버린 무적함대를 거느릴 수 있게 되었습니다. 물론 그 정점에 있는 에스파냐의 왕은 그야말로 강한 군주가 되어 절대왕정의 시대를 열게 되었지요. 이에 자극을 받은 프랑스, 영국 등 기존의 강국들 역시 식민지 정복에 뛰어들었는데요, 이로써 세계가 하나의 무대로 변하기 시작합니다.

하지만 머지않아 에스파냐의 행운은 불행으로 변해버리고 맙니다. 내다 팔 은과 곡물들이 넘쳤던 그들은 상업에만 치중했을 뿐 산업을 발전시키지 않았지요. 그러다가 시장에 은이 넘쳐나자 결국 은의 가치가 하락하고 물가는 폭등해버립니다. 에스파냐가 물가 폭등에 허덕이는 동안, 내다 팔 만한 것을 만들기 위해 산업을 발전시켰던 네덜란드와 영국 등의 자본가들은 실질 노동임금이 하락해 더 많은 이윤을 얻게 되었습니다.

또한 갑자기 거대해진 에스파냐에 기존의 강대국들과 제후들이 경계를 늦추지 않았고, 이들이 연맹하여 에스파냐와 수많은 전쟁을 치르게 됩니다. 더군다나 에스파냐는 구교를 강조하며 신교를 탄압했고, 신교 국가는 더욱 똘똘 뭉쳐 에스파냐에 저항했습니다. 전쟁 비용 해결 방법도 전쟁의 승패에 영향을 미쳤습니다. 에스파냐는 전쟁과 정복을 통해 전쟁 비용을 해결해오면서 그 바닥이 드러났고, 영국 등은 자본가들에게서 세금을 거둠으로써 지속적으로 전쟁 비용을 충당할 수 있었지요. 이래저래 후진적인 구조를 갖고 있던 에스파냐는 서서히 국력이 소모되어 갔고, 마침내 네덜란드 독립운동과 영국의 반격으로 몰락의 길을 걷게 됩니다.

유럽의 패권을 다투는
절대왕정 국가들

포르투갈과 에스파냐는 가장 먼저 대항해 시대를 열며 전성기를 구가했습니다. 하지만 그들의 전성기는 과거와는 사뭇 다른 것이었지요. 그들이 보여준 전성기에는 이제까지 보지 못했던 새로운 대륙과 그 이외의 대륙들이 자원과 노동력의 교류로 한데 어우러져 있는 것이었지요. 이미 세계적 차원에서 상품이 만들어지기 시작했으며, 현지로 직접 뛰어들어 수탈하는 식민지가 형성되고 있었습니다. 이는 당하는 쪽에서는 굉장한 피해와 수모가 따르는 것이었지만, 지배하는 쪽에서는 엄청난 부를 모으고, 또 그 부를 순환할 수 있는 기회를 얻는 것이기도 했답니다.

하지만 급성장한 에스파냐는 당장의 부에 안주하느라 이 새로운 시스템을 더욱 효율적으로 움직일 수 있는 상공업 체제를 구축하지 못했고, 끝내 새로운 산업국들에게 그 지위를 물려주게 된답니다. 그리고 그 첫 번째 산업국은 그들의 식민지였던 아주 작고 볼품없는 땅을 가진 네덜란드였습니다.

급부상하는 해상강국, 네덜란드와 영국

자원은커녕 비좁은 데다가 저지대여서 곧잘 물에 잠기는 네덜란드는 청어산업을 통해 경제적 발돋움을 시작했습니다.

한 어부가 단번에 청어 내장을 분리해내고 소금에 절여 판매하는 방법을 고안하면서, 싱싱한 네덜란드 청어는 유럽 시장을 장악했습니다. 특히 청어 상품을 만드는 과정을 분업화해서 체계적이고 앞선 생산방식을 선보였으며, 많은 배들이 활약하면서 조선업도 비약적으로 발전합니다.

게다가 그들은 척박한 환경을 이겨내기 위해 오래전부터 지속적으로 토지를 개간하고, 새로운 농업방식을 개발해냄으로써 선진 농업국이 되어갔지요. 또한 에스파냐에서 모직물 기술을 가진 신교도들이 쫓겨나 네덜란드에 정착했는데요, 양모를 수입해 뛰어난 모직물을 만들고 수출하면서 많은 부를 모을 수 있었습니다. 그들은 그 돈으로 사업을 확장했을 뿐 아니라, 자치권을 사들여 자유를 영유했지요.

하지만 카를 5세 때 에스파냐가 네덜란드 땅을 상속받고, 그 뒤를 이은 펠리페 2세가 네덜란드를 통제하면서 분위기가 험악해졌습니다. 그는 세금 징수를 강화했을 뿐 아니라, 구교를 강요했지요. 이에 신교 중심의 7개 주가 모여 네덜란드 연방 공화국을 선포하고, 이후 80년이나 계속되는 독립전쟁을 시작하게 됩니다. 이때 영국이 네덜란드를 원조함으로써 영국과 에스파냐의 무적함대가 맞붙게 되었는데, 그 결과 에스파냐의 무적함대가 격파되고 경제적으로도 파산에 이르러 네덜란드는 사실상 독립을 획득하게 되었지요. 물론 앞에서도 말했듯 정식으로 독립을 인정받게 되는 것은 이후 베스트팔렌 조약에서랍니다.

네덜란드인들은 독립 투쟁을 하는 중간에도 작지만 화물 적재량이 많은 플류트선Fluyt Ship을 개발해, 저렴한 운송료를 내세우며 중개무역을 장악해나갔습니다. 이런 그들이 자유를 획득하자 더욱 눈부신 비상을 하게 됩니다. 네덜란드는 공화국이었기에 절대왕정처럼 막대한 돈을 집중시킬 수 있는 왕이 존재하지 않았지요. 이에 그들은 막대한 자금을 모으기 위해 1602년 세계 최초로 주식회사 형태를 가진 '동인도 회사East India Company'를 만들고, 암스테르담에 증권거래소를 설립합니다. 이 새로운 경제 체제에 힘입어 네덜란드는 신대륙과 아프리카, 인도, 중국, 일본 등으로 거침없이 뻗어 나갔으며, 17세기 중반에는 세계 무역의 절반을 차지할 만큼 강한 위세를 떨치게 되었지요. 네덜란드는 '동인도 회사'와 '서인도 회사West India Company'로 세계를 나누어 관리할 정도로 확장되었으며, 영국과 일본도 앞다투어 네덜란드의 방식을 따라나섰답니다.

하지만 끝없이 번영하는 네덜란드는 해상 강국 영국과 육지의 강국 프랑스의 주요 경계 대상이 되었습니다. 네덜란드는 그들과 자주 전쟁을 치러야 했고, 영국의 모직물 추격과 산업혁명The Industrial Revolution을 앞세운 면직물 공세 등으로 경쟁력도 약화되어 갑니다. 그렇게 기세등등하던 네덜란드는 혁명을 거치며, 근대 국가로 변모한 영국과 프랑스에 밀려 서서히 추락하고 말았답니다.

한편 네덜란드의 독립을 전후하여 영국은 절대왕정을 완성하고, '해가 지지 않는 나라'가 되기 위한 기반을 다져 나갑니다. 헨리 8세는 국교회를 설립하면서 왕권을 강화해놓았고, 딸 엘리자베스 1세Elizabeth I

엘리자베스 1세 엘리자베스 1세는 죽기 직전에도 의사를 부르지 않아 신하들이 그녀를 타일렀다. 그러자 그녀는 "무엇 무엇을 해야만 한다고 말하는 것은 군주에게 쓰는 말이 아닙니다"라고 대답했다고 한다. 죽는 순간까지 절대 군주의 위엄을 흐트러뜨리지 않았던 것이다.

가 등장하면서 왕권은 최고 절정을 향해 나아갑니다.

엘리자베스 1세는 먼저 성공회를 국교로 확립해 국민들에게 그 의식을 따르게 했는데요, 이를 통해 신교인 청교도와 구교인 가톨릭이 극단으로 치닫는 것을 억제했습니다. 또한 그녀는 화폐개혁을 단행해 물가를 안정시키고, 과거 여러 차례 시도되었던 모직물공업 육성 정책에 박차를 가했지요. 모직물공업이 활성화될수록 지주들은 양을 키우기 위해 목초지를 확대했는데, 그러면서 많은 농민들이 농지를 잃었습니다. 이때 농지를 잃은 농민들의 일부는 값싼 노동력이 되어 상공업자들의 이익을 높이는 데 일조하기도 했지만, 대부분은 빈민으로 전락했지요. 당시 농지를 잃은 농민들의 심각한 상황을 두고 토머스 모어^{Thomas More}는 『유토피아^{Utopia}』에서 "양이 사람을 잡아먹는다"고 표현할 정도였지요. 이에 엘리자베스 1세는 구빈법을 제정하여 세금을 걷어 빈민을 원조하였는데, 이는 이후 사회복지 정책의 효시가 되었답니다.

엘리자베스 1세의 눈부신 활약은 무엇보다 그 유명한 에스파냐의 무적함대를 격파한 것입니다. 그녀는 드레이크^{Sir Françis Drake} 등 당시 해적들을 몰래 지원하여 돈을 벌어들였고, 에스파냐 상선들을 괴롭히는 방법으로 에스파냐를 견제했습니다. 영국이 가뜩이나 네덜란드 독립운동을 돕고 있어 벼르고 있던 에스파냐는 1588년 그 유명한 무적함대를 이끌고 와 칼레해협에서 맞붙었습니다. 결과는 영국의 대승. 영국은 거의 피해자가 없었다고 합니다. 거대한 배를 붙여 군사들이 넘어가 육탄전을 벌이는 것이 주 전력인 무적함대는 기동력과 장거리포로 무장한 영국 배에는 접근도 할 수 없었고, 바람까지 역풍이어서 힘 한 번

못 써보고 패배하고 만 것이지요. 이 해전으로 영국은 바다를 지배하는 군사 강국으로 부상하기 시작했으며, 동인도 회사를 설립하는 등 더 많은 무역 시장과 식민지를 확대해나가게 되었습니다. 그녀는 또한 연극에도 애정이 깊었는데요, 이는 셰익스피어^{William Shakespeare} 같은 대문호를 탄생시키며 영국 문학의 황금기를 만들어내기도 했답니다.

대륙의 강자 프랑스와 후발 절대왕정 국가들

프랑스도 절대왕정을 향한 발걸음을 재촉했습니다. 과거 프랑스 땅에서 벌어진 영국과의 백년 전쟁^{Hundred Years' War}은 프랑스인들에게 국민의식을 심어주었으며, 이후 전쟁이 거듭될수록 국가의 존재는 더욱 절실해지고 있었지요. 하지만 프랑스는 구교와 신교가 격하게 대립하면서 내란에 휩싸여 있었답니다. 이 대립은 신교도였던 앙리 4세^{Henri Ⅳ}가 등장해 구교로 개종하면서 수그러들었지요. 그는 이어 종교의 자유를 허용하는 '낭트 칙령^{Edict of Nantes}'을 발표해 종교전쟁을 매듭짓고, 신교도 재상을 앞세워 피폐한 프랑스를 다시 일으켜 세웁니다. 또한 농민들의 세금을 줄이고 귀족의 세금을 늘렸으며, 내전 등으로 바닥난 재정을 채우기 위해 관직을 파는 것까지 제도화했습니다. 특히 신교인 상공업자들의 자유와 안전을 보장해 상업과 공업의 부흥을 도모했으며, 동인도 회사를 설립하고 캐나다의 퀘벡에 식민지를 건설하는 등 해외무역에도 박차를 가했지요. 안정을 되찾은 프랑스인들은 그를 '선량한

앙리'라고 칭송하였으며, 그만큼 왕의 권위도 높
아갔습니다. 그리고 마침내 프랑스는 루이 14세
Louis XIV의 시대를 맞이하게 됩니다.

다섯 살이라는 어린 나이에 왕위에 오른 루이
14세는 재상 마자랭 Cardinal Jules Mazarin의 보호하에
왕위를 지켜가다가 1661년에 마자랭이 죽자, 재
상제도를 폐지하고 자신이 직접 회의를 주재하
고 결정 사항을 집행하기 시작합니다. 또한 그는
파리고등법원의 칙령심사권을 박탈하여 왕권 견
제 기능을 빼앗아버렸지요. 이에 그는 '살아 있는
법률'과 같은 존재가 되어, 스스로 "짐朕은 곧 국
가이다"라고 말할 만큼 절대왕정의 가장 대표적
인 절대 군주로 거듭나게 됩니다.

루이 14세 프랑스를 군사 대국으로 만들
었지만, 말년에는 '태양왕'을 자처하며 사
치와 향락에 빠졌다.

그는 경제 정책과 전쟁 문제에서도 절대 군주의 면모를 가차 없이
보여주었습니다. 부르주아 출신의 콜베르 Jean Baptiste Colbert를 재무 총
감으로 삼아 보호관세에 의한 무역의 균형을 꾀하는 등 상공업 육성에
주력하는 중상주의 정책 Policy of Mercantilism을 펼쳤으며, 동·서인도 회사
를 설립하여 식민지의 개척에도 열을 올렸지요. 그리고 많은 명장들을
등용하여 수차례 전쟁을 강행하며 유럽 대륙의 주도권을 장악해나갔
습니다. 또한 화려한 베르사유궁전을 짓고 예술가들을 지원하며 파리
를 유럽 문화의 중심이 되게 했지요. 정치·경제·군사·문화 모든 면
에서 절대왕정의 극치를 보여준 루이 14세, 그러나 그는 '하나의 국가

에 하나의 종교'를 내세우며 낭트 칙령을 폐지하고 신교도를 박해합니다. 이로 인해 상공업에 종사하던 신교도들이 외국으로 이주해 산업이 타격을 받게 되고, 계속된 전쟁과 화려한 궁정 생활로 재정이 결핍되어 서서히 절대왕정의 추락이 예고되었지요.

　이후 등장하는 절대왕정 국가들은 좀 더 색다른 모습을 띠게 되는데요, 30년 전쟁으로 초토화된 신성로마 제국에서는 그 변방의 연방 국가 중 하나였던 프로이센Preussen이 늦게나마 힘을 불리며 급성장합니다. 그 변화의 중심에는 스스로 '계몽군주Enlightened Despot'라고 칭한 프리드리히 2세Friedrich II가 있었는데요, 계몽군주는 이렇게 뒤늦게 경제 발전을 해야 했던 나라들에서 나타나곤 했습니다.

　그들은 절대왕정의 기반이 된 왕권신수설에서 더 진보한 사회계약 사상*을 어느 정도 수용하며, 더욱 합리적인 정치와 변화를 꿈꾸며 급성장을 주도하게 되었지요. 이들은 개혁에 적극적이고 주도적이었으며, 심지어 왕이 직접 외국에 위장 취업까지 하며 문물을 배우기도 했답니다. 그가 바로 앞선 네덜란드의 조선소에 들어간 러시아의 표트르 대제Pyotr인데요, 서유럽보다 뒤처진 경제 현실을 극복하기 위한 그의 노력은 러시아를 강대국의 반열에 오르게 했습니다.

사회계약 사상 국가와 사회의 성립이 구성원 간의 계약으로 이루어졌다는 사상. 시민이 왕에게 절대적 권력을 인정하였다는 홉스(Thomas Hobbes)의 사상도 사회계약설(Theory of Social Contract)이다.

근대를 완성하는
혁명의 시대

    르네상스 이래로 누적된 과학 지식과 절대왕정 시기에 예술가와 지식인들에 대한 다양한 후원은 과학과 사상을 크게 발전시켰습니다. 또한 상공업이 발전하고 식민지로부터 확보한 막대한 부는 막강한 자본가들을 만들어냈습니다. 여기에 동력기계의 발명과 발전이 더해지면서 산업혁명이 이루어지게 되었지요. 이렇게 서서히 시작된 과학혁명 Scientific Revolution과 산업혁명은 이제까지는 상상하지 못했던 확실한 지식과 풍요로운 생활을 선사해주기 시작했습니다.

    한편 과학이 이루어낸 인간 이성에 대한 확신은 사회 전반에도 퍼져나가 합리적 이성으로 세계를 변화시킬 수 있다는 계몽주의를 만들어냈는데요, 이 계몽주의가 당시 절대왕정의 모순과 격렬하게 대립하면서 사회혁명Social Revolution으로 이어졌지요. 이후 세계는 계속되는 사회혁명을 거치며 오늘날 우리가 생각하는 국가와 사회 개념을 가진 근대사회로 완전히 탈바꿈하게 됩니다. 이렇게 절대왕정을 전후하여 세계는 과학혁명 · 산업혁명 · 사회혁명이라는 실로 혁명의 세기에 휘말리게 되는데요, 그 시발점에는 늘 영국이 있었습니다.

혁명의 발원지, 영국

코페르니쿠스Nicolaus Copernicus로부터 불붙은 지동설 논란은 갈릴레이Galileo Galilei의 망원경에 의한 실증과 케플러Johannes Kepler의 타원형 궤도 공식 등으로 이어지며 그 검증의 가능성을 늘려갔습니다. 그리고 마침내 영국의 뉴턴Isaac Newton이 그의 저서 『프린키피아Principia』를 통해 만유인력Universal Gravitation에 입각한 궤도 해석을 보여줌으로써 세상은 하나의 완성된 논증을 획득하게 되었지요. 실제적인 증명과 수학적 증명이 하나로 어우러진 그의 과학은 지상과 천상의 원리가 다르다는 아리스토텔레스Aristoteles의 전통적인 세계관을 붕괴시켜버렸습니다. 이후 과학자들은 뉴턴의 원리를 철저히 따르고자 했으며, 과학적 사고의 믿음하에 생물학 · 화학 · 전기학 등 다양한 분야의 발전을 거듭하게 되었지요.

한편 과학에 대한 확신은 과거 신에 대한 믿음을 인간 이성에 대한 믿음으로 완전히 바꾸는 결과를 가져왔으며, 합리적인 생각이 가진 힘이 얼마나 강한 것인지 확인할 수 있게 했답니다. 이러한 새로운 믿음은 영국뿐 아니라 유럽 전체에 퍼져 나가기 시작했는데요, 특히 영국을 방문했던 볼테르^{Voltaire}가 프랑스로 돌아가 사람들의 의식을 과학적이고 합리적으로 계몽하려 노력하면서 적극적으로 퍼져 나갔습니다. 영국에서는 이미 뉴턴의 친구인 로크^{John Locke}가 사회계약설을 들고 나왔으며, 프랑스에서는 루소^{Jean-Jacques Rousseau}가 보다 더 진보적인 사회계약설을 소개합니다. 프랑스의 진보적인 지식인들은 의기투합하여 15년간이나

로크 로크는 지배자가 국민의 타고난 자연권을 침해한다면, 국민은 이에 저항할 권리가 있다고 주장했다. 한편 루소는 불평등을 낳은 악의 근원이 사유재산 제도라고 생각해 이를 강하게 비판했다.

이어지는 『백과전서^{L'Encyclopédie}』를 집필했으며, 몽테스키외^{Charles de Montesquieu}는 그의 저서 『법의 정신^{De l'esprit des lois}』을 통해 입법·사법·행정법의 삼권분립을 주장해 오늘날 민주주의의 기본 틀을 제시해주었습니다.

　영국은 사회계약설이 등장하기 이전에 이미 사회혁명의 핵심인 '왕권 제한'을 가능케 하는 장치가 마련되어 있었는데요, 바로 존^{John} 왕의 대헌장^{Magna Carta}입니다. 당시 계속되는 십자군 원정으로 왕의 힘이 서서히 형성되던 시기에, 존 왕은 프랑스와의 전쟁에서 '실지^{失地}왕'이라고 불릴 만큼 너무나 많은 땅을 잃어버렸습니다. 그럼에도 그는 다시 전쟁을 하기 위해 귀족들에게 세금을 거두어들이려고 했지요. 가뜩

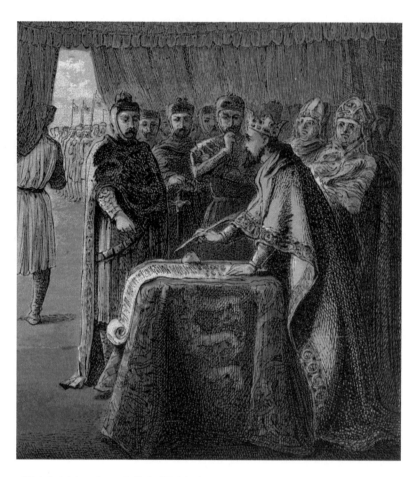

대헌장에 서명하고 있는 존 왕 흔히 대헌장이 영국 민주주의의 시발점으로 강조되지만, 사실 문서 자체의 내용에는 민주주의적 요소는 없다. 원래 봉건 영주가 전통적으로 누리던 것들을 문서화한 것으로, 왕국의 공통된 의견은 귀족의 회의를 말하며, 자유민이란 귀족 또는 귀족과 계약을 맺은 자유민을 말하는 것이다.

이나 권리가 약화되고 있어 잔뜩 뿔나 있던 귀족들은 이참에 아예 패전으로 미약해져 있는 존 왕을 대적하기로 했습니다. 귀족들은 군대를 몰고 가 존 왕을 무릎 꿇리고, 강제로 대헌장에 서명하게 했지요.

이 대헌장은 세금을 부과할 때 왕국의 공통된 의견에 의거해야 하며, 자유민의 자유와 재산은 법적 절차를 통해서만 박탈할 수 있다는 등의 내용으로 왕의 권리를 제한하는 내용을 문서화한 것입니다.

또한 그의 손자 에드워드 1세 Edward I 가 전쟁 대비 자금을 모으고 왕권도 강화할 겸 의회를 소집하였는데요, 그는 귀족과 성직자는 물론 자신을 지지할 만한 중산계급인 기사와 시민까지 불러들였습니다. 이로 인해 의회를 구성하는 계급이 확대되었으며, 훗날 의회의 모범이 되었다 하여 '모범의회 Model Parliament'라 부르게 되었지요.

이후 영국의 왕들은 의회를 어느 정도 존중하며 활용해왔는데, 이는 영국 절대왕정의 절정기를 만든 엘리자베스 1세 또한 마찬가지였습니다. 하지만 이 처녀 여왕이 후사 없이 죽자, 스코틀랜드의 왕인 제임스 1세 James I 가 즉위하면서 상황이 달라져버렸습니다. 의회라는 것이 생소한 그는 왕권신수설을 내세우며 의회를 무시하고, 국교회를 강제하면서 특히 청교도들을 많이 탄압했습니다. 이때 많은 청교도들이 신앙의 자유를 찾아 북아메리카로 떠나 미국의 기원이 되었지요.

그의 뒤를 이은 찰스 1세 Charles I 역시 마찬가지였습니다. 여전히 왕의 권력과 국교회를 강조했으며, 의회의 승인도 없이 관세 등을 징수했지요. 그러다 막대한 전쟁 자금이 필요해지자, 그는 하는 수 없이 의회를 소집하기에 이릅니다. 이때 의회는 전쟁 비용 조달의 전제조건으로 의회의 동의 없이는 어떤 세금도 부과할 수 없고, 법에 의하지 않고는 그 누구도 체포할 수 없다는 내용을 담은 '권리청원 Petition of Right'을 내밀었지요. 발등의 불을 꺼야 하는 왕은 일단 권리청원에 동의할 수밖에 없었습니다. 하지만 그는 이듬해 이를 무시하고 9명의 의원을 체포하고 의회를 해산해버립니다. 그런데 의회가 없어진 상황에서 왕이 또다시 전쟁 자금이 필요해졌습니다. 구교인 스코틀랜드가 국교회를 받아들이지 않고 저항했기 때문이지요. 소집된 의회는 왕에 대한 비판만 늘어놓으면서 13년이나 흘러버렸지요. 더 이상 참을 수 없었던 찰스 1세는 의회의 지도자들을 체포하기 위해 무력을 동원했고, 의회도 군대를 모아 대항하면서 결국 내란으로 치달았습니다. 이때 청교도의 엄격한 규율과 신념으로 무장한 크롬웰Oliver Cromwell의 군대가 등장하게 됩니다. 그는 찰스 1세를 잡아 처형하고 공화정Republic을 수립하게 되는데요, 이것이 최초의 시민혁명이라 일컬어지는 '청교도혁명The Puritan Revolution'이랍니다.

최초의 근대적 정치체제와 다른 세상을 열어준 산업혁명

하지만 청교도혁명이 만들어낸 공화정의 기쁨은 그리 오래가지 못했습니다. 정치적 실권자가 된 크롬웰은 스스로가 호국경Lord Protector이 되어 군사독재를 일삼았으며, 청교도의 특징인 금욕과 검소함을 지나치게 강요해 공포정치가 되어버렸기 때문이지요. 결국 그가 죽자 공화정에 질린 국민들은 찰스 2세Charles II를 다시 왕으로 추대합니다. 하지만 그 또한 왕의 힘을 발휘하고 싶어했으며, 구교를 키우고자 했지요. 그는 후사 없이 죽으며 동생 제임스 2세James II를 왕으로 지목하는

금욕! 검소!!

데, 문제는 그가 형 못지않은 전제주의자이자 가톨릭 신자였다는 점입니다. 이에 진보 성향을 가진 휘그당Whig Party은 그의 왕위 계승권을 철회하려고 했지요. 하지만 보수 성향을 가진 토리당Tory Party의 반대로 무산되고, 제임스 2세가 왕위에 오르게 됩니다. 이 과정에서 여당과 야당이라는 개념이 자리 잡게 되었답니다.

　제임스 2세는 왕위에 오르자, 상비군을 조직하여 무력으로 반대파를 제거하고 가톨릭을 강요했습니다. 그러자 토리당마저 등을 돌려 휘그당과 연합하게 됩니다. 그들은 왕의 딸인 메리Mary와 남편 윌리엄 3세William III를 끌어들여 공동 왕으로 추대했지요. 이때 제임스 2세가 아무런 저항도 하지 않고 도주함으로써 피 한 방울 흘리지 않은, 말 그

대로 '명예혁명Glorious Revolution'이 이루어지게 됩니다.

새로 등극한 왕 부부는 의회가 제출한 권리장전을 승인했으며, 이후 이것은 법률화되었습니다. 권리장전은 의회의 입법권, 의회의 승인 없는 과세 금지, 의회에서의 발언의 자유, 법률의 공정한 적용 등의 기본 원리를 재확인한 것으로, 이후 헌법에 따라 왕권을 행사하는 입헌군주제Constitutional Monarchy의 시작을 알리는 것이 되었습니다. 특히 이후 후사가 끊긴 영국 왕실은 같은 혈통인 독일의 하노버Hanover 공을 왕으로 추대하는데요, 그는 독일인이라 영어를 전혀 하지 못했습니다. 그 결과 이때부터 정부 내각이 의회의 다수당에 의해 구성되고, 내각이 국왕 대신 의회에 대해 책임을 지는 내각책임제Parliamentary Cabinet System가 확립됩니다. 이렇게 해서 국왕은 군림하되 통치하지 않는, 최초의 진정한 근대 정치체제가 등장하게 되었답니다.

한편 산업혁명도 영국에서부터 촉발되었습니다. 영국은 일찍부터 면직물공업을 중심으로 한 공장제 수공업이 발달하며 기술을 혁신할 만한 자본이 축적되어 있었고, 명예혁명 이후 권리가 신장된 시민들이 탄탄한 내수 시장을 형성해주기도 했으며, 수많은 식민지를 통한 원료 공급과 해외 수요 시장도 확보되어 있었지요. 이러한 상황에서 동력

제니 방적기 한 사람의 노동자가 여러 개의 방추를 동시에 작동시킬 수 있는 방적기다. 이 방적기가 나오자 직장을 잃을까 두려워한 노동자들이 하그리브스의 집을 습격했다고 한다.

기계가 발명되면서 산업혁명의 불이 당겨진 것이랍니다.

동력 기계가 적극적으로 개발된 계기는 식민지 인도로부터 들여오는 값싸고 질 좋은 면제품으로 인해 면직물공업이 위축되었기 때문입니다. 가격 경쟁력에서 밀린 면직물공업 자본은 대량생산만이 그 해결책이었고, 이에 기술 혁신에 열을 올리게 된 것이지요. 그 첫 번째 작품이 존 케이^{John Kay}가 개발한 '나는 북^{Flying Shuttle}'인데요, 여기에 재봉틀의 밑실이 들어 있어 자동으로 움직이며 방적할 수 있었지요. 기계로 인해 직포 생산이 급증하자, 이번에는 직포 생산에 필요한 실이 부족해졌습니다. 이에 하그리브스^{James Hargreaves}가 '제니 방적기^{Spinning Jenny}'를 만들어 실을 뽑아냈고, 점차 더욱 발전된 '뮬 방적기^{Mule Spinning Frame}'가 나왔지요. 그러자 이번에는 방직기가 쏟아지는 실을 감당하기 힘들어지고, 결국 카트라이트^{Edmund Cartwright}가 증기를 사용하는 방직기를 내놓으면서 면직물공업은 계속 급성장을 이어가게 됩니다. 이 연쇄 반응은 석탄과 제철공업의 발전으로까지 이어졌으며, 더 나아가 원료와 상품을 운반하는 교통기관의 발달까지도 이끌어냈습니다.

1807년에는 미국이 증기선을 개발하고, 1830년 스티븐슨George Stephenson이 증기기관차를 실용화하면서 곧 영국을 비롯한 유럽 각국에 철도 부설 바람이 불었습니다. 이에 발맞추어 모스Samuel Finley Breese Morse의 유선 전신과 벨Alexander Graham Bell의 전화 발명 등으로 통신수단의 혁신도 이어졌으니, 세계는 급속하게 전혀 다른 세상으로 변화에 변화를 거듭하게 되었지요.

여기저기서 공장제 기계공업으로 만든 상품들이 대량으로 쏟아져 나왔으며, 농업 중심의 사회는 도시적인 산업사회로 변모해갔습니다. 자본가는 더욱 많은 부를 축적하며 자본주의를 확대해나갔고, 재산과 교양을 겸비한 중산층도 늘어나면서 근대 시민정신도 고취되어 갔습니다. 물론 그러한 성취를 가장 먼저 맛본 것은 영국인데요, 산업혁명을 거치면서 막강한 경제력과 수많은 식민지, 거기에 풍성한 문화적 힘까지 갖추게 된 빅토리아 여왕Queen Victoria 시대의 영국은, 말 그대로 '해가 지지 않는 나라' 그 자체였답니다.

새로운 정치 체계를 갖춘
민주국가들의 탄생

영국이 일으킨 과학혁명, 산업혁명, 정치적 변화는 영국에만 머물지 않았습니다. 먼저 그들의 식민지였던 미국이 그 자양분을 받고 자랄 수 있었는데요, 특정 지배계급이 형성되어 있지 않은 자유로운 환경이었기에 더욱 빨리 성장할 수 있었지요. 하지만 그들에 의해 혁명의 성과가 전 세계로 퍼져 나갔다고는 할 수 없습니다. 그들은 아메리카라는 너무나 먼 곳에 따로 위치해 있었기 때문이지요. 오히려 그 성과들을 흡수하고, 또 유럽 각 대륙에 직접 보급한 나라는 프랑스입니다. 과학과 철학에서 늘 영국의 경쟁자였으며, 지리적으로도 가장 가깝고 또 그만큼 앙숙인 프랑스. 그들은 누구보다 적극적으로 혁명의 성과를 받아들여 새로운 사회의 동력으로 사용했으며, 나폴레옹의 대대적인 유럽 정복을 통해 혁명의 성과들을 직접 각국에 실어 나르기 시작했답니다.

지상에는 없던 나라, 미국

콜럼버스가 신대륙을 발견하고 유럽인들의 아메리카 진출이 이어졌습니다. 영국인들도 앞다투어 아메리카로 향했고, 그중에는 제임스 1세의 청교도 탄압을 피해 바다를 건넌 이들도 많았지요. 아메리카로 이주해온 이들은 시간이 지남에 따라 자신들을 따뜻하게 받아주던 아메리카 원주민들을 힘으로 제압하고, 자신들의 터전을 건설해나갔습니다. 그들은 18세기 초가 되자 뉴잉글랜드, 버지니아 등 동북부 해안을 중심으로 번성해 13개 주가 되었지만, 여전히 영국의 감독을 받는 식민지에 불과했답니다. 이때까지만 해도 영국 정부도 이들에게 많은 자치권을 허용했고, 이들 또한 북아메리카의 주도권을 놓고 벌인 영국과 프랑스의 전쟁에서 영국을 도왔지요.

하지만 막상 승리를 거머쥔 영국 정부는 전쟁 비용 충당과 식민지 주둔 비용 등의 이유를 내세우며 각종 세금과 관세를 요구하기 시작했습니다. 그러자 식민지인들은 세금을 부과하는 영국 의회에 식민지 대표들이 파견된 적이 없다고 주장하면서, "대표 없이 과세 없다"는 논리로 저항했습니다. 그러다 영국의 동인도 회사가 식민지에서 관세 없

청소년을 위한 지금 시작하는 인문학

이 차를 독점 판매할 수 있게 되면서 문제는 폭발하게 됩니다. 그동안 식민지의 부르주아들은 차 밀수를 통해 막대한 이익을 남기고 있었는데, 더 이상 그럴 수 없게 되었기 때문이지요. 결국 이들은 아메리카 원주민 복장을 하고 보스턴 항으로 가, 정박 중이던 동인도 회사의 배를 불태우고 배에 실린 차를 바다에 던져버리고 맙니다. 바로 '보스턴 차 사건Boston Tea Party'이지요. 이 사건으로 영국과 식민지인들 간의 마찰은 피할 수 없게 되었으며, 이에 식민지 대표들은 서둘러 필라델피아에 모여 대륙회의Continental Congress를 열고 식민지인들의 권리를 선언합니다.

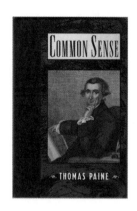

토머스 페인의 『상식』 영국에서 미국으로 건너온 지 1년밖에 안 되는 중졸의 가난한 남자 페인이 쓴 책으로, 출간되자마자 15만 부가 팔리며 대륙을 뜨겁게 달구었다.

그리고 이듬해에 식민지 대표들은 다시 모여 워싱턴George Washington을 총사령관으로 임명하고, 이후 또다시 모여 독립선언서The Declaration of Independence를 공포하게 됩니다. "모든 사람은 행복과 자유를 추구할 권리가 있다"고 명시된 이 선언서에는 영국 폭정으로부터의 독립 필요성은 물론, 사람답게 살기 위한 기본 인권의 개념이 역사상 처음으로 등장합니다.

초기에는 독립군이 열세였고, 식민지인 중 3분의 1은 독립을 지지하지도 않았습니다. 하지만 토마스 페인Thomas Paine이 『상식Common Sense』이라는 책을 통해 군주제를 신랄하게 비판하고, 독립선언서도 공표되면서 독립 의지가 거세게 일어나게 되었지요. 여기에 프랑스와 에스파냐 등 영국을 견제하는 여러 나라들의 원조도 잇따랐습니다. 그리고 마침내 1781년 프랑스 연합군과 독립군이 요크타운에서 영국군의 항

복을 받아내면서 미국은 완벽한 독립을 얻어내게 되었습니다.

독립 후 새로 만들어진 나라, 미국은 여러 면에서 기존의 국가들과
많이 달랐습니다. 1787년 필라델피아에서 열린 제헌의회에서는 각 주
의 주권을 인정하는 동시에 국방 · 외교 · 재정 등 공통된 사항만 연방
정부가 결정하는 연방헌법이 만들어졌습니다. 이 연방헌법에는 언론 ·
출판 · 집회 및 신앙의 자유를 보장하고 있으며, 권력을 견제하기 위한
몽테스키외의 삼권분립 원칙이 규정되어 있습니다. 특히 제1조는 국
민이 주권자이며, 정부는 국민이 위임한 권한만을 행사할 수 있다고 명
시함으로써, 국민 모두의 주권에 의한 최초의 공화정 헌법이 만들어졌
지요. 바로 이런 점 때문에 미국의 독립전쟁은 단순한 독립전쟁이 아닌

혁명이라 할 수 있습니다. 이는 미리 선보였던 네덜란드 공화정보다도 더 진일보한 것이었으며, 성문헌법으로 인간의 권리를 보장하는 새로운 국가의 탄생을 알리는 것이었습니다. 이후 그러한 대혁명은 군주의 압제에 시달리는 다른 유럽 나라와 라틴아메리카의 식민지 등에 막대한 영향을 미치게 됩니다.

프랑스혁명과 나폴레옹의 시대

유럽 최고의 절대왕정을 과시한 루이 14세. 하지만 그는 신교를 탄압해 많은 자본가 세력을 프랑스 땅에서 떠나보내고, 전쟁과 사치스러운 궁정 생활을 계속해나감으로써 말년에 궁핍해집니다. 이런 궁핍을 메우려는 시도는 루이 15세, 루이 16세까지 이어졌는데, 결국 루이 16세가 택한 방법은 루이 14세가 특권 계급에 인정해준 면세 특권을 철폐하는 것이었지요. 특권 계급인 성직자와 귀족은 강하게 반발했고, 이에 오랫동안 거의 열리지 않았던 삼부회États généraux를 소집합니다. 그런데 삼부회 소집이 이루어지자 평민들이 가장 적극적으로 동참했습니다. 루이 14세가 왕권을 강화하는 과정에서 부르주아들이 관료에 임명되면서 신흥 세력의 역할과 지위가 조금은 신장되긴 했지만, 국가 요직은 물론 세금을 징수하는 권한까지 대부분 특권층이 가지고 있었지요. 결국 아무리 발버둥 쳐도 대부분의 부는 특권층에게 돌아갔고, 이런 모순 때문에 평민들은 분노가 목까지 차올라와 있었기 때문입니다.

테니스 코트의 서약(Serment du Jeu de Paume) 제3신분 대표들이 테니스 코트에 모여 국민의회를 구성하고, 헌법을 제정할 때까지 해산하지 않겠다는 의사를 밝히고 있다.

그러나 모처럼 열린 삼부회는 본론으로 들어가기도 전에 갈등으로 치닫습니다. 원래 삼부회는 성직자 제1신분, 귀족 제2신분, 평민 제3 신분이 각각 한 표씩을 행사했습니다. 그렇다면 이미 두 특권층과 평민층이라는 2대 1의 상황에 놓이게 됩니다. 이에 평민 대표들은 반발했고, 평민 대표를 두 배로 늘리고 대표자들이 모두 1표씩을 던져 표결하자고 주장했습니다. 그 결과 평민 대표를 두 배로 늘리는 데는 성공했지요.

하지만 각 신분마다 한 표씩이라는 원칙이 고수되었고, 결국 말장난일 뿐 2대 1의 상황에는 변함이 없었답니다. 이에 분개한 평민 대표들은 국민의회The National Assembly를 구성하고, 궁정의 테니스 코트에 모여 헌법 제정을 강력히 요구하게 됩니다. 그러자 루이 16세는 무력 진압을 준비하고, 시민의 지지를 받던 재무장관 네케르Jacques Necker를 면직시켜버립니다.

이 소식이 전해지자 파리 시민들이 들고일어났습니다. 그들은 전제 정치의 상징인 바스티유 감옥을 습격하고 국민군을 만들었지요. 이 소식을 들은 각 지방 도시 시민과 농민들도 너나없이 함께 들고일어났습니다. 이미 혁명은 시작되었고, 그 타오르는 불길은 막을 길이 없었습니다. 이것이 바로 '프랑스혁명The French Revolution'입니다.

이어 국민의회는 "인간은 태어나면서부터 자유와 평등의 권리를 가진다(인권선언 제1조)"는 말과 함께 인간 평등, 국민 주권, 언론 및 신앙의 자유 등을 명시한 '인권선언The Declaration of Human Rights'을 발표합니다. 1791년에는 프랑스 최초의 헌법도 제정되었지요. 그러나 이 헌법은 모든 국민을 위한 것이 아니라, 부르주아같이 재산을 가진 시민에게만 선거권을 부여한 것이었지요. 게다가 왕을 어떻게 처리해야 할지도 해결되지 않아 갈등이 불거지고 있었습니다.

이때 "왕은 무죄일지도 모른다. 그러나 그를 무죄라고 선언하는 순간 혁명이 유죄가 된다"라는 말과 함께 로베스피에르Maximilhen François Marie Isidore Robespierre가 나타납니다. 로베스피에르는 루이 16세를 처형시키고 실권을 거머쥐었지요. 모든 남자 시민에게 선거권을 부여하고 노동권과 생존권을 인정했으며, 실업자와 병약자를 지원하는 등의 내용이 담긴 진보된 헌법도 내놓았습니다. 그는 강력한 지지를 받고 있었지만, 여전히 경제난은 해소되지 않았고 왕을 처형했다는 사실에 경악

단두대에 오른 루이 16세 구제도의 대표적인 제도인 특권층의 면세 특권을 철폐하려던 검소하기 짝이 없던 왕 루이 16세의 목숨 또한, 아이러니하게도 특권을 철폐하기를 간절히 원했던 이들의 손에 의해 단두대의 이슬로 사라지고 만다. 그는 "나는 죄 없이 죽는다"는 말을 남겼다.

한 주변 군주들의 반발도 들끓었습니다. 결국 로베스피에르는 이 난국을 공포정치로 해결해나가는데요, 피의 숙청이 계속되자 결국 국민들의 반감이 일게 됩니다.

왕을 단두대로 보내며 등장한 로베스피에르는 결국 자신이 단두대에 올라야 했고, 만민의 평등한 헌법도 물거품이 되어 사라졌습니다. 이제 세금을 많이 낼 수 있는 자들만이 모여서 입법부를 만들고, 그들을 이끌 5명의 총재를 뽑게 됩니다. 그렇다고 정국이 안정된 것은 아니었습니다. 민중을 위한 세력도, 다시 왕정을 만들고자 하는 세력도 반발하고 있었으며, 영국과 러시아 등이 대불동맹을 맺고 계속 전쟁을 걸어오고 있었습니다. 이 틈을 타 왕정을 복귀하려는 왕당파가 쿠데타를 일으킵니다. 그리고 바로 이때 왕당파의 쿠데타를 과감히 진압하고, 공격해오던 대불동맹군까지 무너뜨린 영웅이 등장합니다. 그 유명한 유럽의 정복자, 나폴레옹 Napoléon Bonaparte 이지요.

나폴레옹은 엄청난 지지를 얻으며 종신통령 등을 거쳐 마침내 국민투표로 황제의 자리에까지 오릅니다. 특히 그가 종신통령에 있을 때 공포한 『프랑스 민법전 The Code Napoleon』은 사유재산이 신성불가침한 것임을 밝히고, 신앙과 노동의 자유, 계약 자유의 원칙, 평등권 보장 등도 명시하고 있습니다. 이는 비록 가진 자만이 선거권을 갖는 것이었지만, 그때까지의 프랑스혁명의 결과로 형성된 시민 사회의 근본 원리를 성문화한 것으로 큰 의미를 갖습니다. 또한 이후 다른 나라의 법체계에도 많은 영향을 주게 되었지요.

　황제가 된 나폴레옹은 유럽의 여러 나라들과 계속 전쟁을 치르며 유럽 대륙을 정복해나갑니다. 그는 정복지 곳곳에 공화국을 세웠는데, 이 때문에 그는 혁명의 전파자로 이름을 날리며 각국의 부르주아와 민중들의 환영을 받게 되지요. 그러나 그가 에스파냐에 자신의 형을 왕으로 앉히고 여러 곳에서 학살을 자행하자, 환호는 저항으로 바뀌고 맙니다. 민중들은 그에게서 '자유'를 자각했고, 동시에 그와 맞서면서 '민족'을 자각하게 된 셈이지요. 이런 이유로 그를 '자유를 퍼뜨리고 민족의식을 싹트게 했다'고 평가하는 것이랍니다. 하지만 나폴레옹의 영광도 그리 오래가지는 못했습니다. 민중의 저항은 계속됐고, 장기간에 걸친 러시아 원정에서 패해 몰락해버리고 말았기 때문입니다.

제1차 세계대전과
러시아혁명

나폴레옹이 몰락하고 그에 맞서 싸웠던 동맹국 대표들이 빈에 모였습니다. 외교술이 뛰어난 오스트리아의 외무장관 메테르니히 Klemens Wenzel Lothar von Metternich가 주축이 된 빈 체제 Wiener System는 모든 것을 프랑스혁명 이전으로 돌려놓으려 했습니다. 하지만 나폴레옹이 유럽을 정복하면서 퍼트린 열망, 즉 공화정을 꿈꾸는 민주주의와 독립을 꿈꾸는 민족주의의 불길은 걷잡을 수 없이 번져만 갔지요.

한편 산업화에 필요한 기계 생산이 가속화되면서 철강산업이 발전하고, 인조 섬유가 개발되면서 화학산업이 등장했으며, 전기가 발명되어 동력을 대신하기 시작했습니다. 이를 '2차 산업혁명'이라고 하는데요, 여기선 후발국인 미국과 독일이 두각을 나타냈지요. 반면 끝없는 호황을 자랑하던 영국은 불황에 빠지게 되는데, 이로써 새로운 후발국과 영국 같은 선발국의 마찰이 심화되면서 세계대전으로 번져 나가게 됩니다.

번져가는 혁명의 불길과 제국주의의 식민지 쟁탈전

나폴레옹이 유럽을 휘젓고 다니는 동안, 멀리 라틴아메리카의 나라들은 그 혼란을 틈타 독립을 선언하고 나섰습니다. 빈 체제에서도 독립의 열기는 계속되었고, 이에 메테르니히는 무력을 동원했습니다. 하지만 이들의 독립이 새로운 시장 확보에 좋은 기회가 될 것이라고 생각한 영국은 메테르니히에 반대했고, 미국까지 '아메리카 대륙에 간섭하지 말라'는 취지의 '먼로선언The Monroe Doctrine'을 발표했습니다. 메테르니히는 성과를 내지 못했고, 19세기 초반에 많은 라틴아메리카의 나라들이 독립을 쟁취하고 공화정을 수립하게 되었습니다.

프랑스는 다시 왕이 즉위하지만 오래가지 못했습니다. 루이 18세의 뒤를 이은 샤를 10세Charles X의 탄압으로 1830년 7월에 다시 부르주아 계급이 주도하는 혁명이 일어났으며, 입헌군주제Constitutional Monarchy가 채택되었습니다. 하지만 이미 프랑스도 산업혁명이 본격화되고 있었고, 노동자들도 급속히 늘어나고 있었지요. 게다가 그들 사이로 생산수단을 모두가 다 같이 소유하자는 사회주의Socialism 사상도 확산되

7월 혁명(Révolution de Juillet) 자유의 여신이 직접 나타나 민중을 이끄는 들라크루아(Ferdinand victor Eugène Delacroix)의 그림 〈1830년 7월 28일 : 민중을 이끄는 자유의 여신(Le 28 juillet 1830 : la Liberté guidant le peuple)〉은 프랑스혁명이 아니라 7월 혁명을 나타내는 것이다. 이 7월 혁명으로 유럽 각국에 자유주의 운동이 본격화된다.

기 시작했습니다. 힘겨운 생활에 지쳤으며 권리마저 없는 노동자와 시민들은 마침내 하나가 되어 선거권 확대를 요구하며 1848년 '2월 혁명 Révolution de Février'을 일으키게 됩니다. 이들은 공화정을 세우고 보통선거로 제헌의회를 구성하지만, 노동자들의 확대와 사회주의 사상에 두려움을 느낀 시민과 농민들은 온건파 부르주아에게 의석을 몰아줍니다. 역시 민중 모두를 위한 정부는 또다시 물거품이 되고 만 것이지요.

그러나 이 두 혁명은 유럽의 자유주의와 민족주의 운동을 더욱 가속화시켰습니다. '7월 혁명'은 벨기에 독립과 폴란드, 이탈리아, 독일 등의 민족주의 운동에 영향을 주었으며, '2월 혁명'은 오스트리아의 3월 혁명에 영향을 주어 메테르니히가 추방되고 헝가리와 보헤미아 등의 독립운동이 전개되었지요. 프로이센에서도 '3월 혁명'이 일어나 국왕이 헌법 제정을 약속했고, 이탈리아에서도 마치니 Giuseppe Mazzini 에 의한 통일 운동이 전개되어 로마공화국 Roman Republic 이 수립되었습니다.

유럽의 다른 나라들과는 다르게 정치·경제적으로 안정된 발전을 이루고 있던 영국도 혁명의 불길에서 완전히 자유롭진 못했지요. 먼저 중산층을 중심으로 선거법 개정 운동이 일어나 신흥 상공업 계층에도 선거권이 부여되었습니다. 하지만 산업 발전과 더불어 노동자들의 수가 계속 늘어나고 있음에도 이들에게는 선거권이 허락되지 않았지요. 이에 노동자들은 1838년 보통선거와 비밀투표 등을 내용으로 하는 인민헌장 The People's Charter 을 전국에 배포하며, '차티스트운동 Chartism'을 전개해나갔습니다. '차티스트 Chartist'란 인민헌장에 동참하는 사람을 의미하는데요, 이 운동은 전국적으로 확산되어 갔지만 끝내 무력으로 진압되고 맙니다.

이 운동이 비록 실패로 끝났지만 이후 휘그당과 토리당이 각각 자유당과 보수당으로 개편되며 대중 정당으로 자리 잡게 되었으며, 점차적인 개혁을 이루어나갑니다. 그리고 당시 참정권을 획득한 자본가들은 빅토리아 여왕의 적극적인 지원에 힘입어 세계 각국으로 퍼져 나가면서 대영제국의 황금기를 만들어냅니다.

변화하는 열강과 제국주의의 팽창

특권 계층이 애당초 존재하지 않았던 미국은 시작부터 대다수가 참정권을 가지고 큰 마찰 없이 민주주의를 전개해나갔고, 먼로선언을 통해 유럽의 간섭도 차단해냈습니다. 경제 또한 아메리카 원주민이 살던 서부를 점령하고 흑인 노예를 활용하면서 빠르게 성장하고 있었지요.

하지만 어김없이 불어닥친 산업화의 바람은 필연적으로 대지주와 신흥산업 세력 간의 대립을 불러왔습니다. 미국의 남부는 거대 농장을 운영하기 위해 흑인 노예가 필요했고, 신흥 자본가들은 공장에서 일해줄 대량의 노동자가 필요했기 때문이지요. 마침 이때 링컨 Abraham Lincoln 이 대통령이 되면서 노예해방령 Emancipation Proclamation 을 발표하자 '남북전쟁 American Civil War'이라는 두 세력 간의 전면전이 벌어지게 됩니다. 이 전쟁에서 신세력이 승리하고 구세력인 대지주들은 몰락하게 되지요. 그 결과 미국은 산업화가 가속화되며, 1869년에 완성된 대륙횡단 철도와 아메리카의 풍부한 자원 등을 토대로 본격적인 식민지 개척에 나서게 됩니다.

한편 19세기까지도 하나의 통일국가를 만들지 못한 독일은 갈 길이 바빴습니다. 특히 라인 강을 따라가다 보면 무려 37명의 영주에게 관세를 내야 할 정도였으니, 급속히 성장하고 있던 부르주아들에게 통일은 정말로 간절한 것이었지요.

이에 1834년 마침내 독일 내에서는 관세를 물지 않게 하는 관세동맹

청소년을 위한 지금 시작하는 인문학 ·

Customs Union이 이루어지면서, 독일은 경제적 통일이 먼저 이루어집니다. 여기에 통일을 위해서는 철과 피가 필요하다고 주장하는 재상 비스마르크 Otto Eduard Leopold von Bismarck가 등장하면서, 방해자인 오스트리아를 물리치고 통일을 이루어냅니다.

비스마르크 '철혈 재상'으로 통하지만, 막상 통일이 되자 평화 유지에 힘썼다. 알려진 바와 다르게 상당히 감수성이 풍부한 성격이었다고 한다.

비스마르크는 앞선 산업국들이 면직물공업 등에 안주할 동안, 아직 왕권이 살아 있는 후발국의 국가 중심적인 강점을 살려 중화학공업 등의 대규모 공업에 투자를 집중했습니다. 특히 독일은 계몽군주 프리드리히 2세 때부터 교육에 많은 공을 들였는데, 이후 많은 인재들이 나와 화학공업과 전기공업 발전에 크게 기여합니다. 그 결과 독일은 영국을 제치고 유럽 최고의 철강 생산국이자 중화학공업국으로 발전하였지요. 또한 비스마르크는 통일 후 주변국과는 평화 외교를, 국민에게는 선거권 확대와 세계 최초의 사회보장제도라는 회유책을 내놓음으로써 안정을 되찾아갔습니다.

그러나 황제 빌헬름 1세 Wilhelm I가 죽고 적극적인 해외 팽창을 원하는 빌헬름 2세 Wilhelm II가 즉위하게 됩니다. 이에 평화와 안정적 발전으로 내실을 기하고 있던 비스마르크는 실각하고 맙니다. 그 결과 독일은 제국주의를 내세우며 세계대전의 소용돌이로 앞장서서 뛰어들어가게 되지요.

전 유럽이 전쟁터로 변한 제1차 세계대전

원래 비스마르크는 평화를 유지하고 숙적이던 프랑스를 고립시키기 위해, 오스트리아와 러시아를 묶는 '삼제동맹 Three Emperors' Alliance'을 맺었습니다. 그리고 이탈리아와 오스트리아를 묶어 '삼국동맹 Dreibund'도 맺었고, 러시아와는 재보장 동맹을 한 번 더 맺습니다. 하지만 새로 등극한 빌헬름 2세는 러시아와의 재보장 조약 연장을 거부했고, 이탈리아마저 등을 돌리게 됩니다. 결국 이 조약들은 오스트리아와 독일만의 동맹이 되었고, 이는 '범게르만주의 Pan-Germanism'를 내세우는 기반이 되었지요.

당시 발칸 반도는 약화된 오스만 투르크에서 게르만계와 슬라브계 등의 여러 나라들이 독립을 꾀하면서 매우 혼란스러운 상황이 벌어졌습니다. 이때 오스트리아 등의 '범게르만주의'와 러시아와 세르비아 등의 '범슬라브주의 Pan-Slavism'가 서로 확장을 도모하며 대립하기 시작했답니다.

그리고 한 발의 총성이 울려 퍼졌지요. 세르비아의 범슬라브주의 비밀 결사에 속해 있던 한 청년이 오스트리아의 황태자 부부를 암살한 것입니다. 이에 오스트리아는 세르비아에 선전포고를 하고, 범슬라브계의 맏형이라 할 수 있는 러시아가 세르비아를 보호하기 위해 맞대응하는 선전포고에 나섭니다. 그러자 오스트리아와는 같은 범게르만계이자 강력한 동맹국이기도 한 독일이 선전포고를 하며 전쟁에 끼어들었습니다. 사실 독일은 중화학공업의 성공으로 주체할 수 없어진 힘을

사라예보 사건 세르비아 청년에 의해 오스트리아 황태자 부부가 암살되자, 이 총성이 시작을 알리는 신호탄이 되어 세계대전이 불붙었다.

외부로 팽창할 기회만을 찾고 있었지요. 이에 독일은 러시아에는 전쟁 준비를 중단하라고 선전포고를 하고, 프랑스에는 러시아의 동맹국이라는 명분으로 선전포고를, 중립국 벨기에에는 프랑스 침공에 필요한 통로를 제공하지 않는다는 명분으로 선전포고를 했지요. 그러자 독일의 확대를 염려하고 있던 영국까지 독일이 중립국인 벨기에를 침범하려 한다는 명분을 내세워 독일에 선전포고를 하게 됩니다.

독일군은 벨기에를 분쇄하고 프랑스 파리의 목전까지 진군해갔습니다. 전쟁이 본격화되면서 투르크와 불가리아는 독일 동맹국 측에 섰고, 이탈리아·그리스·루마니아·일본·미국은 서서히 러시아의 연합국 측에 서게 되었지요. 결국 동맹국 4개국과 연합국 30여 개국이 싸우는 초유의 세계대전이 벌어지게 되었습니다.

전쟁 초기 프랑스 쪽으로 진군한 독일군은 승승장구했습니다. 그러나 러시아를 막아주길 바랐던 오스트리아가 고전을 면치 못하자, 독일 군이 러시아 쪽으로 나누어지면서 전쟁은 장기화되어 갔습니다. 전쟁이 장기화되자 양측은 모든 여력을 전쟁에 투입합니다. 잠수함과 비행기, 전차가 등장했고, 독가스 같은 생화학 무기도 선보였지요.

영국이 강력한 해군력을 동원해 독일의 물자보급을 막아서고, 독일은 잠수함을 이용하여 연합군의 보급로를 막았지요. 문제는 독일이 중립국까지 무참히 타격을 가했다는 점입니다. 그 타격의 희생양 중에는 미국의 민간인 상선들도 있었습니다. 이에 그때까지 중립을 지키고 있던 미국이 참전을 결심하게 된 것입니다. 전쟁 중 무기 판매 등으로 막대한 이익을 챙기며 더욱 부강해지고 있던 미국이 참전하자 전쟁의 흐

름이 완전히 뒤바뀌어버렸지요.

전세는 빠르게 연합군 측으로 기울었고, 독일의 동맹국들은 하나둘 항복하기 시작했습니다. 그 결과 오스트리아 황제는 퇴위했고, 오스트리아 공화국과 헝가리 공화국이 각각 세워졌지요. 세르비아와 크로아티아, 슬로베니아가 독립하며 통일 왕국을 만들었으며, 체코슬로바키아는 전쟁 중에 이미 독립을 인정받았지요. 곧이어 독일도 휴전을 요청했지만 연합국들은 거절했습니다. 결국 독일 황제가 퇴위하고, 사회민주당에 의해 새로운 바이마르공화국 Die Republik von Weimar 이 세워지면서 제1차 세계대전이 마무리되었습니다.

사회주의의 승리, 러시아혁명

한편 러시아는 표트르 대제와 예카테리나 2세 Ekaterina II 가 절대왕정을 구가하며 강국이 되었지만, 19세기에 들어서도 여전히 봉건적인 농노제와 왕권이 유지되고 있었답니다. 그나마 나폴레옹 전쟁으로 자유주의 사상이 유입될 수 있었고, 영국 등 서구 열강과 연합한 오스만 투르크에게 크림전쟁에서 패하면서 개혁의 필요성을 느끼게 되었지요. 이에 알렉산드르 2세 Aleksandr II 는 농노를 해방하고 사법제도를 개혁하는 등 자유주의적 정책을 펼쳤습니다. 농노 해방은 배상금을 내야만 농노에서 해방되는 것이었기에 당시 큰 실효는 거두지 못했지만, 서서히 노동자의 수가 늘어갔습니다.

민중 앞에 선 레닌 제국주의 단계의 마르크스주의(Marxism)라고 일컬어지는 그의 사상 및 이론은 특히 '레닌주의(Leninism)'라고 불린다. 사회혁명가로서 그의 이론은 러시아혁명을 통해 증명되었다.

하지만 러시아는 러일전쟁 Russo–Japanese War에서 패배하고 더 피폐해 졌으며, 여기저기서 노동자들이 파업을 감행했지요. 그러던 중 제1차 세계대전이 터지고 말았습니다. 전쟁의 공포가 엄습했으며, 생필품 부족 등의 굶주림이 계속되었지요. 러시아군은 패전만을 거듭했고, "빵을 달라!" "전쟁을 멈춰라!" "전제정치를 타도하라!" 등의 구호와 함께 노동자들의 파업과 시위가 이어졌습니다. 그리고 마침내 1917년 3월 노동자 · 농민 · 병사들이 모여 자신들의 대표기관으로 소비에트 Soviet를 결성하고, 왕궁으로 몰려갔습니다. 당시 왕이던 니콜라이 2세 Aleksandrovich Nikolai II는 서둘러 진압군을 불러들이려 했지만, 진압군을 신고 올 기차가 노동자들의 파업으로 움직일 수 없었고, 병사들 또한 혁명 세력에 합류해버렸습니다.

왕을 몰아내고 임시정부가 구성되었습니다. 3월 혁명의 결과 국회 내에는 부르주아와 대지주 등을 대표하는 '임시위원회'와 노동자와 병사들을 대표하는 '소비에트'가 만들어졌습니다. 그러나 노동자와 병사들은 정치적으로 미숙해 서서히 임시위원회가 주도권을 잡아갔고, 민중의 의사와는 반대로 전쟁은 계속되었습니다.

바로 이때 레닌 Vladimir Ilich Uliyanov Lenin 이 나타나 즉시 전쟁을 중단해야 하며, 소비에트가 권력을 장악해야 한다고 역설합니다. 그들은 다시 한 번 일어나 임시정부를 무너뜨리고 혁명정부를 세웠습니다. 이들은 서둘러 전쟁을 멈추고 토지 사유 제도를 폐지할 것을 선언했지요. 이것이 대사회주의혁명으로 일컬어지는 '11월 혁명'입니다. 이로써 노동자와 농민의 정부를 자청한 사회주의 국가 Socialist States 가 탄생하게 되었습니다.

이들은 그들에 맞서 들고일어난 부르주아와 대지주 등의 저항을 모두 물리치고 1922년 마침내 소비에트 사회주의 공화국 연방 The Union of Soviet Socialist Republics 을 수립합니다. 그리고 더 나아가 각 나라의 사회주의자들을 연결하는 코민테른 Comintern (사회주의 인터내셔널)을 건설하여 혁명을 세계화시켜 나갔지요. 이 코민테른은 제국주의에 반대하고, 노동자 투쟁과 식민지 해방운동을 지원하며, 사회주의를 확산해나가 또 하나의 세계적 정치 지형을 형성하게 되었답니다.

제2차 세계대전과
냉전의 시대

  제1차 세계대전의 결과, 미국은 최강국으로 부상했습니다. 전쟁에서 직접적인 피해가 없었을 뿐 아니라 전쟁에 필요한 자금과 물자를 제공하면서 세계의 공장으로 거듭났기 때문이지요. 막판 개입으로 그 위력이 돋보였으며, 황폐해진 유럽과는 대조적으로 가장 부강한 나라로 자리매김했습니다. 이런 미국을 중심으로 전후 세계가 재편되었습니다.

  미국은 앞장서서 전쟁 배상금 War Indemnity 으로 궁지에 몰린 독일의 지불액을 삭감해주고 대규모 차관을 제공했으며, 다양한 군비 축소 노력과 함께 국제연맹 League of Nations* 창설을 주도하기도 했습니다. 미국의 달러는 세계의 기준 화폐가 되었으며, 미국 경제를 중심으로 세계경제가 회복을 향해 그 걸음을 재촉하고 있었지요. 하지만 미국에 대공황이 터지고 세계경제는 커다란 혼란에 빠져들며, 또 한 차례의 세계대전에 휘말리기 시작합니다.

인류 최대의 참사, 제2차 세계대전

제1차 세계대전을 통해 더욱 발달하기 시작한 기술 혁신과 생산 과정의 변화는 생산력을 크게 향상시켜 1920년대 중반에는 유럽 주요 국가들이 전쟁 이전의 경제를 회복할 수 있었습니다. 특히 미국은 자동차, 주택 산업 등이 활기를 띠며 더없는 번영을 구가하고 있었지요. 하지만 그들의 번영은 자본가들의 무한 이윤 추구에 바탕을 둔 것이어서 노동자들의 임금은 상승되지 않았고, 이는 구매력 상실로 이어질 수밖에 없었답니다. 여기에 농업 등에까지 전폭적인 기계화가 이루어지면서 생산품은 넘쳐나고 구매 수요는 턱없이 부족해져 가격 하락이 계속되었지요.

그 결과 1929년 10월, 미국 주식시장이 대폭락하면서 대공황Great Depression이 시작됐습니다. 탈출구가 없어 보이는 경제 상황에서 자본주의 체제는 크게 요동치게 됩니다.

 국제연맹 제1차 세계대전 이후 미국 윌슨 대통령의 제안으로 만들어진 국제평화기구다. 현실적 힘이 약했으며, 국제연합의 전신으로 평가받고 있다.

다행히 튼튼한 민주주의 기반과 넓은 해외 식민지를 갖춘 미국, 영국 등의 선진 자본주의 국가들은 수정자본주의Modified Capitalism를 내세우며 점진적으로 공황을 극복해나갑니다. 미국에서는 루스벨트Franklin Delano Roosevelt 대통령이 노동시간 단축 및 노동조합의 단체계약권 등을 명시한 국가산업부흥법을 만들고 대규모 공공사업을 일으켜 농민과 노동자들의 경제력을 키워 구매력을 향상시켜 나갑니다. 영국과 프랑스는 이미 확보하고 있던 막대한 식민지를 활용해 수입을 줄이고 수출만을 장려하는 배타적인 경제 블록을 만들어 난관을 극복해나갔지요.

그러나 후발 산업국들의 입장은 달랐습니다. 민주주의 기반이 충분히 자리 잡은 것도, 국내시장이 충분히 크거나 많은 식민지가 있는 것도 아니었기 때문이지요. 경제적 불안은 꼭 공산혁명Communist Revolution이 아니더라도 그에 상응할 정도로 획기적인 변화를 요구하고 있었습니다. 그 결과 그들이 택한 것은 대외 침략을 통한 공황 극복이었지요.

승전국에 속했으나 별 소득도 없이 부채만 짊어진 이탈리아는 고대 로마의 영광을 부활시키겠다고 주창한 무솔리니Benito Amilcare Andrea Mussolini의 파시스트당Partito Nazionale Fascista이 힘을 갖게 됩니다. 독일에서는 뛰어난 언변으로 무장한 히틀러Adolf Hitler가 게르만 우월주의를 내세우며 나치당을 주도했지요. 이들은 모두 군사적 힘으로 대외 침략을 통해 경제 회복을 꾀하려 했으며, 그를 위해 극단적인 국가주의Nationalism와 전체주의Totalitarianism를 택하게 됩니다. 여기에 일본도 가세합니다. 일본은 비교적 안정적으로 경제와 민주주의 기반을 만들어가기 시작했지만, 대공황으로 유럽이 블록경제Bloc Economy를 강화하자

위기에 봉착해버렸던 것이지요. 결국 이들 역시 군국주의^{Militarism}를 내세우며 만주사변^{滿洲事變}을 일으켜 대외 진출에 시동을 걸었습니다. 여기에 이탈리아가 에티오피아를 침략하고, 독일이 오스트리아를 무력으로 합병하면서 세계대전의 전운이 감돌았지요. 그리고 마침내 독일이 폴란드를 공격하자, 이에 대해 프랑스와 영국이 독일에 선전포고를 하면서 제2차 세계대전이 시작되었답니다.

발달한 중화학공업과 군국주의로 무장한 독일군의 기계화 부대와 공군은 거침이 없었습니다. 그들은 순식간에 폴란드, 덴마크, 노르웨이, 벨기에, 네덜란드까지 진군했습니다. 하지만 발칸 지역과 아프리카로 진출한 이탈리아는 영국군의 저항에 고전하게 됩니다. 이에 독일

나치당 선전 포스터 생활고에 시달리며 획기적인 해결책을 고대하고 있던 독일인들은 나치당에 큰 기대를 걸게 되었다.

군이 정예부대를 파견해 발칸 지역을 점령해나갔지만, 이번엔 소련에 발이 묶여버렸지요.

한편 일본은 유럽이 전쟁으로 정신이 없는 틈을 타 중국 본토로 진출했고, 인도차이나까지 손에 넣었습니다. 이러한 일본의 세력 확장은 동남아시아 각지에 식민지를 가지고 있던 미국, 영국, 네덜란드와의 충돌을 만들었습니다. 특히 미국이 일본과의 무역을 금지하는 경제 제재를 가하자, 마침내 일본은 미국의 태평양 함대가 정박하고 있었던 진주만을 기습 공격해버립니다.

결국 제1차 세계대전 때처럼 물자나 공급하고 있던 미국이 전쟁에 뛰어들었고, 군국주의 3국과 연합국으로 양분된 전쟁은 태평양 지역까지 확대되어 버렸지요. 전세는 갈수록 연합국 쪽으로 기울었습니다. 일본군은 미드웨이 해전에서 미국에 패했고, 독일군은 스탈린그라드에서 패했지요. 그리고 1942년 9월에는 마침내 연합군이 시칠리아를 거쳐 이탈리아 본토에 상륙해 항복을 받아냈고, 2년이 채 안 돼서 노르망디 상륙작전으로 베를린에 입성해 독일을 항복시켰지요. 또한 미국은 일본 전역에 대대적인 비행기 폭격을 감행하고, 두 차례 원자폭탄을 투하해 일본의 항복까지 받아냅니다. 이로써 제2차 세계대전은 막을 내리고, 일본의 식민지로 있던 우리나라도 독립을 맞이합니다.

냉전 시대와 제3세력

　제2차 세계대전이 끝나갈 즈음, 소련은 발칸 반도와 동부 독일을 손에 넣었습니다. 원래 공산주의 Communism 는 전 세계가 공산화되었을 때 제대로 작동한다는 논리 위에 있는 것으로, 이에 소련은 전 세계를 공산화하는 데 전력하게 됩니다. 또한 전쟁의 혼란과 고통 속에 놓인 민중들은 새로운 세상을 꿈꾸었기에 세계 곳곳에서 공산주의 열풍이 계속되었지요.

　이런 가운데 미국을 비롯한 자유 진영은 공산주의의 확대를 저지하면서 대립하게 됩니다. 특히 독일과 독일의 수도 베를린은 당시 공산 진영과 자유 진영의 대립을 극명히 보여주는 곳이었지요. 독일은 나라 전체가 공산 진영과 자유 진영으로 나누어졌을 뿐 아니라, 동쪽에 있던 수도 베를린까지 그 안에서 동서로 갈라지는 우스꽝스러운 모양이 되어버렸습니다.

　이렇게 소련을 중심으로 공산 진영의 팽창이 계속되자, 미국은 이를 거부하는 정부에는 정치적·군사적 원조를 제공해주겠다는 '트루먼독트린 Truman Doctrine'을 선언했으며, 공산주의 확장의 주 대상이었던 빈곤한 국가에 경제적 지원을 해주는 '마셜플랜 Marshall Plan'도 발표했습니다. 이에 소련은 공산당들 간의 정보 교환을 강화하기 위한 공산당 정보국인 코민포름 Cominform 을 조직했고, '코메콘 COMECON, The Council for Mutual Economic Assistance'이라는 동유럽 경제 상호 원조 회의를 만들어 맞섰습니다. 군사적으로는 자유 진영이 '북대서양조약기구 North Atlantic

Treaty Organization'를 만들고, 공산 진영은 '바르샤바조약기구Warsaw Treaty Organization'를 만들어 맞섰지요. 이 둘 사이에 포탄이 오가는 실제 전쟁은 드물었지만, 침묵 속에서 사상적으로나 체제적으로 끊임없이 반목하는 냉전은 계속되었지요.

그렇다고 전후 세계가 반목과 대립에만 모든 에너지를 쏟은 것은 아닙니다. 전후 세계의 주 관심사 중 하나는 전쟁 방지와 평화 유지였습니다. 이에 유명무실했던 국제연맹의 실패를 거울 삼아 '국제연합United Nations'이 만들어졌습니다. 51개국이 가입한 국제연합은 국제 평화와 안전 유지에 대한 제1차적 책임을 지는 안전보장이사회Security Council를 만들고, 미국·영국·소련·프랑스·중국 등 5대 강국을 상임이사국으로 두어, 침략 행위에 대해 실제로 무력 제재가 가능하도록 했습니다. 물론 이들 강국에 거부권을 주어 자신들과 관계된 분쟁에는 무력하다는 단점이 있지만, 실력 행사가 가능하다는 점에서 실제적인 평화 유지 기능을 발휘하고 있다고 할 수 있지요. 또한 국제연합은 인권의 옹호와 각국의 사회·경제 발전에 대한 포괄적인 협력 기구들을 두어, 현대사회에서 다양한 역할을 하고 있답니다.

그렇다면 아시아를 비롯한 전후의 다른 지역은 어떻게 변모되었을까요?

전후 식민지였던 많은 나라들이 연합국에 의해 독립이 승인되거나, 독립운동을 통해 독립을 획득했습니다. 하지만 제국주의 국가들에 의해 무작위로 국경이 분할되어야 했던 아프리카는 내란과 부족 간의 대립이 계속 남아 있으며, 교육의 혜택조차 받지 못한 것은 물론 풍부한 자원에 눈독 들인 강대국들의 계속되는 개입으로 경제적 부흥과 건전한 독립국가 건설에 어려움을 겪고 있습니다.

제1회 아시아-아프리카 회의(Afro-Asian Conferences) 1955년 인도네시아에서 29개국이 모여 독립과 평화, 중립의 의지를 다짐했다.

라틴아메리카 또한 독립을 쟁취했어도 미국의 개입에서 자유롭지 못했는데요, 1959년 쿠바에서 일어난 카스트로 Fidel Castro*의 사회주의혁명이 미국의 지배로부터 벗어나려 한 좋은 예라 할 수 있습니다.

한편 한국전쟁을 전후로 소련과 미국의 양 진영으로부터 자유롭고자 하는 세력들이 단결하였는데요, 이를 '제3세력 The Third Force'이라고 합니다. 미국과 소련이라는 체제가 맞부딪힌 한국전쟁을 지켜봤던 아시아 및 아프리카의 많은 나라들은 자국의 운명이 두 강대국의 손에 좌우되지 않게 하기 위해 '평화 10원칙 Ten Principles of Peace'을 채택하고 비동맹국 간의 결속을 다짐하는 등 다양한 노력을 전개했지요. 특히 국제 분쟁의 평화적 해결, 지역 간의 경제적인 협력, 영토와 주권의 상호 존중 등을 내세운 평화 10원칙은, 미국과 소련 어느 진영에도 존속되지 않는 주체성을 확인한 최초의 선언으로 의의가 있습니다.

 카스트로 쿠바의 정치혁명가. 혁명 운동 조직을 만들어 바티스타 정권을 뒤엎고 공산 독재 정권을 세워 수상이 되었다.

유럽의 각 시대 역사, 연표로 살펴보기

그리스로부터 본격화되는 유럽의 역사는 각 시대마다 중요한 특성을 지니며, 변화를 거듭해왔지요. 유독 여러 시대와 여러 나라가 얽히고설킨 유럽사와 그 사건들은 말로만 설명하기에는 부족함이 따르기에, 각 시대를 연표로 간략히 정리해보았습니다.

▶ 그리스 연표(기원전)

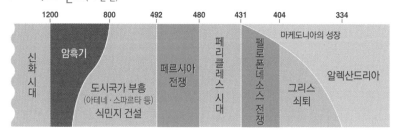

| 1200 | 800 | 492 | 480 | 431 | 404 | 334 |

신화 시대 / 암흑기 / 도시국가 부흥 (아테네·스파르타 등) 식민지 건설 / 페르시아 전쟁 / 페리클레스 시대 / 펠로폰네소스 전쟁 / 마케도니아의 성장 / 그리스 쇠퇴 / 알렉산드리아

▶ 로마 연표

기원전 | 기원후

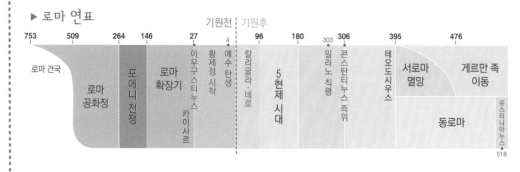

| 753 | 509 | 264 | 146 | 27 | 4 | 96 | 180 | 303 | 306 | 395 | 476 |

로마 건국 / 로마 공화정 / 포에니 전쟁 / 로마 확장기 / 아우구스티누스 / 카이사르 / 황제정 시작 / 예수 탄생 / 칼리굴라·네로 / 5현제 시대 / 밀라노 칙령 / 콘스탄티누스 즉위 / 테오도시우스 / 서로마 멸망 / 게르만 족 이동 / 동로마 / 유스티니아누스

486 800 962 1077 1096 1215 1291 1301 1309 1321 1337 1450 1453

| 게르만 족 이동 | 프랑크 왕국 건설 | 카롤루스 대제 대관식 | 루이 1세 | 동프랑크 / 중프랑크 / 서프랑크 | 독일 신성로마 제국 (962~1806) / 프랑스 카페 왕조 (987~1328) | 카노사의 굴욕 / 노르만 족 대이동 / 영국 노르만 왕조 러시아 키예프 왕국 | 대헌장 / 십자군 철수 / 십자군 전쟁 시대 | 프랑스 삼부회 | 아비뇽 유수 | 단테 「신곡」 | 활자 인쇄술 발명 구텐베르크 |

유스티니아누스 법전 **987** 동로마 멸망

529 1453

▶ 근대 유럽 연표

1488 1492 1517 1536 1571 1588 1609 1642 1648 1666 1688 1733 1776 1789 1799 1814 1830 1848

포르투갈 희망봉 발견 · 콜럼버스 신대륙 발견 · 루터의 종교개혁 · 칼뱅의 종교개혁 · 레판토 해전 · 영국 무적함대 격파 · 갈릴레이 망원경 발명 · 청교도 혁명 · 베스트팔렌 조약 · 종교전쟁의 시대 · 뉴턴 만유인력 발표 · 명예혁명 · 나는 북 특허 · 미국 독립선언 · 프랑스혁명 · 나폴레옹 집권 · 빈 체제 · 프랑스 7월 혁명 · 프랑스 2월 혁명 · 독일 3월 혁명 「공산당 선언」

▶ 제1·2차 세계대전 연표

1871 1882 1914 1917 1918 1919 1922 1929 1933 1939 1941 1944 1945 1962 1965 1973

독일 제국 성립 · 삼국동맹 · 사라예보 사건 · 러시아 11월 혁명 · 제1차 세계대전 · 독일 바이마르 공화국 · 소련 수립 · 대공황 · 나치 정권 · 태평양 전쟁 · 노르망디 상륙작전 · 국제연합 설립 · 제2차 세계대전 · 쿠바 위기 · 베트남 전쟁

제4장

정확한
지식을 향한 모험,
철학과 과학

철학과 **과학**이라는 지적 모험을 떠나기 전에

오늘날 천동설을 믿는 사람은 거의 없을 것입니다. 하지만 우리가 눈으로 확인하는 태양은 여전히 지구를 돌고 있지요. 만약 여러분이 과학을 배우기 이전에 누군가 '지구가 태양 주위를 돈다'고 말했다면 쉽게 수긍할 수 있었을까요? 또한 여러분이 옛날에 태어났다면, 과연 만유인력이 주장하는 것처럼 '사과도 지구를 잡아당기고 있다'는 말을 믿을 수 있었을까요? 오히려 '사과가 무거워서 떨어졌다'고 생각하지 않았을까요? 뒤의 설명이 바로 아리스토텔레스의 설명입니다. 하지만 그의 과학은 오늘날 철저히 부정되었지요.

지금 여러분이 과학적 진리로 철저히 믿고 있는 생각 중에는 과거에 정말 말이 안 된다고 비난받았던 것들이 많답니다. 이렇게 볼 때 과학이란 저절로 얻어진 사고방식이 아니라, 숱한 논쟁과 현실적 반박들을 통해 만들어진 인간정신의 산물입니다. 과학뿐 아니라, 오늘날 여러분이 믿고 있는 아주 상식적인 생각들 또한 오랜 경험과 철학적 논쟁을 통해 획득된 것이랍니다.

이것이 우리가 철학에 관심을 갖고 배워야 하는 중요한 이유 중 하나입니다. 과거에 당연해 보였던 것이 현재는 우스워져버리고, 현재의 당연해 보이는 것이 언젠간 우스워져버릴 수도 있으니까요. 이렇게 우리가 보지 못했던 진실과 놓치고 있는 가능성, 그것을 보게 하는 것이 바로 철학의 힘이랍니다. 그리고 이런 면들을 가장 쉽게 드러내는 것이 아마도 근대까지 이어져 내려오는 철학과 과학의 역사일 것입니다.

소피스트와
소크라테스

세상은 어떻게 이루어졌으며, 어떻게 움직이는 걸까요? 인류는 이 질문에 답하기 위해 맨 처음 신화를 이용했습니다. 그들은 세상은 신으로 이루어졌고, 신이 인간을 만들어 그들의 의도대로 움직이는 것이라고 생각했지요.

하지만 탈레스Thales는 신의 이름을 빌리지 않고 세상을 설명하고 싶었습니다. 좀 더 현실적인 대답을 내놓고 싶었던 것이죠. 그래서 그는 "세상은 무엇으로 이루어졌는가?"를 물었습니다. 그리고 "물"이라고 대답합니다.

탈레스가 이렇게 직접적으로 세상을 이루는 요소에 대해 생각하면서 철학은 시작되었답니다. 신에 대한 비유가 아닌 이성과 논리를 통해 세상을 해석하려는 욕심, 바로 거기서 철학이 시작되었지요.

인간에 대해 묻는 소피스트들

아테네는 거대 제국 페르시아의 세 차례나 되는 도전을 모두 막아내며 최고의 전성기를 누리게 됩니다. 그들의 풍요는 문화와 정치에 관심을 쏟을 만한 여력을 만들어주었고, 발달한 직접민주주의는 많은 사람들이 적극적으로 정치에 참여할 수 있는 기회를 제공해주었지요. 그런데 이 민주적인 방식은 더 많은 지지자를 이끌어내야 하는 것이었기에, 정치를 꿈꾸는 많은 젊은이들은 상대를 제압할 만한 멋진 언변이 필요했습니다. 이에 풍부한 경험과 식견을 가진 지식인들이 나타나 젊은이들을 가르치며 그 대가로 돈을 받았는데요, 이 지식인들을 '소피스트Sophist'라고 불렀습니다. 이들은 정치와 인간에 대해 말하면서, 인간이 세상을 어떻게 인식하는지에 관심을 기울이게 했답니다.

소피스트 중 가장 유명한 사람은 프로타고라스Protagoras 입니다. 그는 모든 지식은 인간의 감각을 거치지 않고는 불가능하다고 생각했습니다. 생각해보세요. 우리가 사물을 인식할 때 어떻게 하나요? 적어도 눈으로 보거나 만지거나 하는 식으로 우리의 감각기관을 거치지 않나요? 이런 감각기관을 거치지 않고 과연 우리가 사물을 인식할 수 있을까요? 그것은 아마도 불가능할 것입니다. 우리가 무엇인가를 인식해

아고라 광장 민회(民會)나 재판, 상업, 사교 등의 다양한 활동이 이루어진 곳이다. 특히 직접민주주의가 행해진 곳으로, 정치가들의 언변이 영향력을 발휘했을 것이다.

야 지식을 쌓을 수 있기 때문에 '모든 지식은 인간의 감각을 거치지 않고는 불가능하다'는 말은 틀리지 않아 보입니다.

그런데 문제는 그 감각이란 것이 모두에게 완전히 똑같이 느껴지지 않는다는 점입니다. 어떤 사람에게는 커 보이는 것이 어떤 사람에게는 그리 커 보이지 않을 수도 있지요? 또 어떤 사람에게는 뜨거운 것이 어떤 사람에게는 미지근하게 느껴질 수 있다는 얘기입니다. 심지어 똑같은 사람일지라도 때에 따라 다르게 느껴지기도 하지요. 밤에는 흐릿해 보이던 것이 낮에는 환하게 보이듯이 말입니다. 프로타고라스는 이렇게 감각 자체가 서로 똑같지 않기 때문에, 사물을 인식하고 받아들이는 것도 다르다고 주장합니다. 그래서 인간은 각자가 세상을 서로 다르게 파악하게 된다는 것이지요. 그러므로 세상은 분명 이런 것이다

하고 모두가 똑같이 말할 수 있는 '보편적인 진리'란 있을 수 없다고 말합니다. 이렇게 각자 다른 진리를 가질 수밖에 없다는 생각을 우리는 '상대주의 Relativism'라고 하지요.

고르기아스 Gorgias는 여기서 한 발 더 나아갑니다. 그는 우리가 무엇을 안다고 해도 그것을 상대방에게 그대로 전달할 수 없다고 주장합니다. 물론 우리가 하는 말은 전달되겠지만, 그 말들이 의미하는 것은 사람마다 정확히 일치할 수 없다는 것이지요.

영희는 집에서 애지중지 기르던 강아지를 생각하며 개를 말했는데, 철수는 옛날에 자신을 물었던 무서운 개를 떠올리며 이야기할 수도 있겠지요? 사실 우리 생활에서 이런 일은 비일비재합니다. 그래서 고르기아스는 모두가 세상에 대해 똑같이 인식하지도, 정확히 의사소통할 수도 없다고 생각한 것입니다. 이 때문에 그는 보편적인 진리가 있다고도 말할 수 없고, 행여 있다고 해도 그것을 정확히 알릴 수 없다고 말합니다. 이렇게 '정확히 보편적인 진리를 파악할 수 없다'는 생각을 우리는 '회의주의 Skepticism'라고 하지요.

보편적 진리를 확신한 소크라테스

우리가 가장 많이 들어본 철학자의 대명사, 소크라테스도 소피스트들이 활동하던 시대에 등장합니다. 그는 돈을 받지는 않았지만, 지식을 가르치고 다녔다는 점에서 역시 소피스트라고도 할 수 있습니다.

그런데 어느 날 그의 친구 카이레폰 Chaerephon 이 델포이 신에게서 다음과 같은 신탁을 받게 됩니다.

"아테네에서 제일 현명한 사람은 소크라테스이다."

이 말을 전해 들은 소크라테스는 왜 자신이 현명한 사람인지 이유를 알고 싶었습니다. 그래서 수많은 철학자와 현인들을 만나서 이야기를 나누게 되지요. 하지만 그가 찾아낸

독배를 마시려 하는 소크라테스 소크라테스는 살아생전 산 파술을 통해 어떻게 진리에 도달할지를 보여주었으며, "악 법도 법이다"라고 하며 당당히 독배를 받아들임으로써 죽 음의 순간까지도 철학자의 모범이 되었다.

결론은 의외의 것이었습니다. 그가 알아낸 것은 다른 이들은 모두 스스로가 잘 안다고 믿고 있었다는 점이고, 자신은 아는 것이 없다는 것뿐이었습니다. 결국 그는 '자신이 모른다는 것을 안 것'이지요.

"너 자신을 알라."

이제 소크라테스는 이렇게 말하고 다닙니다. 이는 자신의 무지無知를 알라는 말로 '네가 정녕 알고 있는 것이 무엇이냐?' '도대체 네가 정확히 알고 있는 게 무엇이냐?'라고 자신이나 상대에게 묻는 것과 같습니다. 이에 소크라테스는 스스로가 무지하다고 생각하고, 끊임없이 대화를 주고받음으로써 정확한 지식에 도달하고자 합니다. 그는 상대방에게 끊임없이 질문하고 그 대답을 받아 다시 질문하는 방법을 되풀이하면서, 막연하게 알고 있다고 믿고 있던 상대방이 자신이 확실히 알고 있지 못하다는 무지를 깨닫게 했습니다. 예를 하나 들어보지요.

소크라테스 "신은 올바른가요?"

상대방 "당연히 그렇소."

소크라테스 "신들이 서로 다툴 수도 있지요?"

상대방 "그렇소."

소크라테스 "신들이 다툰다는 것은 서로 의견이 다르다는 것
이지요?"

상대방 "그렇소."

소크라테스 "의견이 다르다면, 어떤 한쪽 신이 옳다면 다른 신
은 그른 것이 아닌가요?"

상대방 "……."

소크라테스는 이렇게 상대방이 더 이상 문제를 해결할 수 없는 상황
까지 내몰았습니다. 상대방은 자신이 정확히 알지 못했다는 사실에 당
황했겠지요. 그렇다면 왜 소크라테스는 상대방의 생각을 물고 늘어져
혼란에 빠뜨리려 했을까요? 심지어 그는 자신을 '그리스의 등에(동물
등에 달라붙어 피를 빨아먹고 괴롭히는 벌레)'라고 표현하면서까지 말이죠. 단
지 상대방을 무지한 자로 만들어 무릎 꿇게 하고 싶어서였을까요?

아닙니다. 소크라테스는 오히려 상대방이 스스로 계속해서 다시 생
각해보게 함으로써, 자신이 막연하게 믿고 있던 것들이 얼마나 근거
없는 믿음에 불과했는지를 직접 느끼게 한 것입니다. 더 나아가 상대
방이 막연한 믿음을 깨부수고 정확한 지식을 찾아 나서기를 바랐던 것
이지요. 그래서 소크라테스는 자신의 방법을 '산파술^{産婆術}'이라 불렀

습니다. 아이를 낳을 때 산모를 돕는 사람을 산파라 하지요. 마치 그처럼 자신이 상대를 가르치는 것이 아니라, 상대방 스스로가 진리를 찾아 나서도록 돕는다는 의미이지요.

소크라테스의 이런 대화법은 상대방을 무지의 상태로 빠뜨렸기 때문에, 자칫하면 그가 인간은 아무것도 알 수 없다고 말하고 있는 회의주의자처럼 보일 수도 있습니다. 하지만 소크라테스는 전혀 반대의 신념을 가지고 있었지요. 그가 등에처럼 상대방을 괴롭혔던 진정한 이유는, 그런 치열한 사고의 과정을 거친다면 '진정한 지식에 도달할 수 있다'고 믿었기 때문입니다. 누구나 인정하고 공유할 수 있는 보편적인 진리 말이지요.

그리고 바로 이 점이 소크라테스가 오늘날 철학의 상징으로 여겨지는 가장 큰 이유입니다. 앞에서도 말했듯이 당시 소피스트들은 정확한 지식 또는 보편적 진리에 대해 상대주의와 회의주의적인 주장을 해왔지요. 하지만 소크라테스는 '보편적 진리가 존재한다'고 믿었습니다. 또한 그가 산파술을 통해 그 진리를 자각하게 하려 했듯이, '인간 이성이 보편적 진리를 파악할 수 있다'고 믿었던 것이지요. 바로 이런 믿음이 플라톤Plato과 그 이후의 철학자들에게 이어지면서, 이성을 통해 보편적 진리를 찾으려는 치열한 노력이 계속되었답니다. 또한 그는 '인간이 나쁜 짓을 하는 것은 무지하기 때문'이라고 생각했는데요, 그 결과 덕德과 선善은 지知(아는 것)와 같은 것이라는 등식이 성립하게 되었습니다. 이후 이 등식은 아주 오랫동안 철학의 기본 전제처럼 여겨지며, 서양 윤리학의 기본을 이루게 된답니다.

소크라테스 이전의 철학과 과학

철학의 대명사가 되어버린 소크라테스와 그의 제자인 플라톤과 아리스토텔레스Aristoteles야말로 서양 철학사에서 없어서는 안 될 거장들이지만, 사실 그들 이전에도 많은 철학적 논의가 있었습니다.

위에서 언급한 탈레스와 그의 제자들뿐 아니라, 그리스 여러 도시에서도 다양한 철학자와 학파들이 등장해 활동하고 있었지요. 그중에는 '피타고라스의 정리'로 유명한 피타고라스Pythagoras도 있으며, 오늘날

원자론과 비슷한 원자론을 미리 내놓은 데 모크리토스Democritus도 있답니다. 피타고라스는 세상을 수로 파악함으로써 철학과 과학에서 수의 중요성을 부각시켰으며, 이후 플라톤과 근대 과학의 성립에 큰 영향을 미쳤지요. 데모크리토스 또한 물질을 중요시하는 사상을 만들어 과학뿐만 아니라 유물론Materialism 사상에도 영향을 주었습니다.

여러 가지 음계를 실험하는 피타고라스 피타고라스는 망치의 무게가 음계와 비례한다는 사실을 알아냈다. 그는 이렇듯 망치의 무게나 현의 길이가 음계와 연결되듯이 수가 세상과 연결되어 있다고 믿었다.

그런데 놀랍지 않나요? 아주 오래전 소크라테스조차 나오기 이전에 오늘날과 비슷한 원자론이 나왔다니 말이죠. 더 놀라운 점은 소크라테스 이전에 이미 과학에서는 많은 진전이 있었다는 점입니다.

최초의 문명을 만든 메소포타미아 지역에는 곱셈표와 원주율을 사용한 흔적이 있었으며, 이미 1년을 12개월 365일로, 1일을 24시간으로, 1시간을 60분으로 나누었답니다. 게다가 윤달과 일식에 대한 지식도 어느 정도 파악했으며, 분수와 제곱근 등도 사용했지요. 또한 이집트의 피라미드에서 알 수 있듯이 기하학과 측량술이 발달했으며, 해부학과 생리학의 발달로 미라를 만들 수도 있었지요.

그리스에서는 철학자 탈레스로부터 과학적 논의가 시작되고 있었습니다. 그가 '세상은 무엇으로 이루어졌는가?'라고 물었던 철학적 물음은 이미 세상이 어떤 물질들로 이루어졌는지에 대한 과학적 물음이기도 했습니다. 이 물음에 대해 아낙시메네스 Anaximenes 는 공기라고 대답했으며, 엠페도클레스 Empedocles 는 흙·물·불·공기라는 4원소로 이루어져 있다고 생각했답니다. 데모크리토스는 바로 이런 대답들을 더욱 발전시켜 더 이상 쪼갤 수 없는 불변의 원자들이 존재한다는 원자론을 주장하게 된 것이지요.

수학을 중시했던 피타고라스의 제자들 또한 과학에서 이미 놀라운 결론들을 끌어내고 있었습니다. 그들은 이미 지구가 둥글다는 사실과 태양이 우주의 중심이며, 지구가 태양의 주위를 돈다는 사실을 알고 있었습니다. 또한 지구의 자전으로 낮과 밤이 생기며, 지구의 기울어진 자전축으로 인해 계절의 변화가 생긴다는 사실도 간파하고 있었다고 합니다.

한편 오늘날 의사들이 의사로서의 의무를 맹세하는 '히포크라테스 선서'로 잘 알려진 히포크라테스 Hippocrates 도 당시 사람인데요, 그는 관찰에 근거한 진단과 처방을 내세워 합리적인 의학의 길을 연 것으로 유명합니다. 히포크라테스는 병에 대한 미신적인 접근을 거부하고, 극단적인 처방보다는 식이요법이나 운동 등을 통한 몸의 자연스러운 회복 능력을 북돋우는 것을 중요하게 여겼습니다. 그는 특히 인체의 건강과 질환을 혈액, 점액, 황담즙, 흑담즙 등 4가지 체액의 조화와 균형으로 설명하였는데요, 이는 이후 중세의 의학에 많은 영향을 미치며 '서양 의학의 아버지'라 불리게 되었답니다.

플라톤과
아리스토텔레스

소크라테스가 보편적 진리를 이야기했고, 많은 젊은이들이 그를 따랐습니다. 하지만 그는 끝내 젊은이들을 현혹시켰다는 명목으로 사형을 선고받고 죽음을 맞이합니다. 이런 그리스의 모습에 제자였던 플라톤은 크게 실망하지요. 이에 플라톤은 지중해 세계와 이집트 등을 여행하고 돌아와 소크라테스의 사상을 새롭게 정립하고, 철학학교 아카데미아 Academia 를 설립해 후학을 양성합니다. 그 제자 중에는 아리스토텔레스가 있었습니다. 아리스토텔레스는 스승의 철학을 현실 속에서 발견하려고 했지요. 이 두 사람은 이후 고대 철학을 대표하며, 서양철학의 가장 큰 뿌리를 제공하게 됩니다.

플라톤의 이데아 사상

소크라테스만이 진정한 철학자라고 믿었던 플라톤은 자신의 저서에서 스승이 누구를 만나 어떤 대화를 했는지, 어떻게 그들을 설득해 나가는지를 생생하게 보여줍니다. 그런데 플라톤의 저서들을 보면 스승은 상대방에게 끊임없이 질문을 던질 뿐, 명확한 결론을 주지 않는 모습으로 그려지는데요, 이는 아마도 그가 '무지를 깨닫고 그 무지 속에 스스로를 맡기는 것'이 철학이라고 믿었던 스승의 철학을 충실히 보여주고 실천하려 한 것으로 보입니다. 또한 플라톤은 스승이 믿었던 보편적인 진리를 찾아 보여주고자 노력했는데, 이러한 노력이 하나로 응축되어 나온 것이 그의 '이데아^{Idea} 사상'이라 할 수 있습니다.

그렇다면 플라톤이 말하는 이데아가 무엇일까요? 먼저 삼각형을 한번 생각해봅시다.

우리는 주변에서 다양한 삼각형을 볼 수 있습니다. 정삼각형, 직삼각형, 이등변삼각형, 비뚤어진 삼각형 등, 그것들은 크기도 다르고 모양도 다 제각각입니다. 하지만 우리는 그것들이 모두 삼각형이라는 것을 알고 있지요. 우리는 그것들이 각각 다름에도 어떻게 모두 삼각형이라고 부를 수 있을까요? 아니 그중 어떤 크기의, 어떤 모양의 것이 진정한 삼각형일까요? 플라톤은 여기서 이데아를 이야기합니다. 우리가 현실에서 보는 제각각의 삼각형을 모두 삼각형이라고 식별할 수 있는 것은 우리 머리에 이미 삼각형이라는 것이 존재하기 때문이라는 것입니다. 그리고 그것이야말로 참으로 존재하는 것이라고 말하며,

그것을 '이데아'라고 칭합니다. 보세요. 우리가 실제로 직각삼각형을 그린다고 합시다. 우리는 아무리 정확히 그려도 완전 직각인 삼각형은 그릴 수 없지요. 0.000000……01mm의 오차라도 생길 수밖에 없는 것이지요. 그러니 현실 속에서의 삼각형이란 완전할 수 없다고 그는 말합니다. 반면 우리의 머릿속에는 정확히 조금도 빗나가지 않는 이론적인 직각의 삼각형이 존재합니다. 그러므로 머릿속의 삼각형은 완전한 것이지요.

플라톤은 이런 논리를 근거로 머릿속에 존재하는 이데아만이 참되고 완벽한 실체이며, 현실에 있는 또는 물질로 존재하는 것들은 불완전한 것에 불과하다고 이야기합니다.

그렇다면 이 이데아는 어디서 나오는 것일까요? 플라톤은 이 이데아를 우리가 태어나기 전부터 원래 알고 있었다고 합니다. 하지만 태

플라톤과 아리스토텔레스의 손 스승 플라톤은 이데아의 세상인 하늘을 가리키고 있고, 제자 아리스토텔레스는 현실의 세계인 땅을 가리키고 있다. 두 사람의 사상적 차이를 가장 잘 보여주는 이 그림은 리파엘로(Sanzio Raffaello)의 〈아테네 학당(School of Athens)〉의 일부분이다.

어나서 잊고 있다가 교육 등을 통해서 다시 기억해낸다고 주장하지요.

이렇게 해서 플라톤은 세계를 감각적이고 경험적인 현실 세계와 징신의 사유를 통해서 알 수 있는 세계로 양분합니다. 그리고 이데아의 세계는 불변하는 근원적인 세계이며, 감각적인 현실의 세계는 이 이데아들을 조금씩 나누어 가진 모방된 가짜 세계에 불과하다고 이야기합니다.

플라톤은 이렇게 해서 불변하는 진리를 보여줍니다. 또한 그것은 이성을 통해 파악할 수 있다는 점에서 스승이 가졌던 인간 이성에 대한 믿음 또한 획득해낸 것이지요. 그리고 그의 스승이 윤리적인 문제를 매우 중요시했듯이, 선善의 이데아를 모든 이데아 중 최고의 이데아로 설정함으로써 윤리적 가치문제까지 포괄하게 되었답니다.

플라톤은 여행을 통해 피타고라스의 영향도 받았습니다. 우리에게 '피타고라스의 정리'로 잘 알려진 피타고라스는 세상은 수로 이루어졌다고 믿는 철학자지요. 플라톤은 삼각형 등 이데아에 대한 기하학적 예시를 들고, 수학을 이데아에 가까운 것으로 설정하는 등 피타고라스의 영향이 많이 나타나곤 합니다. 그는 수학이 이성적으로 파악해 진리를 얻는 대표적인 학문이라는 점에서 수학의 세계를 현실 세계보다 우월한 상위의 세계로 보았습니다. 심지어 그는 "수학을 알지 못하는 자, 참된 지혜를 얻을 수 없다"고까지 말했습니다.

플라톤은 또한 저서 『국가Politeia』에서 철학자가 왕이 되어 지배해야 한다는 철인정치 사상을 내놓습니다. 이 사상은 그가 가진 철학에 대한 자부심이 반영된 것이기도 하지만, 어떤 면에서는 스승을 죽음으로 몰고 간 민주정에 대한 불신이 반영된 것이라고도 볼 수 있지요.

플라톤과 그의 이데아 사상은 이후 관념론Idealism* 철학의 선두에 서서 서양 철학의 가장 큰 물줄기를 형성하게 됩니다. 특히 그의 사상은 신의 권한을 강화해야 했던 중세에 가장 유용한 사상이 되어줍니다.

이데아를 땅으로 끌어내린 아리스토텔레스

플라톤의 가장 뛰어난 수제자였던 아리스토텔레스는 플라톤이 여행에서 함께 데려온 의사 필리스티온Philistion 등 다양한 분야의 스승들에게도 배울 기회를 가졌습니다. 그래서 그는 이데아를 중요시하는 스승의 사상 이외에도 현실이나 논리를 중시하는 다양한 스승들의 의견을 들을 수 있었답니다. 그래서일까요? 아리스토텔레스는 세상에 존재하는 수많은 사물들과 동물들을 관찰하고 분류해내면서 아주 경험적이고 과학적인 접근을 보여주었으며, 논리학을 체계적으로 정립한 최초의 철학자가 되었습니다.

 관념론 물질을 중시하는 유물론과 반대되는 철학으로, 마음·정신·의식을 중요시한다.

정확한 지식을 향한 모험, 철학과 과학 ●

특히 아리스토텔레스의 경험적이고 현실적인 면은 그의 철학에도 그대로 나타나, 전혀 다른 세계에 존재하던 이데아를 현실의 세계로 끌어내립니다. 그는 이를 설명하기 위해 세상에 존재하는 것들이 '형상'과 '질료'로 이루어졌다고 이야기합니다. 여기서 '질료質料'란 재료와 같은 것이며, '형상形象'이란 그 재료들로 만들어진 형태를 말하는 것이지요. 예를 들어 금반지는 금이라는 질료와 손에 끼우기 좋게 동그랗게 가운데가 뚫린 형상을 갖고 있습니다. 그리고 바로 이 형상이 스승의 이데아에 해당하는 부분이랍니다. 그의 스승인 플라톤은 이데아만이 실체이고 현실 세계는 모방이나 허상이라고 거부했지만, 아리스토텔레스는 질료 또한 중요한 실체라고 생각했습니다. 형상도 꼭 필요하지만 질료가 없다면 사물 자체가 존재할 수 없다는 것이지요.

이렇게 질료는 형상과 합해져 현실에 있는 사물로 나타납니다. 형상은 질료와 결합하여 자신의 모습을 드러내는데, 이것은 '형상의 실현'이며 동시에 '변화'라고 할 수 있지요.

만약 씨앗이 있다고 해봅시다. 아리스토텔레스는 씨앗 안에는 원래 나무라는 형상이 있었다고 합니다. 그래서 씨앗은 새싹이 되고, 나중에는 커다란 나무가 될 수 있다는 것이지요. 이는 형상이 실현되는 것이며 변화하는 것이지요.

아리스토텔레스는 더 나아가 한 개체가 아니라 개체와 개체 사이, 또는 형상과 또 다른 형상과의 관계에 대해서도 이야기합니다. 예를 든다면 씨앗은 나무가 되려는 형상을 가지고 있었고, 나무는 연필이 되려는 형상을 품고 있다고 말이지요. 이렇듯 사물은 그 위의 형상을 향해 계속해서 변화해가는 것이라고 합니다. 그렇다면 이렇게 계속 변화해가는 형상의 끝은 무엇일까요?

알렉산더를 가르치고 있는 아리스토텔레스 아리스토텔레스는 알렉산더 대왕의 어릴 적 스승으로도 잘 알려져 있다. 아리스토텔레스에게서 그리스 학문을 배운 알렉산더는 이후 헬레니즘 문화를 주도했다.

아리스토텔레스는 이를 가리켜 '부동의 동자 Unmoved Mover'라고 주장합니다. 부동의 동자는 사물과는 전혀 다른, 질료가 없는 순수한 형상이며, 변화의 영원한 원리요, 목적지가 되는 것입니다. 그는 또한 이 부동의 동자가 운동의 원인이기도 하다고 말합니다. 여기서 운동은 주로 장소를 바꾸는 운동을 말하는데, 이 운동에 최초의 움직임을 제공하는 것 또한 부동의 동자라고 말하는 것이지요.

이 부동의 동자가 '최고의 형상'이며 곧 '신'인 것입니다. 이로써 세계는 신의 형상을 실현하기 위해 각자가 신을 향해 변화하며, 세계의 모든 움직임은 신에 의해 촉발되는 것이라고 설명할 수 있는 것이지요.

아리스토텔레스의 가장 중요한 업적 중의 또 하나는 논리학인데요, 그중 우리가 흔히 알고 있는 '삼단논법 Syllogism'이 가장 대표적인 것이라고 할 수 있습니다. 일단 가장 흔한 예를 들어보지요.

모든 인간은 죽는다. (대전제)
소크라테스는 인간이다. (소전제)
그러므로 소크라테스는 죽는다. (결론)

정확한 지식을 향한 모험, **철학과 과학**

우리는 여기서 대전제와 소전제가 참이라면 결론도 참임을 추론할 수 있습니다. 하지만 이 논법이 성립하기 위해서는 소전제의 '인간'이 대전제의 '모든 인간'에 포함되어야 하지요. 이렇게 이 논법이 참이 되려면 꼭 지켜야 할 형식이 존재합니다. 결국 삼단논법은 논리적 추론에서 형식적 부분에 대한 탐구를 보여주는 것으로, 그는 형식을 중요시하는 형식논리학Formal Logic의 선구적 역할을 하게 됩니다.

마지막으로 아리스토텔레스는 삶의 목적 또한 이데아가 아닌 현실에서 찾았습니다. 그는 사람들의 목적이 '진정한 행복'이라고 생각했으며, 선 또한 '진정한 행복을 추구하는 것'이라고 생각했지요. 특히 그는 시민들이 정치에 더 많이 참여할수록 국가는 인간의 선한 삶을 더 잘 보장할 수 있다고 주장함으로써, 스승과 반대로 민주적이고 진보적인 색채를 보였답니다.

아리스토텔레스와 헬레니즘 과학의 번성

플라톤과 아리스토텔레스의 철학 속에도 '세상은 무엇으로 이루어졌으며, 어떻게 작동하는가?'와 같은 과학적인 문제들이 함께 포함되어 있었습니다.

플라톤은 저서 『티마이오스Timaios』에서 데미우르고스Demiurgos라는 신이 우주를 창조했다고 생각했으며, 엠페도클레스의 4원소에 자신이 중요시하는 수학과 기하학을 적용해 설명했습니다. 즉 다양한 삼각형

들이 모여 사각형 및 다각형의 면체들을 이루
어 흙, 물, 공기, 불이 된다고 생각했지요. 특
히 그는 원이 도형 중에서 시작도 끝도 없는 완
벽한 도형이라고 생각하고, 우주가 전체로 볼
때 구형이며 우주와 별들이 원운동을 하고 있
다고 주장했습니다.

아리스토텔레스도 천상의 세계를 설명하는
데 있어서만큼은 거의 스승의 견해를 답습했
지요. 그는 이 세상을 달 위의 세계와 달 아래
의 세계로 나누고, 달 위의 세계가 제5원소인
'에테르 Ether'로 이루어졌으며, 끝도 시작도 없
이 영원하고 완전한 운동인 원운동을 하고 있
다고 생각했습니다.

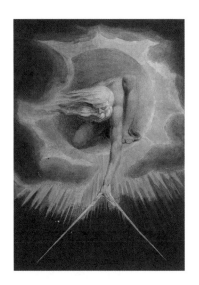

옛적부터 항상 계신 이(Ancient of Days) 윌리
엄 블레이크(William Blake)의 이 작품은 플라
톤의 데미우르고스처럼 우주의 창조자로 불
렸던 존재를 형상화하고 있다고 볼 수 있다.

반면 아리스토텔레스는 우리가 살고 생활하는 현실 세계는 달 아래
의 세계라 부르며, 아주 구체적인 운동 원리들을 고안해 설명했습니
다. 그는 먼저 4원소를 삼각형과 같은 기하학적인 설명 대신 4개의 성
질을 바꾸어 제안했습니다. 그는 뜨거움과 차가움을 '적극적인 성질'
로, 마름과 축축함을 '소극적인 성질'로 규정하고, 4원소들이 적극적
인 성질과 소극적인 성질에서 각각 하나씩의 우세한 성질을 가지고 있
다고 생각했습니다. 예를 들면 불은 뜨거움과 마름의 성질이 우세하
고, 흙은 차가움과 마름의 성질이 우세하다는 것이지요.

그리고 아리스토텔레스는 흙, 물, 공기, 불 순으로 무거움을 지니고

있다고 주장했습니다. 그래서 흙, 물과 같이 무거운 것들은 스스로 지상을 향해 낙하하려 하고, 공기나 불같이 가벼운 것들은 스스로 지상으로부터 멀어져 상승하려 한다고 생각했지요. 이것을 그는 '자연스러운 운동'이라고 불렀으며, 흙을 가장 비천한 것으로, 불을 천상계와 가까운 고상한 것으로 여겼답니다.

그는 또한 '강제운동'이라는 개념도 만들어냈는데요, 그것은 '자연스러운 운동'처럼 물질 스스로의 성질에 의한 것이 아니라, 힘이 가해짐으로써 사물이 제자리를 이탈해 운동하는 것을 말합니다. 이 강제운동에서 가장 중요한 점은 힘이 가해져야 한다는 것으로, 이 힘은 접촉에 의해서만 전달된다고 생각했습니다.

우리는 현실에서 불이 연소하면 연기가 하늘로 올라가고 물은 떨어지는 것을 쉽게 볼 수 있으며, 힘을 가해야만 물체가 움직이는 것을 잘 알고 있습니다. 그런 만큼 아리스토텔레스의 이러한 구체적인 설명들은 눈으로 보이는 현실의 세계를 매우 잘 설명해주고 있는 듯했지요. 그래서일까요? 아리스토텔레스의 운동에 대한 견해들은 중세를 대표하는 과학으로 자리 잡게 됩니다.

하지만 오늘날의 관점에서 보았을 때, 아리스토텔레스의 과학적인 면모는 전혀 다른 데 있다고 할 수 있습니다. 그는 자신이 관찰할 수 있는 주변의 모든 생물들을 주의 깊게 탐구하고 분류했으며, 540여 종에 이르는 동물을 관찰·연구하고, 동물의 내부 구조를 알아내기 위해 50여 종의 동물을 해부했지요. 그는 관찰 결과를 토대로 먼저 붉은 피를 가진 유혈동물과 그렇지 않은 무혈동물로 나누었는데, 이는 오늘날의 척추동물과 무척추동물의 분류와 거의 맞아떨어지는 것입니다. 또한 양성생식과 무성생식을 구별했으며, 고래가 육상동물에 가깝다는 것을 알아냈고, 병아리 배아의 발육 과정을 밝히기도 했답니다.

놀랍게도 그의 이런 경험적인 입장은 연역적 논리의 대명사인 그의 삼단논법에서조차 분명하게 나타납니다. 그는 논법의 시작인 '모든 인간은 죽는다'나 '소크라테스는 인간이다'와 같은 기본 전제들은 연역적으로는 알 수 없다고 단언합니다. 오히려 그것은 논리가 아니라 무수히 많은 자연과 사물을 직접 관찰하고 경험했을 때만 알 수 있는 것이라고 단정합니다.

사실 플라톤과 아리스토텔레스의 철학적 전제들이 당시 또는 그 후배 세대에서 대단한 관심을 모은 것은 아니랍니다. 하지만 그들이 만든 '아카데미아'와 '리케이온 Lykeion' 등의 교육기관에서 무수히 많은 인재들이 새로운 생각들을 개척해내며, 헬레니즘 시대의 과학을 번성시켰다고 할 수 있습니다.

플라톤의 '아카데미아'에서는 오늘날 수학과 기하학의 대명사인 유클리드 Euclid가 배출되어, 오늘날까지도 지대한 영향을 미치고 있지요. 그리고 무엇보다 다양한 경험적인 시도들을 보여준 아리스토텔레스의 '리케이온'과, 리케이온을 모방해서 세운 헬레니즘 시대의 '무제이온 Mouseion'에서는 당대의 과학을 높은 차원까지 끌어올려 놓은 인물들이 많이 등장했습니다.

먼저 식물학에 심취한 테오프라스토스 Theophrastos는 현대 생물학에 쓰이는 많은 용어들을 만들어냈으며, 무제이온의 소장이었던 에라토스테네스Eratosthenes는 최초로 지구의 둘레를 측정하기도 했습니다. 이미 지동설을 확신하고 있던 아리스타르코스Aristarchos는 지구에서 태양과 달까지의 거리를 측정하려 했으며, 지구가 자신의 축을 중심으로 24시간을 주기로 자전한다는 사실뿐 아니라 행성들의 올바른 배열까지 알고 있었지요. 심지어 지구에서 달까지의 거리를 약 1퍼센트 정도의 오차로 정확히 측정해낸 학자도 있었는데요, 별의 운행표를 만들어 1,080개의 별의 위치와 밝기를 표현해낸 히파르코스Hipparchos가 바로 그 주인공입니다. 그는 천체 공간의 일정한 거리를 기하학적 원리를 이용해 정확히 측정함으로써, 천체의 조직적 관측에서도, 천제에 대한 수학적 적용에서도 놀라운 진전을 보여준 학자랍니다.

하지만 히파르코스는 자신의 관측 결과와 수학적 적용들에 몇몇 행성들의 독자적인 궤도를 설정함으로써, 지동설이 아닌 태양이 지구의 주위를 돈다는 천동설을 주장하게 됩니다. 결국 눈으로만 보았을 때는 더욱 설득력 있어 보이는 그의 천동설은 로마 시대 최고의 학자 프톨레마이오스Claudios Ptolemaios에게 이어지며 중세를 지배하는 이론이 되어버렸고, 지동설이 자취를 감추어버리는 역할을 하게 됩니다.

헬레니즘 시기에 우리에게 잘 알려진 사람은 목욕하다 말고 벗은 몸으로 뛰쳐나온 아르키메데스Archimedes를 들 수 있습니다. 그는 금과 은이 같은 무게일 때 부피가 다르다는 점에 착안해, 왕관의 순금 여부를 알아냈지요. 즉 같은 무게의 순금과 왕관을 각각 물속에 넣으면 그 부피만큼 밖으로 밀려나는 물의 차이가 날 것이라는 생각이 들자, "유레카, 유레카" 하며 목욕탕에서 뛰쳐나왔던 것이지요. 그가 이렇게 알아낸 '부력의 원리'는 연역적 논리로 시작해 현실 속에서 검증하는 것으로써, 오늘날 과학과 크게 다르지 않은 것이었답니다.

또한 아르키메데스는 '지렛대 끝에 작용하는 힘은 받침까지의 거리에 반비례한다'는 '지렛대 원리'를 만들어 이 또한 수학적으로 증명해 보

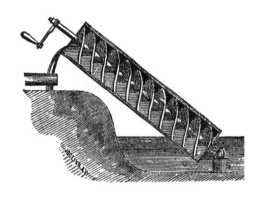

아르키메데스의 양수기 밀대를 돌리면 물이 나선형 밀대를 타고 올라오게 만들었다. 이집트 등지에서는 최근까지도 사용하고 있다. 이렇듯 아르키메데스는 현실 생활에 유용한 것들을 여럿 선보였다.

였으며, 이 원리를 이용해 도르래나 지레식 투석기 등을 만들어 현실에서 사용할 수 있게 한 실용적인 과학자이기도 하답니다.

이처럼 헬레니즘 시대가 보여준 과학의 성과들은 오늘날의 성과와 많이 닮아 있습니다. 하지만 이후 신의 세계를 중시하는 중세가 등장하면서 뛰어났던 과학적인 면모들이 자취를 감추게 되고 말았습니다.

요동치는
중세의 철학과 과학

그리스 문화를 흡수한 로마는 예수의 탄생과 기독교의 승인으로 인해 유일신을 믿는 기독교의 나라가 됩니다. 이후 이민족의 침입이 계속되고 서로마의 경우 이민족이 세운 왕조가 세워지고 또 무너지는 등 혼란이 거듭되고 있었지요. 이렇게 혼란과 불안정한 시기가 계속되자 사람들은 종교에 더욱 의탁하게 되었고, 그만큼 기독교에 대한 믿음도 넓고 견고하게 퍼져 나갔습니다. 결국 새로 세워진 이민족의 서로마 나라들과 동로마 제국 모두 기독교가 가장 중요한 정신적 · 문화적 중심으로 자리 잡게 되었으며, 이에 중세의 유럽은 신을 위한 시대로 접어들게 되었답니다.

중세 전반의 철학과 과학

기독교가 정식으로 승인된 이후 기독교는 로마의 대표적 종교로 자리매김해가고 있었습니다. 하지만 기독교에 대한 생각은 제각기 너무나 달랐지요. '예수는 신인가? 인간인가?'에서부터 '전지전능한 신의 세계 안에 어떻게 악이 존재할 수 있는가?'에 이르는 다양한 논쟁과 해석이 넘쳐났습니다. 특히 다양한 미신적인 요소를 가지고 지상의 물질세계를 악이라고 주장하는 이단 세력은 사람들을 더 큰 혼란으로 몰아넣고 있었습니다.

바로 이때 아우구스티누스Aurelius Augustinus가 나타나 기독교를 이성적으로 이해할 수 있는 체계로 만들어 보여줍니다. 그는 먼저 플로티노스Plotinos의 유출설Emanationism을 빌려와 기독교에 적용했습니다.

플로티노스는 예수가 태어나기 이전의 철학자로서 플라톤의 이데아 사상을 변형시켜 태양에 비유하였습니다. 그는 태양이 이 세계에 빛을 유출시키듯, 일자一者*라는 유일한 근원이 이 세계의 진리와 선을 유출시킨다고 생각했던 철학자입니다.

아우구스티누스는 이 유출설을 그대로 기독교에 적용해, 신이 이 세상에 선을 유출시키고 있으며, 그 유출이 충분히 도달하지 못한 곳을 악이라고 설명하였지요. 그는 여기에 신이 정한 시기가 도래하면 지상의 나라가 없어지고 신의 나라만 남게 된다는 종말론Eschatology을 더합

 일자 가장 완전하고 근원적인 실재로, 모든 것은 이것에서 비롯되었다고 본다. 플라톤이 말하는 최고의 이데아와도 같은 것이다.

성 아우구스티누스 아우구스티누스는 참회의 자서전인 『고백록(Confessions)』을 써서 사람들에게 영적 감화를 주었으며, 장대한 통찰과 사상을 통해 기독교 신학은 물론 서양 철학사에도 지대한 영향을 끼쳤다.

니다. 아우구스티누스의 이러한 노력들이 기독교를 하나의 체제로 이해할 수 있게 해주었으며, 결국 중세 시대가 신을 중심으로 움직일 수 있는 이론적 근거를 마련해줍니다.

그러나 세계를 오직 신의 섭리로만 이해하게 되자, 세상을 현실적이고 과학적으로 이해하려던 사고방식들은 서서히 자취를 감추어버리고 맙니다. 여기에 실용적이었던 로마인들은 원래부터 원리와 법칙 같은 사고 체제에 매력을 별로 느끼지 못했다는 점과 그리스어를 라틴어로 번역해야 하는 번거로움까지 겹쳐 과학에 대한 관심은 더욱 소원해졌지요. 그나마 로마 초기의 갈레노스Galenos와 프톨레마이오스가 아리스토텔레스의 영향으로 나름대로의 학문 체계를 선보인 것이 전부였답니다. 갈레노스는 히포크라테스의 영향을 받은 4가지 체액설을 내놓아 의학을 선보였고, 프톨레마이오스는 천체를 수학적으로 재현해 설명할 수 있는 천동설을 주장하였지요.

그렇게 그리스 로마의 학문들은 기독교 시대가 도래하고, 529년 유스티니아누스Justinianus 황제가 이교도의 철학을 금지하면서 대부분 자취를 감추게 됩니다. 그나마 그리스어를 같이 병행해 쓰고 있던 동유럽에는 흐릿하게나마 그 흔적들이 보존되었지만, 게르만 족 등 전혀 다른 이민족들이 지배하게 된 서유럽에서는 그 흔적들을 찾아보기 힘들었지요. 갈레노스의 의학은 더 이상 발전하지 못한 채 그대로 쓰였으며, 프톨레마이오스의 천동설은 그 이론을 이해하는 사람들이 나타나기까지 더 오랜 시간을 기다려야 했습니다. 결국 그들에게 과학은 기껏해야 부활절 축제일 날짜를 맞추는 데 필요한 기술 정도였다고 합니다.

토마스 아퀴나스와 십자군 전후의 세계

중세 사람들에게 가장 중요한 문제는 구원받는 일이었고, 그 방법은 모두 성서에 있다고 믿었습니다. 하지만 이슬람 세력이 주위를 에워싸고, 십자군 전쟁이 일어나면서 분위기가 바뀌기 시작했습니다.

이슬람이 지배하던 에스파냐 남부 도시들은 수많은 공중목욕탕이나 완벽한 난방시설까지 갖춘 휘황찬란한 문화 수준을 자랑했고, 의료 수준 또한 진일보한 것이었지요. 이렇게 앞선 이슬람 문명에 경도된 사람들을 더욱 놀라게 한 점은, 이 앞선 이슬람의 지식들이 원래 자신들의 학문이었다는 점이었습니다. 바로 현실 속에서 원리를 찾으려 했던 아리스토텔레스의 학문이었지요. 자신들이 이교도의 학문이라고 배척했던 아리스토텔레스의 철학을 이슬람인들이 적극 수용해 수학 및 천문학 등 각종 학문을 발전시켰던 것입니다.

이제 앞선 문명을 배우고자 하는 젊은이들은 아리스토텔레스의 학문을 적극적으로 배우고 익히기 시작합니다. 아니 그들이 배운 것은 아리스토텔레스의 학문을 이슬람적으로 더욱 발전시킨 학문이었지요. 그런데 문제는 그의 철학이 이 세상이 원래부터 존재했다는 전제에서 시작된다는 점입니다. 현실적인 관찰을 중시했던 아리스토텔레스는 우주는 누군가 창조한 것이 아니라, 아주 오래전부터 존재해 있었다고 생각했던 것이지요. 바로 이 점이 유일신이 세상을 창조했다는 기독교의 창조설과 정확히 배치되는 것이었습니다. 이에 신학을 지키고자 하는 교황과 일부 대학들은 아리스토텔레스의 학문을 막기 위해

토마스 아퀴나스 아퀴나스는 논리적 위기에 빠진 기독교 사상을 다시 일으키며, 스콜라 철학을 완성
시켰다. 중세 최고의 신학자로 불리는 아퀴나스는 사후 1323년 교황 요한 22세에 의해서 가톨릭 교회
성인의 반열에 올랐다.

금지령 등으로 맞서게 됩니다.

바로 이때 아퀴나스Thomas Aquinas가 나타납니다. 그는 아리스토텔레스의 철학과 기존의 기독교를 중재하고 하나로 만들어 보였지요. 그는 먼저 모든 운동하는 근원에는 신이 있다는 등의 논리로, 아리스토텔레스의 철학을 이용하여 신을 증명합니다. 한편 이미 존재하는 세계를 전제로 한 현실적이고 논리적인 아리스토텔레스의 학문 또한 진리일 수 있다고 말합니다. 즉 신의 섭리도 진리이며, 이성으로 파악하는 현실적이고 논리적인 진리도 다 같이 진리가 될 수 있다는 이야기입니다. 아퀴나스는 그 증거로 '보편자普遍者'를 내세웁니다.

여기서 '보편자'란 플라톤의 이데아나 아리스토텔레스의 형상 같은 것으로 이해하면 됩니다. 즉 다양한 삼각형을 삼각형이라 말할 수 있는 보편적인 것, 또는 네모 탁자, 둥근 탁자 모두를 탁자라고 말할 수 있는 보편적인 것을 '보편자'요, '형상'이며, '이데아'라고 하는 것이지요. 그는 이 보편자를 신이 인간의 이성에 심어두었기 때문에, 우리가 이성적이고 논리적으로도 진리를 찾을 수 있다고 주장했습니다.

이로써 토마스 아퀴나스는 세계가 원래 있었다는 아리스토텔레스의 이성적 철학과 신이 세계를 창조했다는 신학과의 모순을 해결하게 되었지요. 교회는 당시 유행하던 철학 논리로 신학을 옹호한 그의 철학에 열광했으며, 서둘러 정통 신학으로 추대했습니다. 그는 중세 신학의 대부요, 스콜라 철학의 왕이라 칭송받았으며, 사후 교회에 의해 성인의 반열에 올려지기도 했답니다.

중세 말의 철학과 과학

신학이나 이성이나 모두 진리가 될 수 있다는 아퀴나스의 주장은 그동안 신학에 종속되어 있던 철학과 이성이 독자적으로 진리가 될 수 있다는 것을 말해주는 것이었습니다. 이에 아리스토텔레스의 철학은 서유럽 전역에 퍼져 나가며 명실공히 최고의 학문이자 진리가 되었지요. 당시 철학자라면 당연히 아리스토텔레스를 주목하게 되었습니다. 또한 현실적이고 논리적인 그의 학문은 현실을 이성적으로 설명하는 과학적인 지식으로서의 역할까지 하게 되었답니다. 많은 학자와 학생들은 아리스토텔레스를 통해 현실의 세상을 이해하고 설명하려 했던 것이지요.

오컴의 윌리엄 종교재판에 의해 이단으로 몰렸던 그는 당시 교황과 다투고 있던 루트비히 4세(Ludwig IV)에게 비호를 받았다. 이후 그는 세속 제후의 대변자이자, 반토마스주의자로 이름을 알렸다.

그런데 그렇게 완벽해 보이는 아리스토텔레스의 사상에도 문제가 있었습니다. 어떤 것은 철학적인 문제였고, 또 어떤 것은 과학적인 문제였습니다.

먼저 철학에서는 보편자 문제가 대두됩니다. 아리스토텔레스는 보편자를 형상으로 보면서 이데아와 같은 진정한 실체라고 이야기했습니다. 그러니 이는 신이 우리에게 심어준 진정한 이성, 바로 그것일 수 있습니다. 그런데 아리스토텔레스는 또 다른 곳에서는 이 보편자가 하나의 개념일 뿐 실체가 아니라고도 이야기했답니다. 즉 그것은 다양한 삼각형들을 모두 삼각형이라 지칭하는 '개념'에 불과하고, 둥근 탁자든 네모 탁자든 그들 모두 탁자라는 '이름'으로 불리는 것에 불과하다는 것이지요.

이 애매모호한 그의 태도 때문에, 아퀴나스 또한 이 보편자를 설명하는 데 아주 긴 변명을 늘어놓아야 했답니다. 아퀴나스에게서 신과 인간의 이성을 연결하기 위해 이 보편자가 꼭 필요했기 때문이지요.

바로 이 문제를 앞에 두고 오컴 William of Ockham 이 나타납니다. 그의 별명은 '면도날'입니다. 그는 진정한 진리는 간단명료하다고 믿었지요. 그러므로 쓸데없는 설명이 줄줄 이어지는 것은 진리와 멀다고 주장했습니다. 그리고 오컴은 아퀴나스의 줄줄이 늘어놓은 설명들을 싹둑 잘

라버립니다. 그리고 딱 한마디로 말합니다.

"보편자는 실제로 존재하는 것이 아니라, 사물의 이름일 뿐이다."

그렇습니다. 오늘날 보면 삼각형이나 탁자라는 개념은 실재한다기보다 한낱 사물의 이름에 불과한 것이지요. 오컴에 이르러서야 그것이 명료해진 것입니다. 이제 오컴으로 인해 신학과 철학을 연결하는 고리가 끊어지고 맙니다. 신학은 신학의 길을, 철학은 철학의 길을 걸어가야 하는 것이지요. 이는 오래전 아우구스티누스가 철학을 통해 신학을 견고히 하기 위해 묶어놓았던 끈이 끊어지는 것과 같은 것이었지요. 이로써 철학은 신학에서 완전히 벗어나 인간을 위한, 인간의 이성에 입각한 철학을 시작하게 됩니다. 바로 근대가 시작되는 것이지요.

한편 몇몇 과학적인 문제들도 애매한 상태로 남아 있었습니다. 먼저 날아가는 물체와 강제운동에 대한 문제가 그러했습니다. 이 강제운동에서 가장 중요한 점은 힘이 가해져야 한다는 것으로, 이 힘은 접촉에 의해서만 전달된다고 생각했습니다. 아리스토텔레스에 따르면 돌멩이를 던져 날아가는 운동은 자연스러운 운동이 아닌 강제운동으로, 계속해서 힘이 가해지지 않는 한 운동이 이루어질 수 없다는 것이지요. 그런데 왜 던져진 돌은 바로 떨어지지 않고 포물선을 그리며 떨어질까요? 여기에 대해 아리스토텔레스와 그의 제자들은 공기가 뒤로 와서 밀어준다거나 보이지 않는 힘이 숨어 있다는 등 다양한 의견을 내놓았지만, 모두 완전한 설득력을 갖지는 못하고 있었습니다.

또한 당시에 이슬람으로부터 재수입되어 하나의 진리처럼 믿고 있

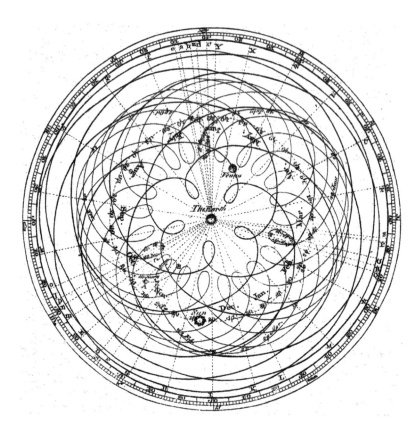

천동설에서의 수성과 금성의 궤도 천동설에 의거해 지구를 중심으로 수성과 금성이 복잡한 궤도를 그리며 움직이고 있음을 볼 수 있다. 이 복잡한 궤도운동을 마치고서야 행성은 자기 자리로 돌아온다.

던 프톨레마이오스의 천동설에 대한 불편함이었습니다. 어떤 면에서 아리스토텔레스의 이론과 별들의 관측 결과 및 수학 이론이 가장 높은 수준으로 결합된 것이 프톨레마이오스의 천동설이었는데요, 문제는 이 체계에는 80여 개에 이르는 너무나 많은 행성들의 예외적 궤도들이 존재해야 했을 뿐 아니라, 이 체계로 만든 달력은 1년의 길이가 일정치 않은 등 여러 불편이 따르고 있었지요. 결국 이 천동설은 왜 태양이 아침에 떠서 저녁에 지는지 등 눈에 보이는 것을 설명하기에 더없이 좋은 것이었지만, 모든 것이 딱딱 들어맞는 것이라고는 할 수 없었습니다.

하지만 오늘날 과학의 측면에서 볼 때 진정한 문제는 다른 데 있었습니다. 먼저 너무나 그럴싸했던 그의 철학은 과학마저도 실험과 관찰 없이 논리적으로만 설명해버리려는 경향으로 흘렀으며, 무엇보다 물질과 정신 또는 물질과 신의 문제를 혼재하여 다루고 있었지요. '바늘 끝에 천사가 몇 명이나 앉을 수 있는가?'와 같은 당시의 논쟁들이 그 좋은 예라 할 수 있습니다.

그런데 이러한 문제들은 전혀 다른 방향에서 풀리기 시작합니다. 갈수록 활기를 띠는 아리스토텔레스 철학은 신학의 지위를 매우 위축시켰는데요, 이에 강경한 신학 지지자들이 들고일어납니다. 그래서 결국 강력한 아리스토텔레스 금지령이 내려지게 되었답니다. 이에 아리스토텔레스를 금기시해야 했던 진보적인 지식인들은, 그의 이론을 포기하고 좀 더 정확한 현실의 지식을 찾아 나섭니다.

그로스테스트 Robert Grosseteste 는 수학적인 것과 경험적인 것을 동시에 강조하며, 수학적으로 전개한 원리가 현실의 경험적 실험을 통과해야 한다고 주장했지요. 또한 머튼 대학에서는 단순히 운동을 추상적으로 생각하기보다, 동일한 시간 간격 동안 동일한 거리를 통과하는 '균일한 운동' 등의 개념으로 정의해내며 이후 측정과 수학적 적용이 용이한 운동 개념을 만들어내기도 했답니다. 바로 이러한 분위기가 이후 코페르니쿠스와 갈릴레이와 같은 근대 과학의 개척자들이 등장하게 되는 여건을 만들어냅니다.

무너져 내리는
아리스토텔레스의 세계

　　아리스토텔레스 과학에 대한 금지와 회의는 플라톤주의에 대한 관심을 불러일으키기도 했습니다. 그 대표적인 사람이 코페르니쿠스와 케플러 Johannes Kepler일 것입니다. 그들은 천동설과 천체의 원운동을 거부하고 새로운 천문학을 제시합니다.

　　한편 망원경을 천체를 관찰하는 데 사용하기 시작한 갈릴레이는 예상치 못했던 천상의 세계를 보여주며 아리스토텔레스의 이론을 뒤흔듭니다. 또한 그는 낙하 실험 등을 내세우며 전혀 새로운 역학의 세계를 보여주기도 했지요. 바로 이들로 하여금 아리스토텔레스의 과학은 설득력을 상실하고 맙니다.

코페르니쿠스와 케플러의 도전

    코페르니쿠스는 우주가 기하학적인 조화로 이루어졌을 것이라고 믿는 플라톤주의자였습니다. 그래서 기하학적으로 우주를 설명한 프톨레마이오스의 천문 체계에 빠져들었지요. 하지만 그는 자신의 관측 결과와 프톨레마이오스의 천문 체계가 잘 맞아떨어지지는 않을뿐더러 매우 복잡하다고 생각했습니다.

    원래 눈에 보이는 대로 지구를 중심으로 태양이 돈다고 가정하면, 행성들이 갑자기 멈추거나 거꾸로 역행하는 현상을 설명할 수 없었지요. 게다가 화성과 목성, 토성은 태양으로부터 어떠한 각도로 떨어져 있어도 관측이 가능하지만, 수성과 금성은 그렇지 않았습니다. 수성은 태양으로부터 29도, 금성은 47도 이상 더 멀어지지 않으며, 심지어 다른 별들과 다르게 아침에도 보였지요. 이 현상을 설명하기 위해 프톨레마이오스 체계에서는 필요에 따라 행성들만의 작은 궤도들을 추가했지요. 그리고 모든 행성들이 각자 원운동을 하며 지구를 중심으로 돌지만, 수성과 금성만큼은 태양과 지구를 잇는 직선상에서 원운동을 하며 돈다고 가정했습니다. 문제는 이렇게 수성과 금성처럼 예외적인 것들을 설명할 때마다 프톨레마이오스는 그에 적합한 행성들의 원리를 계속해서 만들어내야 했다는 것이죠. 급기야 천동설은 80개 이상의 원(궤도)이 필요하게 되었으며, 심지어 원을 추가해 설명을 하고 나면 그전의 원들이 설명되지 않는 경우도 종종 있었답니다. 게다가 앞에서 설명한 것처럼 이를 토대로 만든 달력은 1년의 길이가 일정하지 않아

지동설 신플라톤주의자인 코페르니쿠스는 단순한 것이 아름다운 것이라고 생각했다. 그 결과 단순한 궤도들로 이루어진 지동설을 주장한다. 하지만 그가 주장한 행성의 궤도들도 여전히 30개에 가까운 원(궤도)을 필요로 하고 있었다고 한다.

많은 불편이 따랐지요.

코페르니쿠스는 프톨레마이오스 체계의 허점들을 의심하며, 신이 만든 천체가 이렇게 복잡할 리가 없다고 생각했습니다. 이에 그는 단순하고 명쾌한 우주 체계를 찾아 나섰지요. 그가 태양을 모든 행성의 중심으로 놓자 의외로 수성과 금성의 문제는 쉽게 풀렸습니다. 수성과 금성은 지구보다 더 태양에 가까이 있고, 나머지 행성들은 멀리 있다고 전제하면 해결돼버리는 문제였던 것이지요. 1년의 길이도 일정해졌으며, 복잡했던 별들 간의 거리도 해결되어버렸지요.

케플러 또한 피타고라스주의자요, 플라톤주의자였습니다. 그는 우주는 수학적이고 기하학적인 것이며, 수학을 통해서만 우주를 이해할 수 있다고 생각했지요. 또한 피타고라스처럼 지동설을 믿었습니다. 그는 티코 브라헤 Tycho Brahe 의 제자가 되었는데요, 티코 브라헤는 당시 최고의 시설을 갖춘 천문대에서 최고의 눈과 최고의 관찰 경험으로 방대한 관측 자료를 만들어 보유하고 있는 사람이었습니다. 케플러는 스승이 죽자, 스승이 관찰해놓은 거대한 자료를 비교하기 시작했습니다. 그는 그 과정에서 행성이 태양으로부터 멀어질 때는 공전속도가 느려지고, 태양과 가까울 때는 공전속도가 빨라진다는 사실을 발견하게 됩니다. 이는 행성들이 원운동을 한다면 불가능한 움직임이었지요. 이에 그는 '면적속도 일정의 법칙'을 발견하고, 행성들이 타원운동을 한다는 사실을 밝혀냅니다. 면적속도 일정의 법칙은 '태양과 행성을 연결하는 선은 행성이 궤도를 따라 움직일 때, 같은 시간에 같은 면

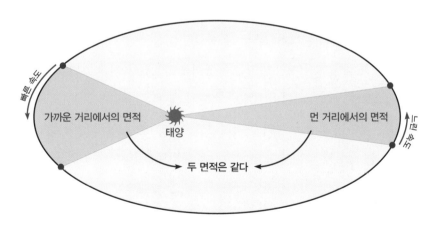

| 케플러 제2법칙 – 면적속도 일정의 법칙 |

정확한 지식을 향한 모험: 철학과 과학

적을 사용한다'는 것으로, 행성이 규칙적인 타원운동을 한다는 것을
보여주는 것입니다.

갈릴레이, 새로운 과학의 문을 두드리다

하지만 누가 뭐래도 아리스토텔레스 과학을 가장 전 방위적으로 공
격한 사람은 갈릴레이일 것입니다.

갈릴레이는 망원경이 만들어졌다는 소식을 듣고, 얼마 후 직접 망
원경을 만들어 천체를 관찰하는 데 사용했습니다. 처음에는 5배의 배
율을, 나중에는 30배가 넘는 배율을 가진 망원경을 만들어 하늘의 달
과 별을 관찰하던 그는 놀라운 사실을 목격하게 됩니다. 당시 아리스
토텔레스가 말하는 달 위의 세상은 완전한 천상계였으며, 달이나 태양
은 매끄럽고 완벽한 구형이었지요. 하지만 망원경으로 본 달은 지구와
마찬가지로 산과 골짜기가 있는 울퉁불퉁한 땅덩이였으며, 가장 완전
하다는 태양은 그 위치가 변하는 움직이는 흑점을 가지고 있었습니다.
아리스토텔레스의 과학이 틀렸던 것이지요.

갈릴레이는 또한 금성이 달처럼 차고 기운다는 사실도 알아냈습니
다. 이는 행성이 빛을 받아 반사하기 때문인데, 태양이 우주의 중심이
라는 코페르니쿠스의 지동설이 옳다는 것을 말해주는 더없이 좋은 증
거였지요. 게다가 그는 이제까지 그 누구도 본 적이 없었던 목성의 4개
위성도 발견했습니다. 목성을 도는 이 위성들은 모든 행성이 지구의

궤도를 따라 도는 것이 아니라는 것을 보여주는 좋은 예가 되었지요. 갈릴레이는 더 나아가 스스로 빛을 내는 항성과 그 빛을 반사해서 빛나는 행성을 구별했으며, 은하가 무수한 별들로 이루어져 있다는 사실도 알아냈습니다.

갈릴레이의 관측 결과는 세상을 놀라게 하기에 충분했지요. 사람들은 망원경이 보여준 천체의 실제 모습으로 인해 아리스토텔레스와 프톨레마이오스의 체계를 의심하기 시작했으며, 망원경은 이제 천문학의 합법적인 도구가 되었지요. 하지만 그는 끝내 두 번의 종교재판에서 '지구가 태양의 주위를 돈다'는 자신이 알아낸 과학적 사실을 부정당해야 했습니다. 갈릴레이는 더 이상 지동설을 주장할 수 없게 되자,

망원경을 손에 넣기 전까지 관심을 쏟고 있던 역학으로 다시 눈을 돌렸습니다.

갈릴레이는 날아가는 물체에 관심을 가졌습니다. 당시 학자들은 왜 던져진 물체가 계속 날아가는지를 두고 논쟁하고 있었지요. 하지만 갈릴레이는 던져진 물체가 왜 포물선 궤도를 그리는지에 의문을 가졌습니다. 여기서 그는 던져진 물체에 수평 방향으로의 등속도운동과 수직 방향으로의 점점 가속되는 자유낙하운동이 동시에 일어나기 때문이라는 결론에 도달하는데요, 이는 한 물체에 두 가지 운동이 동시에 일어날 수 없다는 아리스토텔레스의 이론을 부정하는 것이었습니다.

아리스토텔레스에 대한 그의 도전은 계속되었습니다. 아리스토텔레스는 물과 흙 같은 무거운 물체는 아래로 내려가려 하고, 공기와 불 같은 가벼운 물체는 위로 올라가려 한다고 했습니다. 이를 더욱 확장시켜 '낙하하는 물체의 속력은 물체 자체의 무게에 따라 달라지며, 무거운 물체가 가벼운 물체보다 먼저 떨어진다'고 주장했지요. 이에 대해 갈릴레이는 이론적으로만 생각하는 사고실험으로 도전장을 내밀었습니다. 그는 먼저 무거운 물체와 가벼운 물체를 실로 연결한다고 가정해보라고 했지요. 그리고 이 두 물체를 동시에 떨어뜨려 보라고 말합니다. 아리스토텔레스의 주장대로라면 무거운 물체가 먼저 떨어지는데, 이때 가벼운 물체가 함께 묶여 있는 무거운 물체의 떨어지는 속도를 어느 정도 저지함으로써 이 물체들은 떨어지는 속도가 느려지게 된다는 것이지요. 그런데 그는 다르게 생각해보면, 이 두 물체는 서로 연결되어 있으므로 사실은 더 무거운 물체라고 말합니다. 그렇다면 이 물

청소년을 위한 지금 시작하는 인문학 •

체 덩어리는 더 빨리 떨어져야 하겠지요. 결국 아리스토텔레스의 주장은 실험을 하기 전부터 이미 성립이 불가능해지는 것입니다.

이를 근거로 갈릴레이는 아리스토텔레스가 주장했던 무겁거나 가벼운 물체의 절대적 성질을 부정하며, '낙하 속도는 물체의 무게와 저항하는 매질의 차이가 아니라, 물체의 밀도와 저항하는 매체의 밀도의 차이에 비례한다'고 주장합니다. 그는 여기서 저항하는 매체를 밀도가 0인 상태까지 몰고 가 '진공을 전제로 할 경우, 모든 물체는 낙하 속도가 같다'는 결론에까지 도달하게 됩니다. 저항이 없다면 물체의 무게나 밀도도 아무 상관이 없

피사의 사탑 갈릴레이가 낙하실험을 한 곳으로 유명하다. 하지만 실제로 무게가 다른 두 물체가 같이 떨어졌다고 믿는 과학자는 없다. 그의 실험은 현실이 아니라 완전한 진공 상태를 전제로 한 사고실험이기 때문이다.

어진다는 주장이지요. 바로 이를 실제 실험으로 보여주는 것이 그 유명한 '피사의 사탑에서의 낙하실험'입니다.

갈릴레이의 역학은 천문학적 경험들과 결합되자 한층 더 발전하게 되었습니다. 지동설이 설득력을 갖지 못했던 이유 중 하나는, 왜 하늘로 던진 물체가 지구가 움직이는데도 그 자리에 떨어지는가 하는 것이었지요. 갈릴레이는 여기에 대해 지상의 모든 물체가 지구의 원운동을 함께 지니고 있기 때문이라고 생각합니다. 참고로 그는 케플러를 직접 만났음에도 불구하고 타원운동이 아닌 원운동을 믿었답니다. 어쨌든 그는 물체가 땅으로 떨어지든 앞으로 나아가든 지구가 회전하는 것만

큼 똑같이 일정하게 움직이고 있다고 주장합니다. 그리고 한 발 더 나아가 다음과 같은 의문을 던졌습니다.

'그렇다면 만약에 지구와 수평 방향으로 공을 앞으로 던진다면 어떻게 될까? 특히 마찰이 없는 수평면에 공을 굴린다면?'

만약 그렇게 되면 공에는 지구의 회전만큼의 나아가는 힘이 존재하고, 공과 지구의 중심과는 언제나 같은 거리를 유지하며 계속 앞으로 나아가게 되지 않을까요? 갈릴레이는 그럴 것이라고 확신했습니다. 바로 '관성'의 개념이 탄생하는 순간이지요. 물론 그는 관성이라는 말을 사용하지 않았으며, 오늘날의 관성 개념과 완전히 일치하지도 않습니다. 하지만 이 개념은 데카르트 René Descartes 가 더욱 발전시켜 정립하고, 뉴턴 Isaac Newton 으로 이어지면서 만유인력의 첫 번째 법칙으로 자리 잡게 되었습니다.

갈릴레이는 이 관성의 성질을 U자형 경사면을 이용해서도 증명해 보였답니다. 아래 그림과 같은 U자형 경사면의 한쪽에서 공을 굴리면, 공은 반대쪽으로 이동해 같은 높이만큼 굴러가지요. 또한 이 경사면의

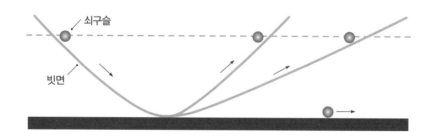

한쪽을 어느 정도 평평하게 펴도 공은 반대편에 가서 같은 높이만큼 굴러갑니다. 그렇다면 한쪽 경사면을 완전히 펴면 어떻게 될까요? 그렇지요. 공은 영원히 굴러가게 되는 것입니다.

마지막으로 갈릴레이는 상대성 개념을 내놓았습니다. 이 역시 지동설의 문제와 연결된 것으로, 지구가 1일 1회전의 빠른 운동을 하는데, 지구 위의 사람은 어떻게 그것을 느끼지 못하느냐 하는 것이지요.

그는 이를 설명하기 위해 움직이는 배 위에서 공을 떨어뜨리는 것을 예로 듭니다. 움직이는 배의 돛대 위에서 공을 떨어뜨려 보세요. 공은 돛대 바로 밑으로 떨어지지요. 이를 엄밀히 따지면 그사이 배는 앞으로 나아간 것이고, 결국 공도 앞으로 나아가며 떨어진 것이 됩니다. 그는 이를 통해 정지해 있는 장소나 그 장소가 일정한 속도로 움직이고 있다면, 그곳에서 일어나는 물체의 운동에는 차이가 없다는 결론에 도달하게 됩니다. 결국 지구가 움직여도 그 안에서 공을 던진다면 제자리로 돌아오며, 그런 만큼 우리는 지구의 움직임을 알아챌 수 없는 것이지요.

갈릴레이는 또한 여기서 운동이란 운동을 하지 않는 물체에 대해서만 상대적으로 나타나는 것이고, 같이 운동을 하는 물체에 대해서는 나타나지 않는다는 상대성 개념을 찾아냅니다. 결국 같이 움직이면 서로의 움직임을 알 수 없고, 다른 대상이 움직이거나 멈출 때만 서로의 움직임을 알 수 있게 된다는 것이지요. 이는 이후 아인슈타인에 의해 그 유명한 상대성이론으로 발전하게 된답니다.

이렇듯 갈릴레이의 역학은 그의 천문학적 결과물들과 함께 아리스토텔레스의 과학을 무너뜨리는 데 앞장섰으며, 이후 뉴턴의 고전역학의 기본 틀을 마련하는 데 아주 중요한 밑바탕이 되어주었답니다.

또한 그의 과학은 천체를 직접 관찰하는 경험적인 면모를 보여주었으며, 실험을 강조하고 검증의 주요 방법으로 사용함으로써 과학 방법론의 전형적인 모습을 선보였답니다. 하지만 더욱 재미있는 점은 실험을 그토록 중시했던 그가 실제로는 많은 실험을 하지 못했다는 점입니다. 그가 과학사에 실제로 남긴 가장 큰 업적은 오히려 진공과 같은 실제로는 경험하지도 못하는 이상적인 상태에서의 이상적인 조건들을 상상하고, 그것들을 간단한 요소들로 분해해냄으로써 수학이나 명확한 논증과 직접적으로 연계될 수 있게 했다는 점입니다. 그의 실험들이 대부분 이런 이상화된 조건에 대한 사고실험이었다는 점이 이를 잘 말해주고 있지요. 바로 여기서 우리는 보고 만지고 관찰하고 검증하는 것만이 과학의 주요소가 아니라는 점을 알 수 있으며, 이는 과학에 있어서의 이론적 중요성 또한 간과할 수 없는 것임을 알 수 있게 해주는 것이랍니다.

데카르트와
뉴턴의 시대

르네상스를 거치면서 인간에 대한 관심이 높아졌고, 갈릴레이 등이 일으킨 과학에 대한 새로운 바람은 아리스토텔레스의 세계를 뒤흔들어버리기에 충분했습니다. 철학의 붕괴도 피할 수 없는 현실이었지요. 이때 데카르트가 나타나 신이 아닌 인간을 위한 새로운 철학을 선보입니다. 데카르트는 또한 과학자로서의 면모도 보여주었습니다. 그는 갈릴레이의 역학에서 더욱 나아가 관성이라는 개념을 만들어내고, 이를 이어받은 뉴턴이 마침내 그동안의 성과들을 종합해내며 과학의 시대를 열게 됩니다.

이성의 시대를 연 데카르트

중세 철학은 신의 권위에 기대 그 정당성을 부여받고 있었습니다. 완벽한 신이 준 이성이기에 우리는 우리의 지식이 확실하다는 것을 믿을 수 있었던 것이었지요. 하지만 오컴으로 인해 그 연결 고리였던 보편자가 한낱 사물의 이름에 불과한 것이 되어버립니다. 이제 철학자들은 자신들의 이성이 왜 확실하고 옳은 지식이 될 수 있는지 그 근거를 잃게 되었답니다. 원래 우리가 아는 지식이란 대부분 부정확한 것뿐이니까요. 우리가 빨갛다고 판단한 사과는 붉은 햇빛에서는 노랗게 보일 수 있으며, 내가 열심히 달려가고 있다고 믿었지만 한낱 꿈을 꾸고 있는 것에 불과할 수도 있는 것이 우리의 인식이기 때문이지요.

그래서 중세 말기의 지식들은 부정확하고 회의적인 분위기로 가득 차 있었습니다. 심지어 논리만을 앞세워 궤변을 늘어놓는 경우도 많았는데요, 이 때문에 당시의 스콜라 철학 하면 궤변의 상징이 되기도 했습니다.

바로 이때 데카르트가 나타납니다. 역시 스콜라 철학자라 할 수 있던 그는 자신이 알고 있는 지식을 끊임없이 부정하고 회의해보기로 작정합니다. 그는 자신이 존재하고 있다는 사실은 어쩌면 꿈일 수 있다고 의심해봅니다. 심지어 '1+2=3'은 확실해 보이지만, 사실은 5일 수도 있다고 생각해봅니다. 단지 악마가 우리를 거짓에 빠뜨려 3이라고 생각하게 만들었을지도 모른다는 것이지요. 그는 이렇게 가능한 한 모든 가정을 동원하여 의심을 해봅니다. 그렇게 의심하고 또 의심을 하면서 데카르트는 마침내 명확한 지식에 도달했다고 믿게 됩니다. 생각해보십시오. 그는 의심하고, 의심하고 또 의심하면서 결코 의심할 수 없는 사실을 알게 됩니다. 그것은 바로 자기 자신이 의심하고 있다는 사실이지요. 그는 아무리 부정하고 의심을 해봐도 의심하고 있는 자신만큼은 분명히 존재한다는 사실을 부정할 수 없었던 것입니다. 그래서 그는 말합니다. "나는 의심한다. 고로 존재한다"라고.

우리가 잘 알고 있는 "나는 생각한다. 고로 존재한다"는 바로 그런 의미랍니다. 이제 데카르트는 신의 이름을 빌리지 않아도 명확한 지식이 있음을 확신하게 됩니다. 이 데카르트로부터 인간의 이성에 대한 확신을 인간 스스로가 보증하는 이성의 시대가 시작되는 것입니다.

『방법서설』 원본 이 책은 프랑스어로 쓰인 최초의 철학책이다. 데카르트는 기성 체제의 권위를 맹종하는 사람들이 아니라, 자신의 머리로 사물을 생각하고 철학하는 사람들을 위해 프랑스어로 썼다고 한다. 바로 이 책에 "나는 생각한다. 그러므로 나는 존재한다(Cogito, ergo sum)"는 말과 그가 발명한 좌표계가 처음 소개되어 있다.

그는 이런 명확한 지식이 더 있다고 이야기합니다. 그중 하나가 수학의 '공리'라든가 'A=A'와 같은 '동일률'이지요. 그는 이것을 태어나면서부터 알고 있는 것으로, '본유관념本有觀念'이라고 이야기합니다. 따로 배우지 않아도 알고 있는 것이라는 뜻이지요. 그리고 이 본유관념의 명확한 지식들을 연역적으로 엄정하게 적용해나간다면 세상에 대한 옳은 지식들에 도달할 수 있다고 믿게 됩니다. 이렇게 이성을 믿고 명석판명한 지식을 엄격하게 연역적으로 전개해나가는 철학을 '합리론Rationalism'이라고 부르지요.

정확한 지식을 향한 모험: 철학과 과학 ●

한편 데카르트는 실재하는 것을 '정신'과 '연장'으로 나누었습니다. '정신'은 공간을 차지하지 않는 무형의 존재이며, '연장'이란 어떤 특정한 공간을 차지하는 유형의 것들을 말합니다. 즉 연장이란 물질을 의미하지요. 데카르트는 이를 통해 정신과 물질이 혼돈되는 것을 차단합니다. 과거 철학자들은 '바늘 끝에 천사가 몇 명이나 앉을 수 있는가?'와 같은 정신과 물질이 혼돈된 논쟁들을 많이 해왔습니다. 하지만 데카르트가 정신과 물질을 분리함으로써, 이제 물질은 물질만의 계산과 논리로 접근하면 됩니다. 본격적인 물리학 또는 유물론^{Materialism} 적 과학이 시작된 것이지요.

이렇게 데카르트는 인간의 이성으로 가능한 철학을 만들어 보였음에도 불구하고, 온전히 신의 개념을 포기하지는 못했습니다. 그는 인간이 불완전하다는 이유를 들어 신을 증명하려 했지요. 즉 불완전하다는 것을 안다는 것은 이미 완전한 것이 존재한다는 것이 전제되어야 한다며, 이 완전한 존재가 바로 신이라고 말합니다. 하지만 그에게서 신은 기독교에서의 신처럼 모든 것을 관장하는 인격적인 신이라기보다, 이 세상의 근원으로서의 신 또는 운동의 시작으로서의 신으로 이론적인 신에 가까운 것이었습니다.

과학자로서의 데카르트

데카르트는 철학자로 알려져 있지만, 과학자로서의 면모도 보여주었답니다.

그도 기존의 철학자들처럼 세계를 해석함에 있어 운동의 원인을 찾으려고 했는데요, 이를 신이라고 생각했지요. 하지만 그는 이 운동을 지속시켜주는 것이 무엇이냐 하는 문제에 부딪히고 맙니다. 그는 자신의 기본 원리로부터 연역되지 않는 것은 믿지 않았기 때문에, 물체의 운동을 지속시켜주는 것을 어디에서도 찾을 수 없었던 것이지요. 그 결과 그는 '운동은 물질이 처하는 하나의 상태이고, 외부의 작용이 없는 한 물질은 자신의 운동 상태를 지속한다'는 주장을 내놓습니다. 이 것이 바로 '관성Inertia'이지요. 데카르트는 이 관성의 원리를 신이 가진 영원불변성과 연관시켜 생각했습니다. 물질의 운동 또한 신의 영원불변성처럼 특별한 변형을 가하지 않는 한 영원히 유지된다는 것이지요. 이에 그는 다음과 같이 관성의 법칙을 정의했습니다.

첫째, 모든 물체는 다른 것이 그 상태를 변화시키지 않는 한, 똑같은 상태로 남아 있으려고 한다.

둘째, 운동하는 물체는 직선 상태로 그 운동을 계속하려 한다.

셋째, 운동하는 물체가 자신보다 강한 것에 부딪히면 그 양에 준한 만큼 운동을 잃는다.

데카르트의 이 법칙은 아리스토텔레스의 기본 전제들로부터 충분히 벗어난 것입니다. 이제 더 이상 낙하하는 것은 물질이 가진 자체의 성질이 아니며, 외부 힘이 작용해야만 물질의 운동이 변화되는 것이지요. 힘이 직선으로 작용한다는 그의 전제 또한 과거와는 전혀 다른 것으로, 새로운 역학의 중요한 기본 전제가 됩니다. 특히 앞의 두 개의 법칙은 그대로 뉴턴에게 이어집니다.

또한 데카르트는 수학의 방정식을 좌표계로 옮겨놓는 획기적인 방법을 만들어내, 새로운 차원의 기하학 Geometry 을 열게 되지요. 그것은 우리가 학교에서 배우는 좌표계의 방정식 같은 것이랍니다. 이 새로운 기하학은 라이프니츠 Gottfried Wilhelm Leibniz 와 뉴턴의 미적분 등으로 이어지며, 행성의 궤도를 증명하는 등 과학의 수학적 적용에 엄청난 힘을 보태게 됩니다.

뉴턴, 마침내 새로운 과학을 만들다

뉴턴은 데카르트의 관성과 직선운동을 믿고 있었습니다. 하지만 그것은 케플러가 주장한 타원운동과 크게 관련이 없어 보였고, 케플러의 타원운동이 일어나는 힘의 근원 또한 알 수 없었습니다. 당시 과학자들은 '태양에서 어떤 힘이 발산되면 그 힘의 크기가 태양에서 멀어질수록 그 거리의 제곱에 비례해서 감소한다'고 생각했는데, 케플러는 이러한 힘을 자기력과 같은 것이라고 추정하기도 했습니다. 하지만 이러한 주장들은 서로 하나로 해석될 수도, 수학적으로 증명될 수도 없는 논쟁일 뿐이었지요.

그런데 어느 날 뉴턴의 논적인 훅Robert Hooke에게서 편지 한 통이 날아들었습니다. 거기에는 당시 생각들을 뒤집는 의견이 있었지요. 당시 뉴턴을 비롯한 많은 과학자들은 원운동이 물체가 중심으로부터 멀어지는 경향을 내포한다고 생각했고, 알 수 없는 이 힘도 그렇기 때문에 태양으로부터 멀어지면서 힘이 약해진다고 생각했지요. 하지만 훅은 역으로 원운동이 '원의 중심을 향해 작용하는 힘'이라는 의견을 내놓았습니다.

뉴턴의 논적, 로버트 훅 현미경을 개량해 코르크에서 최초로 식물세포 구조를 발견했으며, 화석에 대해서도 처음으로 자연과학적 고찰을 했다. 빛의 간섭과 분산이나 목성의 회전 등에 대해서도 많은 업적을 남긴 훅은 뉴턴 이전에 영국왕립협회 회장을 지냈다. 뉴턴이 떨어지는 사과를 보고 '만유인력의 법칙'을 착안했다고 하는데, 이는 만유인력이 누구의 발상인가 하는 훅과의 논쟁 과정에서 나온 말이다.

아마도 뉴턴은 훅의 견해에서 큰 힌트를 얻은 것 같습니다. 그가 주장하는 '만유인력의 법칙'의 핵심은 결국 퍼지는 힘이 아니라, 끌어당기는 힘이기 때문이지요. 그는 이 생각의 전환을 통해 직선으로 작용하는 힘이 왜 타원형으로 휘는지까지 계산할 수 있었다고 합니다.

이에 뉴턴은 자신의 과학사의 최고 걸작이라 할 수 있는 『자연철학의 수학적 원리 Philosophiae Naturalis Principia Mathematica』(보통 프린키피아 Principia 라고 함)를 통해, 운동의 3가지 법칙과 우주의 운동까지 포함되는 만유인력의 법칙을 세상에 내놓게 됩니다.

먼저 운동의 제1법칙은 '관성의 법칙'입니다. 이는 외부에서 힘이 작용하지 않는 한 정지한 물체는 계속해서 정지할 것이고, 한 번 운동하기 시작한 물체는 같은 속도, 같은 방향으로 계속 운동한다는 법칙이지요. 쉽게 말해 여기서 힘이란 운동을 지속시키기 위한 것이 아니라, 방향을 바꾸기 위한 것에 불과한 것이랍니다. 이 법칙은 이미 갈릴레이가 예측하고 데카르트가 제안한 것이기도 하지요.

운동의 제2법칙은 '가속도의 법칙'입니다. 물체에 힘을 가하면 물체에 가속도가 생기고, 이 가속도의 크기는 가해준 힘에 비례하고 질량에 반비례한다는 법칙이지요. 가속도라는 것은 평균속도와는 달리 시간의 변화에 따라 달라지는 것이지요. 그래서 직선으로 된 그래프로는 증명할 수 없는 것이랍니다. 이에 뉴턴은 가속도의 법칙을 증명하는 데 있어 자신이 독자적으로 개발한 미적분법을 사용하게 됩니다.

운동의 제3법칙은 작용이 있으면 반드시 반작용이 있으며, 그 크기는 서로 같고 방향은 반대라는 '작용 반작용의 법칙'입니다.

　뉴턴은 이 세 법칙을 기반으로 만유인력의 법칙을 제안합니다. 그는 중심에 중력점을 갖고 있는 모든 물체는 다른 모든 물체를 잡아당긴다고 주장했지요. 이는 지구가 사과를 당겨서 사과가 땅에 떨어지듯이, 동시에 사과 또한 지구를 끌어당기고 있다고 말하는 것입니다. 그리고 이때 물체 사이의 작용하는 힘은 두 물체의 질량의 곱에 비례하고, 거리의 제곱에 반비례함을 수학적으로 보여주고 있습니다.

　그는 이제 이 운동 법칙과 만유인력의 법칙을 전 우주로 확대해 적용합니다. 뉴턴은 자신이 고안해낸 자신만의 미적분을 이용해 케플러의 타원궤도와 거리에 작용하는 힘 모두를 증명해냈으며, 달의 궤도는 물론 행성들과 태양과의 인력 관계를 모두 수학적으로 설명해냈지요. 이로써 뉴턴은 만유인력이라 불리는 단순한 사물의 법칙에서부터 우주 전체를 포괄하는 하나의 원리를 완성해내고, 마침내 아리스토텔레스의 거대한 지식 체계를 무너뜨려버립니다.

뉴턴의 과학 방법론과 뉴턴의 시대

　뉴턴은 만유인력의 법칙이라는 근대 역학 최대의 성과뿐 아니라, 그 과학적 접근법에서도 근대 과학의 모범이 되었습니다. 그는 물리 법칙에 수학을 완벽하게 적용했으며, 그것을 위한 수학적 도구로 미적분을 개발하기도 했습니다. 수학이 과학의 논리적 전개 과정과 확인 과정에

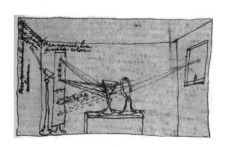

뉴턴의 빛에 관한 실험 뉴턴이 빛에 관한 실험을 하기 위해 그린 실험 계획서다. 창가의 창문 가리개에는 구멍이 뚫려 있고, 렌즈 앞에 프리즘이 놓여 있다.

서 얼마만큼 중요한 역할을 할 수 있는지 생생하게 보여준 것이지요.

하지만 그의 과학 방법론의 성과가 여기서 끝나는 것은 아니랍니다. 그는 저서 『광학 Opticks』에서 다양한 프리즘 실험들을 통해 빛에 대한 연구를 한 차원 높게 끌어올렸습니다.

일례로 그는 프리즘을 통해 빨·주·노·초·파·남·보의 7가지 색으로 분광된 빛에서, 그중 모든 색을 차단하고 빨간색만 또 다른 2차 프리즘에 통과시켰습니다. 그러자 빨간색 분광만 들어온 2차 프리즘에서는 더 이상 분광되지 않고, 빨간색 빛만 흘러나왔습니다. 다른 색을 똑같이 실험했을 때도 실험한 바로 그 색이 흘러나왔지요. 이는 빛이 더 이상 분광되지 않는 7가지 색깔로 이루어졌다는 것을 밝혀준 실험입니다.

뉴턴은 여기서 만족하지 않고 이를 증명할 만한 또 다른 실험을 계속합니다. 그는 처음의 빛을 역시 1차 프리즘에 비추어 7가지 색의 분광을 얻어냅니다. 그리고 이번에는 2차 프리즘을 뒤집어 분광된 7가지 색에 비추었지요. 그러자 이번에는 분광되었던 7가지 색이 다시 하나의 빛, 분광되기 전의 바로 그 하얀 빛이 되어 흘러나왔습니다. 앞의 실험을 역으로 증명한 것이지요.

뉴턴은 이러한 실험들을 통해 그동안 프리즘의 분광이 빛이 아니라 프리즘에 있는 어떤 물질 때문이라는 등의 다양한 속설들을 일축해버리며, 빛 자체가 가진 색이라는 것을 명백히 보여주었습니다. 하지만 우리는 이런 실험들이 보여주는 더 중요한 시사점에 주목해야 합니다.

첫째, 뉴턴은 이 실험을 눈을 통해 입증하는 것으로 한정시켰다는 점입니다. 그 이전에도 데카르트 등이 프리즘을 통해 다양하게 빛을 관찰했지만, 그들은 관찰 그 이상으로 물질의 특성에 대해 수많은 유추만을 늘어놓았지요. 즉 '분광된 빨간색은 빛을 이루는 미세 물질의 회전속도가 빨라져서 나타나는 것'이라는 등 눈으로 볼 수 없는 빛의 성질들을 유추하며 결론에 다다랐습니다. 하지만 뉴턴은 최대한 눈에 보이는 수준에서만 빛의 성질을 논하고 접근하려 했으며, 최대한 현상을 기술하는 수준에서 이론과 증명에 접근하려 했지요. 이는 과학의 경험적인 성격을 공고히 하며 이후 과학 실험의 좋은 본보기가 되어주었답니다.

또 하나 중요한 점은 그가 하나의 실험을 통해 자신의 이론을 검증하고서, 또 다른 방법의 실험을 통해 그것을 재입증하려 했다는 사실입니다. 이는 실험과 이론에 정밀성과 엄격성을 더하는 것이며, 그만큼 실험을 신뢰할 만한 것으로 만들어주었습니다. 이렇게 그는 제대로 설계된 실험이 무엇이며, 제대로 된 경험적 과학이 무엇인지를 분명히 제시해주었던 것입니다.

수학적 적용은 물론 경험적 영역까지 모두 아우르며 역사 속에 새로운 과학을 세운 뉴턴, 하지만 그의 영향력은 과학에서만 끝나는 것이 아니었답니다.

볼테르 볼테르는 귀족의 하인들에게 몰매를 맞고 영국으로 쫓겨나면서 프랑스 사회의 불평등과 부조리에 눈뜨게 된다. 좀 더 자유로운 영국에서 로크의 철학과 뉴턴의 물리학에 큰 감명을 받고, 프랑스에 돌아와 합리적 이성을 내세운 계몽주의 사상을 주도했다. 그의 철학 소설 『캉디드(Candide)』도 대중들에게 많은 사랑을 받았다.

사람들은 뉴턴 과학이 수학적·합리적·경험적·실험적 방법만을 사용해 이루어졌다고 믿었고, 그만큼 인류가 앞으로 뉴턴 과학과 같은 기반 위에서 다양한 시도를 한다면 철학적·형이상학적·독단적 탁상공론을 벗어나 좋은 성과를 낼 수 있을 것이라고 믿기 시작했습니다. 특히 18세기 철학자와 지식인들은 뉴턴 과학이 갖는 합리성과 경험적인 면에 매우 경도되었으며, 과학을 만들어낸 이성에 대한 무한한 신뢰를 보냈지요. 그들은 과학이 갖는 이러한 특성을 통해 과학이 과거의 형이상학과 종교적 권위에서 벗어났듯이, 인류 또한 이성을 해방시키고 개인의 사회적 자유마저도 획득할 수 있으리라는 희망을 품었습니다.

이러한 과학에 대한 믿음과 희망을 전면에 내세운 것이 볼테르 Voltaire, 몽테스키외Charles-Louis de Secondat, Baron de La Brède et de Montesquieu, 루소Jean Jacques Rousseau 등으로 대표되는 '계몽주의Illuminism'입니다. 『백과전서』의 집필과 출간으로 상징되는 계몽주의 지식인들은 새로운 시대에 어울리는 새롭고 진보적인 사상 및 사회과학들을 선보였으며, 이후 프랑스혁명과 미국 독립운동에 커다란 영향을 미치게 됩니다.

칸트와 헤겔,
근대 철학을 완성하다

프랑스에서 데카르트가 합리론을 전개하고 있을 때, 바다 건너 영국에서는 경험을 중시하는 철학이 기지개를 펴고 있었습니다. 영국의 오컴이 '면도날'이란 별명에 어울리게 불필요한 논리들을 모두 잘라버리자, 그들은 추측뿐인 논쟁들을 버리고 실제로 보고 경험하는 것들만을 철학의 토대로 삼고자 했지요. 이에 그들은 머릿속에만 존재한다는 본유관념을 믿고 논리를 전개하려던 합리론자들을 독단적이라고 비판합니다. 그들이 들고나온 철학은 오감으로 보고 느끼는 경험으로부터 시작하여, 그 경험들이 어떻게 인간의 머릿속에서 올바른 지식으로 판단될 수 있는지를 추적해보려는 노력으로 나타나게 됩니다.

흄, 회의를 품다

경험론자들은 우리의 머릿속에 존재한다는 본유관념이야말로 보이지 않는 막연한 추론에 불과한 것이라고 비판하고, 인간의 머리는 백지처럼 아무것도 없었다고 전제합니다. 그리고 외부 사물과 세상이 우리의 감각기관과 작용하여 경험하게 되면, 그 경험이 백지인 우리의 머릿속에 관념을 만들어낸다고 생각합니다. 이 관념들을 통해 우리가 다양한 생각과 판단을 하게 된다는 것이지요.

문제는 외부 사물의 일면을 지각해 만들어진 관념이, 얼마나 정확히 사물을 온전히 파악할 수 있게 해줄 수 있느냐는 것이지요. 또한 사물을 몇 번 지각했다고 해서, 그것을 일반화시켜 말할 수 있느냐는 문제도 생깁니다. 수차례 빨간 사과를 보았으니 사과는 빨갛다고 일반화할 수 있느냐는 말이지요. 심지어 경험론자인 버클리George Berkeley는 "존재한다는 것은 지각되는 것이다"라는 말까지 들고나와 상황을 더욱 악화시켰습니다. 즉 사물을 지각하고 우리 안에 관념을 만들어냄으로써, 우리는 사물이 거기에 존재하고 있음을 알게 되지요. 그렇다면 그것이 지각되지 않을 때는 사물이 존재하고 있지 않다는 뜻이 됩니다. 오직 지각될 때만 사물이 존재한다는 버클리의 말은 한마디로 충격적인 것이 아닐 수 없었답니다.

이렇게 걷잡을 수 없이 불확실한 상태로 빠져드는 경험론을 다시 세우기 위해 흄 David Hume이 도전장을 내밀었습니다. 과학에 무한한 신뢰

청소년을 위한 지금 시작하는 인문학 ·

를 보내던 그는 경험적이면서도 아주 엄밀한 과학적 방법을 통해 인간의 인식 가능성을 파헤쳐보고자 했지요.

흄은 먼저 우리의 머릿속에 존재하는 생각을 '인상'과 '관념'으로 나누었습니다. '인상'은 우리가 사물을 보고 만지면서 느끼는 생생한 느낌에서부터, 사랑하거나 미워하는 등의 생생한 감정까지를 포함하는 것입니다. 반면 '관념'은 이런 인상이 머릿속에 기억되고 자리 잡으면서 희미해진 개념이지요. 그는 이 관념이라는 것이 필연적으로 인상에 근거한다고 이야기합니다. 가령 우리가 '유니콘' 같은 상상의 동물을 생각한다 해도, 그것은 이미 우리가 이전에 보았던 뿔이나 말 같은 인상들이 결합된 것에 불과한 것이라고 말하지요.

명상 중인 흄 경험론의 극단을 보여줌으로써 그는 칸트를 합리론의 독단에서 깨어나게 했다. 정치사상으로는 만인에 공통된 '이익'의 감정에서 근거한 공리주의적인 방향을 제시했다. 그는 경제학자 아담 스미스(Adam Smith)의 친구이기도 하다.

이제 흄은 불확실해진 경험론의 인식들을 안정적으로 만들기 위해 매번 반복되는 것, 즉 '습관'을 도입합니다.

우리는 사물이 매번 거기에 있음을 반복적으로 지각함으로써, 사물이 거기에 존재한다는 것을 알게 됩니다. 우리는 사과가 둥글고 빨갛다는 것을 반복적으로 경험함으로써, 자연스럽게 그 특성들까지 파악하게 됩니다. 하지만 그의 과학적 엄밀함은 여기서 멈추지 않았고, 끝내 그가 보여준 경험 세계에는 필연적인 것이라고는 존재하지 않는다는 결론에 도달하고 말았지요.

사물이 거기에 존재한다는 것은 습관을 통해 단지 거기에 있다고 믿는 것에 불과한 것이었지요. 심지어 '나'라는 개념조차, 자신이 실제로 존재한다기보다는 자신에 대한 다양한 관념들이 지속됨으로써 자신이 있다고 여겨지는 것에 불과한 것입니다.

무엇보다 빨간 사과를 보아온 우리는 언제든지 파란 사과에 직면할 수 있는데, 그는 이것을 당시 철저히 믿고 있던 과학의 '인과관계'로까지 몰고 갑니다.

인과관계란 어떤 원인에 의해 필연적으로 어떤 결과가 발생하는 것을 말합니다. 예를 들어 불을 피우면 연기가 나지요. 우리는 불을 피우는 원인에 의해, 그 당연한 결과로 연기가 난다고 알고 있습니다. 바로 이를 '인과관계'라고 하며, 과학은 이 인과관계를 밝히려는 것이지요. 그런데 흄은 이 인과관계가 필연적인 것이 못 된다고 말하는 것입니다. 그가 보았을 때 우리가 불을 피우면 연기가 난다고 믿는 것은, 불을 피울 때마다 언제나 연기가 났기 때문이라는 것이지요. 하지만 실제로 언젠가 1억 년 후쯤에는 불을 피워도 연기가 안 날 수도 있다는 것이 그의 주장이랍니다.

좀 황당하다고요? 그러면 이해를 돕기 위해 엇비슷한 예를 하나 들어보지요. 바로 철학자 러셀 Bertrand Arthur William Russell이 말하는 칠면조 이야기입니다.

칠면조에게 매일 아침 주인이 들어와 모이를 줍니다. 칠면조는 생각하게 되지요. 아침에 주인이 들어온다는 것은 곧 모이를 먹을 수 있는 것이라고. 하지만 100일째 되는 날이 크리스마스이브였습니다. 주인은 여느 때처럼 아침에 들어왔지만, 칠면조는 배가 부르기는커녕 하소

연 한 번 못 하고 바로 죽고 말았지요.

이는 경험으로 파악된 세계의 법칙이 갖는 한계를 보여주는 예시인데요. 넓게 보면 불을 피웠을 때 연기가 난다는 우리의 생각도 이런 것에 불과할 수 있다는 것이지요.

이렇게 해서 과학처럼 엄밀한 경험적 지식만을 통해 인간의 인식을 규명하려던 흄은, 오히려 과학의 중요한 전제인 인과관계를 부정하는 결론에 도달하고 말았습니다. 경험론을 극단으로까지 몰고 간 그의 철학은 결국 당시 합리적 이성과 과학을 믿던 많은 지식인들을 당황스럽게 만들어버리기에 충분했답니다.

합리론과 경험론을 통합해낸 칸트

칸트Immanuel Kant는 원래 합리론자였습니다. 경험에 의하지 않고도 이성의 힘으로 보편타당한 진리를 파악할 수 있다고 믿는 합리론을 충실히 따라가던 칸트. 그에게 흄의 철학은 커다란 충격이었고, 칸트는 "흄이 나를 독단의 잠에서 깨어나게 했다"고 말합니다. 하지만 그렇다고 그가 경험론에 완전히 동조한 것은 아닙니다. 칸트는 오히려 이 두 철학을 통합해 과학만큼이나 타당하고 설득력 있는 철학을 만들어내고 싶었지요.

이에 그는 먼저 '분석판단分析判斷'과 '종합판단綜合判斷'이라는 2가지 판단을 제시했습니다.

　'분석판단'은 주어가 이미 술어를 포함하고 있는 것을 말합니다. 일
례로 '공은 둥글다'와 같은 명제를 들 수 있습니다. 공이란 이미 '둥글
다'라는 술어의 의미가 포함되어 있어서, 주어의 속성을 분석하여 판
단할 때 바로 답을 알 수 있는 것이지요. 그래서 이런 분석판단은 그것
이 맞는지 틀리는지를 알기 위해 여러 공을 조사하고 실험할 필요가
없이, 논리적 관계만을 비교·판단하면 됩니다.

　반면 '종합판단'은 '공이 노랗다'와 같은 명제입니다. 이는 문장의 주
어와 술어를 비교하는 것만으로 그 진위를 알 수 없고, 그 사실 여부를
경험 세계에서 해당하는 공을 직접 확인해야만 하는 판단을 말하는 것
이지요.

이 중 분석판단은 경험과는 무관하게 논리적 관계를 따지므로, 합리론자들이 주장하는 경험 이전의 선험적인 원리에 해당합니다. 그러나 분석판단은 이미 술어가 포함된 주어의 논리적 관계만을 따질 수 있으므로, 새로운 사실이나 새로운 지식을 추가할 수 없다는 단점이 있습니다.

칸트 합리론과 경험론을 종합하고, 이성의 한계까지 제시한 칸트는 철학사의 최고 거장 중의 한 명이다. "철학을 배우지 말고, 철학하는 법을 배워라"라고 말한 그는 최초의 직업 철학자이자, 철학자의 상징이기도 하다.

역으로 종합판단은 주어가 반드시 술어의 내용을 담을 필요가 없기 때문에 많은 사실들을 다룰 수가 있습니다. 그리고 경험을 통해 비교·판단함으로써 많은 지식을 확장할 수 있는 장점이 있지요. 이는 경험을 통해 사실 여부를 판단하는 경험론자들의 원리에 부합하는 것이라 할 수 있습니다. 그러나 종합판단의 단점은 언제나 맞아떨어지는 보편타당한 지식을 획득할 수가 없다는 점입니다. 보편타당한 지식을 경험을 통해 얻으려면, 모든 경험을 빠뜨리지 않고 수집하고 일반화해야 하는데, 그것은 불가능하기 때문이지요.

이에 칸트는 합리론과 경험론의 장점들만을 취해 확실한 지식에 도달하고자 했지요. 그에게 확실한 지식이란 합리론처럼 선험적이면서도, 경험론처럼 종합판단적인 것이어야 했습니다. 이렇게 선험적인 종합판단이 성립한다면, 선험적이기 때문에 보편적이고 필연적일 것이며, 종합판단이기 때문에 지식을 계속적으로 확장해나갈 수 있는 것이기 때문입니다. 그래서 그는 확실한 지식의 예로 '7+5=12'와 같은 수학적 명제를 들고, 이를 '선험적 종합적 판단'이라고 주장했습니다. 왜냐하면 주어인 '7+5'는 술어인 '=12'를 개념적으로 포함하지 않기

정확한 지식을 향한 노력, **철학과 과학**

때문에 종합판단적이며, 주부와 술부의 결합이 경험에 의존하여 파악되기보다 순수한 직관에 의해서 인식되기 때문에 선험적이라는 것이지요. 우리는 이런 수학적 직관을 통해 '999＋1'을 직접 경험하지 않아도 '1,000'임을 알 수 있답니다.

이처럼 선험적 종합판단의 가능성을 확인한 칸트는, 이제 자연과학과 철학의 인식에도 그것이 가능한지를 추적해 들어갑니다. 그런데 그는 이 추적 작업을 시작하면서 과거 인식에 대한 탐구들이 가지고 있던 한계를 보게 됩니다. 그동안 합리론자와 경험론자 모두, 외부 사물이 우리 마음속에 들어오듯 그 사물을 본뜬 모습을 마음속에 만들어낸다고 생각하고 있었고, 그것은 과거 모든 철학자들도 마찬가지였습니다. 과거 모든 철학자들이 외부 사물에 대해 정신이 수동적으로 반영하는 것이라고 생각한 것이지요. 하지만 칸트는 그 반대라고 주장합니다. 마음이 단순히 외부 세계를 반영하는 것이 아니라, 마음의 활동에 의해 외부 세계가 구현된다는 것이지요.

일례로 나뭇잎은 초록색, 청록색, 녹색, 연녹색 등 매우 변화무쌍하며 동시에 다양한 색깔을 띠기도 합니다. 하지만 우리는 그것을 그저 '녹색'으로만 인식하지요. 이미 우리의 인식이 그 색을 규정하고 들어가기 때문이랍니다.

비유하자면, 마음에 어떤 모양의 그릇이 있어 외부 사물과 경험들이 그 그릇에 담기며, 그릇의 모양에 따라 형체가 정해지는 것과 같은 것이라 할 수 있지요. 결국 인간에게 선험적으로 인식 형식이 있고, 인식의 재료가 되는 경험들은 이 인간이 가진 인식 형식과 결합됨으로써 사물과 세계가 판단되는 것이지요. 이는 인식과 경험이 일치를 이루는 것으로, 과거 외부 사물이 단순히 우리의 인식에 들어오는 것과는 차원이 다른 정확성을 갖게 됩니다. 과거의 철학은 외부 사물이 우리의 인식에 들어왔을 때 그것이 어떻게 믿을 만한 것이냐를 논쟁하는 것이었답니다. 하지만 이제 인간의 인식이 먼저 존재하고, 그 기반 위에서 경험이 판단되므로 그만큼 명료하고 정확한 지식이 보장될 수 있게 되는 것이지요. 칸트는 이를 철학사의 '코페르니쿠스적 전환''이라고 지적했답니다.

그렇다면 칸트가 말하는 본래부터 있는 인식의 형식이라는 것은 무엇일까요?

칸트는 우선 외부 사물을 감각이 받아들일 때, 단순히 그 감각만을 받아들이는 것이 아니라 시간과 공간이라는 형식이 먼저 존재한다고 말합니다. 즉 우리는 무엇을 받아들이든 특정한 시간과 공간이라는 생각의 그릇을 통해 사물의 경험을 받아들인다는 것이지요. 다음으로 이렇게 얻어진 개념은 우리가 사고할 때, 양과 성질, 관계 등의 12가지 그릇에 적용되어 사유된다고 말합니다. 칸트는 이 12가지 그릇을 '범주'라고 불렀지요.

그는 이렇듯 우리 마음의 시간적·공간적 틀과 12가지 범주가 경험에 적용되어 판단됨으로써, 우리가 생각하는 한 보편적이고 필연적인 자연과학이 성립할 수 있게 된다고 역설하고 있는 것입니다. 그리고

코페르니쿠스적 전환 코페르니쿠스가 천동설을 뒤집고 지동설을 내놓았듯이, 사고 방식이나 견해가 종래와는 크게 달라진 것을 비유한다. 칸트가 처음 사용하였다.

양	단일성	다수성	전체성
성질	실재성	부정성	제한성
관계	실체성	인과성	상호성
양상	가능성	현실성	필연성

그것이야말로 자연과학에서 선험적 종합판단이 가능함을 보여주는 것이었지요.

그렇다면 칸트가 제시한 선험적 종합판단은 모든 것을 인식하고 판단해낼 수 있는 것일까요? 칸트는 냉정하게 아니라고 답합니다. 그는 우리가 우리의 인식 형식에 걸러지는 것만을 보고 인식할 수 있으며, 그 그릇의 바깥 세계 또는 우리 인식의 거름망 바깥에 실재 대상이나 세계는 분명 존재하지만, 우리가 그것을 인식할 수는 없다고 말합니다. 칸트는 이 알 수 없는 실재 세계를 '물자체物自體'라고 불렀지요.

근대 철학을 완성한 헤겔

모두가 칸트의 철학에 열광했습니다. 그가 우리가 바라보는 이 세상을 과학만큼이나 명확하게 알 수 있다는 것을 보여주었기 때문이지요. 이제 너나없이 철학이라 하면 칸트 철학을 공부했습니다. 그런데 칸트의 후예들은 누구나 피할 수 없는 불만과 과제를 떠안고 있었지요.

그것은 바로 칸트가 알 수 없다고 단언해버린 물자체, 바로 그것이었지요. 사실 철학은 이 세상 전부를 아우르는 법칙을 알고자 시작되었으며, 이 세상 전부를 파악하기 위해 노력해왔지요. 하지만 칸트의 결론은 이 세상의 반은 알 수 없다는 것이었습니다. 결국 칸트의 후예들은 나머지 알 수 없는 물자체의 세계를 파악하기 위해 발버둥 칠 수밖에 없었던 것이지요.

헤겔 George Wilhelm Friedrich Hegel 도 그런 후예 중 한 명이었습니다. 그는 인간의 정신이 실체에 도달할 수 없다는 사실을 받아들이고 싶지 않았습니다. 그는 칸트가 주장한 의식의 형식이 12개의 범주로 고정되어 있다는 점에 주목했지요. 이 고정된 의식 형식이 변할 수 있다면 어떻게 될까요? 이에 헤겔은 의식의 형식이 고정되어 있는 것이 아니라, 우리가 사는 시대가 그 의식 형식을 결정하는 것이라고 주장합니다.

중요한 것은 이 의식 형식이 진화한다는 점입니다. 다시 그릇에 비유해본다면 맨 처음 우리의 의식은 아주 작은 그릇이었지요. 하지만 이 그릇에 사물과 세상이 담겨지자 경험과 지식이 늘어나고, 우리 의식의 그릇은 좀 더 크게 성장합니다. 그러면 이번에는 더 커진 의식의 그릇으로 사물과 세상을 파악할 수 있게 되고 우리의 의식의 그릇은 더욱 커지게 되지요. 헤겔은 이런 의식과 세계가 주고받으며 성장하는 관계를 '변증법 Dialectic'이라고 이야기합니다. 우리는 시대가 지날수록 더 커진 의식을 갖게 되고, 세계는 우리에게 숨겨졌던 자신의 세계를 더 많이 보여주게 되는 것이지요. 시대가 의식의 형식을 결정한다

강의하고 있는 헤겔 헤겔은 친구이자 천재 철학자, 셸링(Friedrich Wilhelm Joseph von Schelling)의 그늘에 가려져 있었지만, 말년에 이르러 최고의 거장으로 떠오른다.

는 것은 바로 이런 것입니다. 그 시대에 알려지고 파악된 것만큼 이미 우리의 의식은 커져 있는 것이니까요. 게다가 이런 변증법적인 의식의 변화는 아주 놀라운 것이 됩니다. 생각해보세요. 이런 의식이 계속 커지다 보면, 마침내 우리가 알 수 없다고 했던 물자체의 세계까지 온전히 파악할 수 있게 되기 때문이지요.

헤겔은 이를 단순한 성질들만을 받아들이던 '감각적 확신'에서 출발해 사물을 파악하는 '지각'으로, 사물들과의 관계를 파악하는 '과학적 인식' 등으로 이어지는 구체적 단계를 제시했으며, 그 과정에서 세계의 사상과 역사, 나아가 법과 논리학까지 많은 것들을 아우르며 설명해냄으로써 하나의 거대한 체계를 보여주었습니다.

이렇게 헤겔은 사물과 세계의 실체를 온전히 알고자 했던 철학의 오랜 꿈을 실현해냈으며, 그것도 현실 속의 사회 변화까지 모두 아우르는 체계로 보여줌으로써 근대 철학을 완성했다는 평가를 받게 되었지요.

이제 이후의 철학은 이 위대한 거장 헤겔과 싸우면서, 다양한 모습의 현대 철학으로 다시 태어나게 됩니다.

과학 또한 뉴턴의 절대적 시공간을 넘어 아인슈타인 Albert Einstein 의 상대적 시공간으로, 그리고 원자보다 작은 미시적 세계인 양자역학으로 그 해석의 폭을 넓혀가게 된답니다.

불후의 명작,
칸트의 3대 비판서

철학사에서 칸트는 최고봉의 하나라 할 만큼 그 영향력이 막대합니다. 그는 과거의 철학이 안고 있던 문제들을 대부분 수용하여 해결해냈으며, 이후 철학의 큰 이정표를 제시해주었습니다. 특히 그의 대표적 3대 비판서는 진 · 선 · 미(眞 · 善 · 美)라는 철학사의 중요한 영역들을 각각 도맡아 다룸으로써, 그 영역들에서의 교과서적 지침을 제공하고 있답니다.

▶ 순수이성비판 The Critique of Pure Reason, 1781

'인간은 무엇을 알 수 있는가?' '우리가 어떻게 세계에 대한 지식을 가질 수 있는가?'를 묻고 대답하는 책입니다. 진 · 선 · 미 중 진眞에 해당하는 것이지요.

예를 들어 '이것은 돌이다'와 같이 주로 어떤 것이 객관적으로 사실인지 아닌지를 판단하는 물음이며, 참과 거짓으로 답해질 수 있는 문제이지요. 이는 다시 말해 인간이 사물과 세계를 얼마나 정확히 인식할 수 있는지를 추적하는 것이라 할 수 있습니다. 여기서 그는 정확한 인식으로서의 '선험적 종합판단'이 어떻게 가능한지를 밝히고, 수학과 자연과학의 방법을 그 증거로 제시합니다. 하지만 그는 '선험적 종합판단'으로 진술 가능한 인식의 범위를 분명히 했으며, 그 한계를 밝히고 있습니다. 즉 우리에게 가능한 경험의 대상은 시간, 공간 속에 주어지는 '현상'이지, 결코 인식과는 무관하게 존재하는 '사물 자체'일 수는 없다는 것이지요. '이성'에 의해 '이성' 자신을 검토 비판한다는 의미를 지닌 『순수이성비판』은 그의 저서 중 가장 중심적인 저서라 할 수 있습니다.

▲ 1781년판 「순수이성비판」

▶ 실천이성비판 The Critique of Practical Reason, 1788

'인간은 무엇을 해야만 하는가?'에 대해 묻고 답하는 책으로, 순수한 마음의 윤리적 행위가 가능한지를 탐색하고 있답니다. 진 · 선 · 미 중 선善의 영역을 논하는 것이지요.

예를 들어 '인간은 거짓말을 해서는 안 된다'와 같은 질문은 사실 여부를 묻는 문제가 아니라, '해도 되는가? 해서는 안 되는가?'라는 윤리적인 문제를 묻는 것이지요. 이에 대한 답변 또한 참과 거짓이 아니라, 선이나 악이 됩니다.

우리는 어린아이가 물에 빠지면 구해야 한다고 마음을 졸이거나, 심지어 자신의 목숨을 아끼지 않고 무조건 뛰어들어가 구하려고 합니다. 칸트는 이것이 이해타산적인 계산의 결과가 아니라 마음속에서 일어나는 명령에 의한 것이라고 말합니다. 이 마음속의 명령은 자연법칙이나 객관적인 인과율과도 관계가 없으며, 오직 선을 실천하려는 의지에서 비롯되는 것이라고 합니다. 그는 이렇게 도덕적 상황을 지배하는 것을 '실천이성'이라고 주장하며, 사물과 자연법칙을 판단하는 순수이성과 별개의 것으로 봅니다. 칸트는 인간의 자유란 이렇게 사사로운 이해관계와 욕망에서 자유로이 선을 행하려는 것이라고 말하며, 이것이 인간을 존엄한 존재로 만든다고 역설합니다. 우리는 그의 삶에서 도덕법칙이란 어떠한 의미였는지를 『실천이성비판』 2부의 맺음말과 그의 묘비명에 쓰인 다음과 같은 말에서 확인할 수 있습니다.

"생각하면 생각할수록 새롭고 무한한 경탄과 존경을 불러일으키는 두 가지가 있다. 그것은 하늘에 반짝이는 별과 내 마음속의 도덕률이다."

▲ 칸트의 묘비

▶ 판단력비판 The Critique of Judgementt, 1790

'아름다움이란 무엇인가?'를 묻고 답하는 것으로, 진 · 선 · 미 중 미美의 영역에 해당한다고 할 수 있습니다.

'이것은 좋다' '이것은 아름답다'는 참과 거짓으로도, 선과 악으로도 답할 수 없는 문제입니다. 그저 느낌이자 심리 상태인 것이지요.

또한 그것은 어떤 기준이나 증거가 미리 마련되어 있지도 않은 것이랍니다. 예를 들어, '이것은 돌이다'와 같은 객관적 사실을 묻는 문제라면, 기존의 돌의 개념과 비교해보면 그 진위 여부를 금방 알 수 있지요. '거짓말을 했다' 또한 보편적 도덕법칙인 선이 있고, 그에 비추어 그 선악 여부를 쉽게 파악할 수 있습니다. 하지만 '아름답다'는 사람마다 제각기 다를 뿐 아니라, 때에 따라 다를 수도 있지요. 이에 칸트는 미의 기준이 미리 존재하는 것이 아니라, 상상력과 지성 사이의 유희 속에서 얻어지는 쾌감이라고 말합니다. 그리고 우리에게 제시되는 미의 기준들은 천재들이 등장함으로써 모범이 되는 것이라고 설명하고 있지요. 미에 대한 철학적이면서도 체계적인 접근을 제시한 그의 『판단력비판』은 근대 미학을 형성 · 발전시키는 데 아주 중요한 역할을 하게 됩니다.

▲ 현대의 독일어판 『판단력비판』

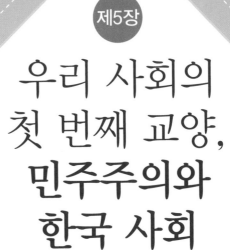

제5장

우리 사회의
첫 번째 교양,
민주주의와
한국 사회

생각해봅시다, 민주주의!

도대체 민주주의란 무엇일까요? 신문이나 방송을 보면, 그리고 특히 우리나라의 과거사를 들어볼라치면 '민주주의'라는 이름을 걸고 수많은 사람들이 봉기하고 또 죽어야 했습니다. 또한 오늘날에도 민주주의는 언제나 논쟁거리를 몰고 다니며 쉽게 매스컴을 떠나지 않고 있지요. 도대체 그 '민주주의'라는 놈이 무엇일까요? 그것이 무엇이기에 그리 말도 많고 탈도 많은 것일까요?

이번 장에서는 그것에 대해 알아보려 합니다. 무엇보다 민주주의야말로 오늘날 우리가 살아가는 기본적인 삶의 방식이자, 서로 간의 약속에 대한 근간을 이루고 있는 것이기 때문입니다. 우리는 이 민주주의하에서 법을 만들고 또 미래를 설계합니다. 때로는 어떤 사회가 더 살기 좋은 사회인지도 논의하며, 그 과정에서 현대사회와 한국 사회에 논쟁이 되는 많은 이슈들이 등장하고 있지요. 이 장에서는 민주주의와 함께 그러한 이슈들을 간단하게 살펴보기로 하겠습니다.

민주주의란
무엇을 의미하는가

　　민주주의의 의미를 좀 더 분명히 알기 위해, 먼저 다음과 같은 질문을 던져보려고 합니다. "민주주의의 반대말은 무엇입니까?" 이 질문에 대부분 공산주의 Communism 를 떠올렸을 겁니다. 민주주의란 자유롭고 잘살며 법에 따라 판단하는 나라를 떠올리게 하고, 우리가 잘 아는 북한 사회의 공산주의는 못살고 자유도 없으며, 김일성의 직계 가족들이 법 위에 서서 모든 것을 휘두르고 있는 곳이라는 생각 때문이지요. 하지만 냉정한 의미에서 북한이 주장하는 공산주의나 사회주의의 기본 전제는 민주주의랍니다. 나중에 좀 더 이야기하겠습니다만, 공산주의는 민주주의의 극단적인 형태 중 하나로 이해되고 있습니다.

민주주의와 헌법의 의미를 다시 묻다

그렇다면 도대체 민주주의의 반대는 무엇일까요? 말 그대로를 따라가거나 민주주의의 역사를 추적해본다면, 그 뜻은 분명해집니다.

먼저 민주주의는 '민民', 국민이 '주主', 주인이 되는 사상입니다. 즉 '국민이 주인'이라는 것이지요. 그렇다면 민주주의의 반대는 무엇일까요? 국민이 아닌 사람이 주인이 되는 것, 또는 국민이 주인이 아닌 것이 되겠지요. 네, 그렇습니다. 공산주의가 아니라 바로, 조선왕조 시대와 같이 왕이 모든 것을 결정하고 지배하는 군주제, 왕정, 군주주의 Monarchism 입니다.

실제로 민주주의는 유럽에서 왕이 가장 강한 힘을 발휘하던 절대왕정 시대에, 왕의 지배를 거부하며 등장한 사상입니다. 그 대표적인 사건이 여러분도 잘 알고 있는 프랑스혁명이랍니다.

앞에서 살펴보았듯이 루이 16세가 국고를 충당하기 위해 삼부회를 소집했지요. 그리고 제1신분인 성직자와 제2신분인 귀족들이 각 신분마다 1표씩을 주장하면서, 가장 많은 인원이 출석했던 평민인 제3신분도 1표만을 행사해야 했지요. 결국 특권층과 평민층이 2대 1이 되는 하나 마나 한 표결에 제3신분의 분노가 폭발하고 맙니다.

이때 시에예스 Emmanuel Joseph Sieyès 가 『제3신분이란 무엇인가? Qu'estce que le Tiers État?』라는 팸플릿을 내놓아 시민들의 분노를 더욱 자극했습니다. 그는 제3신분만이 전부이자 모든 것이라고 주장했습니다. 이전에 제3신분은 아무것도 아니었지만 이제는 전부요, 중요한 존재가 되어야 한다고 강조했지요. 또한 특권 계급을 '제3신분에 기생하는 허깨비'에 불과하다고 질타했습니다. 격노한 평민 대표들은 국민의회를 구성하고, 테니스 코트로 몰려가 헌법을 제정하라고 요구했습니다. 그리고 1789년 7월 9일, 그들 스스로가 헌법을 제정하는 '제헌의회'를 선포합니다. 이렇게 해서 혁명의 불길이 당겨집니다. 그 혁명은 곧 민중들의 반란으로 이어졌지요. 반격해오는 국왕의 군대로부터 파리를 방어하고, 4만 8천 명의 민병대가 충돌했습니다. 농민들도 함께 들고 일어나 영주의 토지 장부들을 불태웠지요. 그렇게 혁명은 프랑스 전역을 뒤덮어갔습니다.

QU'EST-CE QUE
LE TIERS-ÉTAT?

시에예스의 팸플릿 팸플릿의 원제 자체가 『제3신분이란 무엇인가? 전부(全部)다. 이제까지는 어떤 것이었나? 전무(全無)다. 무엇을 요구하고 있는가? 무언가 되기를 원한다.』이다.
국민의 대부분을 구성하면서도 권력을 갖지 못한 평민들에게 시민권과 자유를 얻기 위하여 일어서라는 내용을 담은 이 책은 프랑스혁명을 촉발시켰다. 국민주권과 헌법 제정 권력의 이론적 시원이 되기도 했다.

혁명의 결과 국민의회는 봉건제도를 폐지하고, 특권층은 많은 권리를 포기해야 했습니다. 그리고 마침내 1789년 8월 26일, 자연권 사상에 기초한 '인권선언The Declaration of Human Rights'을 공표하게 됩니다. 이 인권선언은 혁명이 지향하는 시민사회의 기본 원리를 밝힌 것으로, 미국의 버지니아 헌법*과 함께 근대 민주주의 헌법의 근간을 이루는 것이었지요. 이제 더 이상 프랑스인들은 국왕의 백성이 아니라 당당한 시민이었으며, 법적 평등과 이동의 자유, 언론과 종교의 자유를 누릴 수 있는

버지니아 헌법 미국 독립운동 당시 각 지역에서는 시민의 자연권을 내세운 권리장전(The Bill of Rights)이 공표되었다. 그중 버지니아에서 가장 먼저 공표되었는데, 이에 최초의 인권선언으로 인정받고 있다.

존재가 되었지요. 또한 '재산권은 신성불가침의 권리'라고 규정함으로써 각 개인이 가진 재산권을 아무도 침해하지 못하게 했지요.

　우리가 향유하고 있는 민주주의는 바로 이런 역사적 과정을 통해 탄생한 것입니다. 세계 곳곳의 민주주의는 이런 피와 저항의 과정을 통해 형성되었답니다. 심지어 무혈혁명으로 알려진 영국의 명예혁명도 그 이전에 크롬웰에 의해 왕의 목이 잘리는 사건이 있고 나서야 가능했던 것이지요. 법의 기준이 되는 법 중의 법이요, 국가의 통치 원리인 헌법 또한 같은 역사적 맥락에서 태어났습니다. 그렇게 민주주의와 헌법의 진정한 취지 또한 이런 역사적 맥락과 함께하고 있는 것이랍니다. 그러므로 만약 우리가 민주주의에 대한 논쟁이나 그 방향을 결정

짓는 상황에 직면한다면, 당연히 역사적 맥락 속에서 그 취지를 되물어야 하는 것이지요.

그렇다면 이러한 맥락 속에서 누구나 인정하는 민주주의와 헌법의 가장 중요한 취지는 무엇일까요? 바로 '국가로부터의 자유'입니다. 민주주의란 국가와 공권력으로부터 우리가 타고난 자유와 권리를 침해받지 않는 것이며, 헌법이란 그런 자유들, 즉 기본권을 보장하는 것이랍니다. 이제 이런 타고난 자유를 인정하거나 지켜주지 않는 국가는 더 이상 민주주의 국가가 아니며, 헌법이 그에 따른 기본권을 보장하지 못한다면 헌법으로서 인정받지 못하는 것입니다. 그런 국가와 헌법은 다시 구성되어야 하며, 민주화된 국민들의 저항에 부딪히게 되는 것이지요. 전 세계의 민주주의 역사는 이런 자유와 권리를 얻기 위한 투쟁의 역사였지요. 실제로 오늘날의 민주주의와 헌법은 굳이 명문화하지 않더라도, 민주주의와 헌법을 수호해야 할 경우 국민이 법을 뛰어넘어 저항할 수 있는 저항권을 인정하고 있답니다. 정확히는 이런 저항권 자체가 민주주의와 헌법에 이미 포함되어 탄생한 것이라고 이해해야 할 것입니다.

민주주의와 헌법의 기본 원리들

그렇다면 민주주의의 주권은 누구에게 있으며, 이러한 헌법은 누가 만드는 것일까요? 우리는 혁명을 촉발시킨 시에예스의 팸플릿에서 그 근거를 찾을 수 있습니다. 그는 "제3신분이란 무엇인가? 그것은 전부다"라고 말합니다. 그렇습니다. 제3신분, 즉 평민이 전부요, 주인인 것이지요. 민주주의의 주권자는 더 이상 군주도 국가도 아닌 국민이 되는 것입니다. 또한 헌법을 제정하는 것도 전부인 국민이 합니다. 헌법을 제정하는 힘을 헌법학에서는 '헌법 제정 권력Sovereign Entity of Making Constitution'이라고 하는데요, 이 헌법 제정 권력이 국민에게 있는 것이지요. 그러므로 민주주의란 헌법을 제정하는 권력이요, 주권이 국민에게 있는 것을 의미하는 것이 됩니다.

이렇게 헌법 제정 권력에 의해 제정된 헌법은 민주주의를 지키고 운영하는 역할을 하며, 민주주의는 스스로를 지키기 위해 헌법이라는 도구를 사용합니다. 이 헌법은 자신의 권위로 모든 국가조직과 권력기관, 그리고 다양한 분야의 모든 법들을 통제하고 운영하게 되는 것이지요. 그래서 민주주의와 헌법의 중요한 원리로 '입헌주의Constitutionalism'가 나오는 것입니다. 입헌주의란 모든 통치가 헌법에 따라 이루어져야 한다는 것이지요. 헌법에 의하지 않고는 그 어떤 정부도, 권력기관도, 심지어 법들도 효력을 발휘할 수 없다는 것입니다. 민주주의 사회에서는 영국처럼 왕이 존재한다 해도 그가 나라의 주인이 될 수 없으며, 법을 벗어나 행동할 수도 없는 것이지요.

그렇다면 이런 것을 실제로 실행하는 사람은 누구일까요? 말했다시피 국민이 전부이고, 국민이 주인이며, 국민에게 모든 권력이 있습니다. 하지만 그 많은 국민이 다 모여서 나라를 다스릴 수도, 재판을 할 수도 없는 노릇입니다. 과거 그리스 도시국가 시대라면 모를까요. 그래서 투표와 선거제도를 만들어 이를 대신하게 했지요. 의회주의나 대의제 민주주의가 바로 그것인데, 이 또한 민주주의의 중요한 원리랍니다.

그런데, 우리가 대의제에 따라 누구 한 사람을 뽑아 통치하고 관리하도록 했다고 해봅시다. 그러면 그는 자신이 원하는 법만을 만들고, 그에 따라 재판을 하다가 마음에 안 들면 다시 법을 만들 것이고, 행정 처리를 하다 또 마음에 안 들면 다시 법을 만들어 자기 마음대로 해나가게 될 것입니다. 결국 한 사람이나 한 기관이 모든 권력을 갖고 좌지우지하게 되면 그것은 독재가 되어버려 민주주의가 실현되기 어렵겠지요. 바로 이런 문제 때문에 통치와 관리를 행정부, 입법부, 사법부로 나누어 행사하게 하고, 서로 자기 마음대로 하지 못하도록 견제하게 만들었답니다. 바로 삼권분립三權分立이지요. 이 또한 민주주의의 중요한 원리입니다.

삼권분립을 주장한 몽테스키외 몽테스키외는 『법의 정신』에서 삼권분립을 주장했다. 이는 각 권력이 권력을 남용하고 마구 휘두를 수 없게 견제하기 위함이었다. 하지만 가끔 우리나라에서는 검사들이 부정을 저지르고 이에 국정감사 등이 요구되면, 삼권분립을 내세우며 맞서는 이들도 있다. 자신들이 알아서 스스로를 감사하겠다는데, 도둑질한 사람의 아버지에게 아들을 수사하라는 것과 같은 꼴이다. 이는 삼권분립을 지키는 것이 아니라, 삼권분립을 훼손하는 것이라 할 수 있다.

이제까지 살펴본 민주주의의 기본 원리들은 헌법의 기본 원리에도 그대로 적용될 수 있습니다. 여기에 헌법은 민주주의와 스스로를 더 잘 지키기 위해, '성문헌법 원칙'과 '경성헌법 원칙'을 더하고 있지요.

'성문헌법 원칙'이란 헌법에 기본권 보장과 국가 통치 작용을 문서로 명시해야 한다는 것입니다. 그래야만 모두가 이를 명확히 확인하고 엄격히 지켜나갈 수 있기 때문이지요. 그렇다면 불문법 국가로 알려진 영국은 전복되는 혁명도 식민지 시기도 없었기 때문에 헌법이 없는 것일까요? 아닙니다. 크롬웰이나 명예혁명이 있었지만, 당시에 헌법은 곧 폐지되었거나 귀족층들만이 몇몇 권리를 보장받았지요. 이후에도 법률 제정과 관습법에 따라 그것들이 단계적으로 누적되었기 때문에 정해진 성문헌법이 존재하지는 않을 뿐, 분명 헌법은 존재하고 있답니다. 참고로 미국 헌법은 그 중간의 성격을 띠지요. 처음 만든 것에서부터 하나하나 계속 누적해 기록되고 있습니다. 그래서 미국의 헌법은 '수정헌법'이라고 하지요.

그렇다면 '경성헌법 원칙'이란 무슨 뜻일까요? 이는 쉽게 개정하지 말라는 것입니다. 헌법을 아무 때나 쉽게 개정한다면, 국민의 권리 보장과 생활이 안정되기 힘들기 때문이지요. 이런 헌법 개정에 있어 개정 횟수보다 더 중요한 것이 있는데요, 그것은 바로 헌법핵의 문제랍니다. '헌법핵'이란 국민주권, 입헌주의, 의회주의 등과 같이 헌법과 민주주의의 핵심 원리들로, 절대 개정해서는 안 되는 것들이지요. 이들은 어떠한 헌법으로도 개정할 수 없으며, 개정할 경우 정당한 헌법으로서 인정받을 수 없게 됩니다.

근대 민주주의가 지키려는 기본권들

그렇다면 '국가로부터의 자유'로 일컬어지는 자유는 어떤 것들이 있을까요? 또 헌법에서는 이것을 어떻게 구체화하고 있는 것일까요? 여

종교 대학살 그림은 성 바르톨로뮤의 학살을 그린 것이다. 종교의 평화적 정착을 위해 신교 왕자와 구교 공주를 결혼시키려 했지만, 끝내 결혼식장은 구교도들의 신교도 대학살로 마무리되고 말았다. 종교개혁 전후 이런 참상은 끝없이 되풀이되었는데, 그만큼 종교의 자유를 얻어낸다는 것은 험난한 것이었다.

기에 대해 간단히 살펴보도록 하겠습니다.

먼저 '자유권 Right of Freedom'입니다. 자유권이야말로 민주주의가 그토록 획득하려 했던 국가로부터의 자유의 핵심이며, 모든 기본권 중 가장 기본이 되는 기본권이라 할 수 있지요.

여기에는 정신 활동의 자유로, 양심의 자유, 종교의 자유, 학문·예술의 자유, 언론·출판·집회·결사의 자유 등이 있답니다. 이 모든 것은 타고난 자유이며 근대 헌법이 만들어진 이유입니다. 그러므로 그 누구도 함부로 종교나 양심을 강요할 수 없으며, 책을 만들거나 집회를 하는 데 있어서 함부로 통제할 수 없는 것이지요. 역사는 이것을 얻기 위해 무수한 종교전쟁과 언론 탄압 등을 이겨내야 했습니다.

신체에 대한 자유로는 신체의 자유, 주거의 자유, 거주·이전의 자유가 있지요. 민주주의 사회에서는 그 누구도 고문을 할 수 없으며, 법에 의하지 않고 사람을 구금할 수도 없습니다. 봉건제에서는 함부로 영주의 땅에서 벗어날 수 없었지만, 민주주의 사회에서는 어디든 자유롭게 이주해 주거할 수 있답니다.

경제적 자유에 대한 것도 있는데요, 직업 선택의 자유나 재산권의 자유와 보장이 그 대표적인 예라 할 수 있지요. 특히 재산권의 자유와 보장은 근대 혁명 당시 매우 중요시되던 것입니다. 혁명 초기 부르주아가 주도권을 잡고 있었고, 그들의 가장 큰 목적은 자신의 재산을 지키고 보장받는 것이었기 때문이지요.

다음은 '평등권 Right to Equality'입니다. 이는 모든 인간을 원칙적으로 평등하게 대해야 하며 국가로부터 차별 대우를 받지 않을 권리이지요. 하지만 근대 혁명 직후 평등은 말처럼 모두의 평등도, 실제적인 평등도 아니었답니다. 여성과 농민 등이 같은 권리를 갖지 못했으며, 형식적인 평등에 불과했지요. 그러나 계속되는 요구와 저항을 통해 여성과 농민도 평등한 대우를 받기 시작했으며, 현대에 들어 말뿐인 평등이 아닌 구체적이고 실질적인 평등으로 자리 잡아갔답니다.

이 모든 권리를 지키고 실천하는 데 있어 아주 중요한 역할을 하는 것이 '참정권 Political Right'입니다. 이는 국민이 직접 또는 간접으로 국정에 참여할 수 있는 권리이지요. 잘 알려진 대로 선거권·피선거권·국민투표권 등이 대표적인 참정권이랍니다. 참정권 또한 혁명 당시 누구에게나 주어진 것이 아니었지만, 서서히 여성과 농민 등에도 확장되어 모두가 참정권을 갖게 되었지요. 특히 참정권은 내국인에게만 보장되는 권리로, 국민 개인이 그 누구에게도 이양하거나 양보할 수 없는 권리랍니다.

한편 법적인 문제가 발생했을 때 이를 법적으로 해결해줄 것을 청구할 수 있는 권리로 '청구권Anspruch'이 있습니다. 청구권에는 새로운 법을 만들어달라고 제안하는 '청원권Right to Petition'도 해당된답니다.

기본권으로서 '저항권Right of Resistance'과 '사회권Social Right'을 더 들 수 있습니다. 사실 저항권은 우리나라 헌법에서도 구체적으로 명시되어 있지 않습니다. 하지만 헌법이나 민주주의가 심하게 침해받고 있을 때, 이를 지킬 수 있는 유일한 방법은 국민의 저항이지요. 그런 이유로 저항권은 명시하지 않아도 당연히 인정되는 기본적 권리입니다. 사회권은 인간의 생존에 꼭 필요한 권리요, 행복을 추구할 수 있는 권리인데요, 이는 현대 헌법에서 부각되고 강조되는 것으로 다음에서 자세히 살펴보기로 하겠습니다.

끝으로 민주주의 사회에서는 권리만 있는 것이 아니라, 의무도 있습니다. '납세의 의무'나 '국방의 의무' '노동의 의무' 등이 빼놓을 수 없는 의무이겠지요. 하지만 무엇보다 중요한 의무는 민주주의를 후퇴하지 않게 지켜내는 의무일 것입니다. 물론 이는 명시되어 있는 의무는 아닙니다. 그러나 역사 속에서 살펴보았다시피 민주주의는 공고히 자리 잡기까지 일시적으로나마 수차례 후퇴를 거듭하고, 그만큼 또 피의 희생을 필요로 합니다. 그런 만큼 우리는 이 민주주의가 후퇴하지 않게 끝없이 견제하고 지켜내려 노력해야 할 것입니다. 만약 이 민주주의를 잃는다면 우리가 가진 모든 자유와 권리를 잃는 것이며, 또다시 찾으려면 또 많은 피를 흘려야 하기 때문입니다.

오늘날의 민주주의와 헌법은
무엇이 다른가

국왕으로부터 또는 국가로부터의 자유를 앞세운 프랑스혁명의 불길은 세계로 뻗어 나가며, 세계 곳곳을 근대 민주주의 사회로 변화시켜 나갔습니다. 하지만 부르주아 중심으로 만들어진 근대 민주주의와 헌법에는 여러 가지 한계가 있었답니다. 혁명은 모두의 희생을 통해 일구어진 것이었지만, 그 열매는 부르주아만의 평등과 이익에 집중되어 있었던 것이지요. 새로운 민주주의 사회에서 그들 역시 기득권이 되어 그 어떤 권리도 쉽게 내주려 하지 않았는데요, 이에 많은 저항과 혁명이 잇따를 수밖에 없었지요. 점차 노동자와 여성, 농민 등에도 권리가 주어지기 시작했으며, 심지어 마르크스주의 등의 영향으로 인간

개인의 행복을 보장하려는 더욱 진보된 민주주의 의식과 헌법이 등장
하게 되었답니다.

현대 민주주의와 헌법의 모범이 된 바이마르 헌법

앞서 말한 삼부회만 보더라도 그 한계가 이미 내재되어 있었답니
다. 삼부회 당시 제3신분은 이론상 평민이었지만, 실제로는 제3신분
의 10퍼센트도 안 되는 부르주아 계층이 주도하고 있었지요. 이에 돈
이 있는 자들만이 선거권과 피선거권을 가지려 했으며, 일반 평민이나
농민, 여성 등은 철저히 배제되었습니다. 그들이 '재산은 신성불가침
의 권리'라고 강조한 것도 자신들의 재산을 철저히 지키기 위해서였답
니다. 또한 그들이 강조하는 자유 속에는 돈만 있으면 무엇이든지 살
수 있고, 자신들이 마음껏 노동자를 부리고 언제든지 해고할 수 있는
자유까지도 모두 포함되어 있는 것이었지요. 하지만 그들의 욕심은 평
등을 요구하는 시민들의 저항에 부딪혀야 했으며, 혁명이 일어날 때마
다 평민들과 여성들이 스스로의 권리를 찾기 위해 저항하고 목숨을 던
지곤 했습니다. 사회는 여전히 불평등했으며, 시민들의 삶이 나아진
것도 아니었지요. 자본주의 사회가 발전할수록 자본가들은 더욱 풍요
로워졌으며 모든 걸 보장받아 마음대로 착취했지만, 오히려 노동자들
은 착취를 당하고도 아무 때나 해고되었습니다. 빈부의 격차는 갈수록
더 커져갔으며, 자신들이 들고일어나 만든 새로운 사회가 고작 이런 것

이었는가에 대한 분노도 더욱 커져갔습니다.

그러던 중 여기저기서 부르주아의 경제체제가 삐거덕거리기 시작합니다. 자본가들이 아무리 승승장구하더라도 그들의 물건을 사줄 소비자들의 주머니가 비었다면, 그들도 역시 추락할 수밖에 없는 것이었지요. 그들의 착취는 소비자인 노동자들의 주머니를 텅 비게 했고, 소비층을 잃어버린 기업은 멈춰버렸습

독일의 11월 혁명 사진은 혁명군들이 붉은 깃발을 들고 베를린의 브란덴부르크 개선문 앞을 행진하는 모습이다. 이 혁명으로 독일 제국 제정이 붕괴하고 독일에서도 의회 민주주의적인 공화국이 탄생했다.

니다. 경제공황이 터지고, 제국주의 국가마다 자신들의 물건을 강제로 내다팔 식민지를 더 많이 확보하기 위해 전쟁에 더욱 박차를 가하고 있었지요. 식민지를 놓고 강대국들이 맞붙은 것이 세계대전이랍니다. 그리고 이 세계대전에서, 후발 산업국으로 늦은 출발을 만회하기 위해 주변국의 경계심을 뚫고 공격적으로 나아간 나라가 독일이었던 것이지요. 결국 독일은 제1차 세계대전을 촉발하고 끝내 패망하고 맙니다. 그렇게 국가와 자본가들이 세상을 삼키기 위해 폭주하다 무너진 그 자리에, 오늘날 민주주의 헌법의 전형인 '바이마르 헌법The Weimar Constitution'이 등장하게 됩니다.

제1차 세계대전 말, 독일은 패전을 거듭했고 빈곤과 사회적 긴장이 극에 달하자, 11월 혁명이 터지고 말았지요. 독일 전역으로 퍼져 나간 혁명의 여파로, 세계 제국의 꿈을 안고 전쟁을 자행했던 빌헬름 2세는

네덜란드로 망명해버립니다. 그 빈자리를 사회민주당이 이어받아 바이마르 공화국을 세웠고, 서둘러 전쟁을 종결시켰지요. 그리고 마침내 여성을 비롯한 모든 국민이 선출한 국민의회가 바이마르 헌법을 만들어 선포했답니다.

비폭력적이고 점진적인 사회주의를 내세웠던 사회민주당이 주도한 이 헌법은 모두의 염원이었던 20세 이상의 남녀라면 누구나가 1표씩, 직접, 그리고 자신이 누구를 뽑았는지 아무도 모르게 선거할 수 있는 권리가 주어졌습니다. 또한 이때 제정된 헌법에 대해 찬반을 결정할 수 있는 국민 투표권도 인정되었는데요, 이는 이후 완벽할 수 없는 대의제를 직접민주제도로 보충하는 제도로 자리 잡았지요.

이 헌법은 통치 구조 부분 말고도, 기본권에 관련한 부문을 2편에 따로 두어 명시해놓고 있는데요, 그것은 과거의 헌법과는 사뭇 다른 내용을 포함하고 있었답니다.

바이마르 헌법에서는 과거 전통적인 기본권들을 인정하면서도, '경제생활의 질서는 모든 사람에게 인간다운 생활을 보장하는 것을 목적으로 하는 정의의 원칙에 적합하지 않으면 안 된다'고 명시함으로써, 최초로 사회적 기본권을 규정하고 있었습니다. 이는 모든 사람에게 인간다운 생존(생존권)을 보장해야 한다는 것이며, 개인의 소유권과 재산권의 행사가 사회와 공공복리를 위해 제한받을 수 있음을 나타내는 것이었지요. 이를 통해 근대 헌법이 가진 사유재산에 대한 신성불가침의 절대적인 권리가 사회의 정의를 위해서는 제한될 수 있었고, 가진 자들에 의해 일방적으로 차별되고 침해받던 개인의 기본권은 현실 속에서 더욱 실질적으로 잘 보장받을 수 있게 되었답니다. 이같이 인간적인 삶을 실제적으로 보장하려는 노력은 학교의 감독이나 노동력의 보호, 노동 조건의 유지와 개선, 결사자유의 보장, 노사의 동등권과 같은 기타 다른 조항에서도 잘 드러나고 있지요.

이렇듯 20세 이상이면 누구나 갖게 된 참정권과 함께 현실 속에서 진짜로 인간답게 살 수 있는 실제적인 기본권들을 보장하려는 취지는 현대 헌법의 전형이 되어 이후 전 세계로 퍼져 나갔습니다. 이 바이마르 헌법은 한때 히틀러에 의해 폐기되다시피 했지만, 제2차 세계대전 이후 독일은 물론 많은 나라들이 그 취지를 이어받고 더욱 발전시켜, 현대 헌법과 민주주의의 주요 흐름으로 자리 잡게 되었답니다.

국민의 실재적인 권리를 보장하려는 현대 헌법

현대사회에서의 민주주의와 헌법은 이로써 더 이상 형식적이 아닌 모든 국민이 누리는 실질적인 민주주의 국가로 변모하게 됩니다. 그것은 한마디로 실질적 평등과 실질적인 기본권 보장을 의미합니다. 이제 더 이상 여성이나 농민 등의 이유로 차별받지 않으며, 특정 연령 이상이면 무조건 참정권이 주어지게 되었지요. 또한 그것은 단지 추상적인 평등에 머물지 않고 아주 구체적인 현실 속에서의 평등으로 나아가는데요, 그 대표적인 것이 '적극적 평등실현조치'라고 할 수 있습니다. 이는 여성이나 흑인, 장애인 등 역사적으로 상대적 박탈감에 시달려온

317

계층을 우대해주어 실질적인 평등을 보장하려는 것이지요. 특별한 직위에 대한 여성 할당제라든가, 장애인들이 편의 시설을 쉽게 이용할 수 있게 한 장애인 접근법 등도 이에 해당한다고 할 수 있지요.

하지만 현대 헌법의 가장 두드러진 특징은 행복추구권이라고 일컬어지는 사회권의 보장일 것입니다. 바이마르 헌법에서부터 본격화된 이 사회권은 인간이 어떠한 경우라도 존엄성을 잃지 않고 최소한의 생활의 권리를 누릴 수 있게 보장하는 것을 의미하지요. 이에 일할 기회를 보장하는 근로권과 교육을 받을 수 있는 교육권, 쾌적한 환경에서 생활할 수 있는 환경권 등이 있답니다. 이 중 근로권은 일할 수 있는 기회 등을 보장하고 함부로 해고할 수 없게 하기 위해 '근로기준법' 등을 만들고, 노동자들이 스스로가 뭉쳐 문제를 해결할 수 있도록 단결권과 단체교섭권, 단체행동권을 규정하고 있답니다.

또한 과거 자유방임 시대에서 겪어야 했던 힘없는 노동자와 시민들의 불이익과 불평등한 조건 등을 해소하기 위해 국가가 적극적으로 개입하는 적극 국가의 모습으로 변모하고 있는 것도 현대 민주주의의 중요한 특징이지요. 이는 좀 더 나아가 사회복지를 보장하려는 사회복지 국가 추구로 이어지고 있기도 합니다.

또한 실제적인 법치주의를 확립하고 헌법을 수호하기 위해 위헌법률심판과 같은 헌법재판 제도를 두고 있는데요, 이는 기본권을 침해할 위험이 있는 법의 경우 그 심리를 다시 할 수 있게 하는 것이지요.

끝으로 두 차례의 세계대전 등을 겪으면서 비극적인 전쟁을 방지하기 위하여, 오늘날의 헌법은 국제평화주의를 채택하고 있습니다. 최근 자위대 등을 강화하는 일본의 행태는 이런 현대 민주주의의 흐름에 반하는 것이라 할 수 있답니다.

피로 얼룩진
대한민국의 민주주의 역사

우리나라에서는 프랑스혁명과 같이 군주제를 뒤엎으며 민주주의
와 헌법이 만들어진 것은 아닙니다. 오히려 해방과 함께 서양에서 만
들어진 민주주의와 헌법을 모방해 뿌리내렸다고 할 수 있지요. 하지
만 민주주의란 그렇게 모방만으로 쉽게 이루어지는 것은 아니랍니다.
실제로 우리 국민들에게 민주주의 의식이 자라나는 데에는, 프랑스혁
명 못지않게 많은 피와 저항이 필요했으니까요. 그래서였을까요? 우
리나라는 이렇게 이식된 민주주의를 가지고, 다른 나라보다 훨씬 빠른
경제성장을 달성해왔지요. 발전의 속도가 빨랐던 것만큼이나 많은 시
련과 희생, 복잡하고 다양한 문제들을 떠안고 와야 했답니다.

이승만 친일 정권과 4 · 19혁명

일본의 식민지에서 벗어나 해방이 되면서, 우리나라도 비로소 우리 손으로 대표자들을 뽑고, 헌법을 제정할 수 있는 여건이 마련될 수 있었습니다. 하지만 불행하게도 우리나라는 그 시작부터 미국과 소련이라는 전혀 다른 체제가 남북으로 나누어 관할하고 있었지요. 이에 따라 우리나라의 정치 세력도 남한은 자본주의 시장경제를 앞세운 우익이, 북한은 사회주의 계획경제 체제를 앞세운 좌익이 득세하면서 첨예하게 대립하였답니다. 물론 당시 이념을 앞세우는 분열보다, 통일이 먼저여야 한다는 김구나 김규식 같은 세력들도 있었지요.

하지만 친일 세력과 미군의 힘을 등에 업은 이승만은 통일 세력을 힘으로 제압하고, 1948년 5월 8일 남한에서만 단독으로 헌법을 제정하기 위해 국회의원 선거를 강행했습니다. 통일을 추진하던 세력 등 경쟁 세력들이 불참한 가운데 치러진 이 선거에서, 이승만을 중심으로 한 보수파들이 대거 당선되어 주류를 이루게 되었지요. 그들은 서둘러 헌법을 만들고 8월 15일 공식적으로 대한민국 정부 수립을 선포했는데요, 이로써 남한만의 대한민국 정부가 수립되었지요. 그리고 9월 9일 북한에서도 정부가 수립됨으로써 끝내 한 민족 두 개의 국가가 시작되었으며, 이후 전쟁과 적대적 대립을 피할 수 없게 되었답니다.

그들이 서둘러 헌법을 만든 것은 하루빨리 안정된 국가 체제를 만들기 위해서일 수도 있었겠지만, 헌법에 대한 정확한 이해 없이 헌법을 나라를 세우기 위한 요식 행위 정도로만 생각해서이기도 했지요. 이

초대 대통령 취임식 마침내 남한에서 대통령 이승만, 부통령 이시영으로 하는 정부가 출범했다. 하지만 외국 생활로 조직 기반이 약했던 이승만은 친일파를 불러들였으며, 자신이 '전주 이씨'라는 의식이 강했고, 이씨 왕조처럼 영구히 군림하고 싶어했다. 한편 애국자였던 부통령 이시영은 조선왕조의 대표적 인물로 근대적 인식이 부재했다.

에 그들은 오늘날 헌법의 모범이 된 바이마르 헌법을 흉내 내고 있었지만, 헌법의 이유인 기본권 보장에 대한 조항을 장식 문구로만 두고 그에 따른 보장 법안을 제정하지 않았습니다. 물론 이후에도 보장하려는 의지조차 보이지 않았으며, 무엇보다 우리를 착취하는 데 쓰인 일제의 법률과 관행을 대부분 그대로 유지하여 국민을 식민주의적 방식으로 지배하려 했습니다. 게다가 처음에는 상징적인 대통령으로만 이승만을 옹립하고 의원내각제 정부로 시작하려 했지만, 곧바로 이승만의 요구에 따라 미국식 대통령제로 전환돼 대통령 권한이 강화되었습니다.

그 결과 의원내각제의 권한까지 모두 갖게 된 대통령의 힘은 막강한 것이 되었으며, 계엄 선포권과 긴급 명령권까지 아무런 제한 장치 없이 손에 쥐게 되었답니다. 이러한 헌법의 형태는 결국 이후 권력 남용의 길을 완전히 개방해주었는데, 이는 일본의 군국주의 헌법에서나 볼 수 있는 메이지유신 시대의 잔재이기도 했습니다.

한편 외국 생활만을 해온 이승만은 국내 정치 기반이 취약했습니다. 이에 그가 택한 것은 과거 일제에 앞잡이 노릇을 하며 우리 민족을 괴롭히던 친일 세력을 대거 등용하는 것이었지요. 친일 세력은 이미 일제의 경찰, 군인, 관료를 지낸 전문가이기도 했으며, 일제시대 일본인들이 갖고 있던 한국의 재산들을 헐값에 이어받은 재력가들도 많았지요. 이로써 친일의 경험은 죄가 아니라 유리한 등용조건이자 기득권이 되어버린 것입니다. 이들과 이승만 정권은 하나가 되어, '일제 청산'과 '친일 행위자 처벌'을 주장하는 사람들을 무산시키고 보복을 자행하기도 했답니다.

또한 자유 시장주의를 내세우며 남한에서만 세워진 이승만 정권은 결국 북한 정권을 적대시해야 했으며, 이를 더욱 이용해 '반공'을 최고의 덕목으로 내세웠습니다. 게다가 1950년 한국전쟁이 터지면서 반공은 모든 것을 초월하는 명분이 되었는데요, 이에 민주주의와 기본권을 요구하는 사람들을 좌익으로 몰아 범법자로 만들거나 사형에 처할 수 있었지요.

하지만 더 큰 문제는 이승만 정권이 마치 왕정처럼 영구히 집권하고 싶어했다는 점입니다.

당시 헌법은 대통령을 국회의원이 뽑게 되어 있었는데요, 바로 이 점 때문에 이승만이 국민들의 지지와 상관없이 초대 대통령이 될 수 있었던 것입니다.

그런데 1950년 5월 30일 두 번째 열린 국회의원 선거에서 이승만을 지지하는 국회의원이 30여 명, 반대하는 국회의원이 130명이나 나오게 된 것이지요. 이대로라면 이승만의 재집권은 불가능한 것이었습니다. 하지만 공교롭게도 한국전쟁이 발발하고 맙니다. 전쟁의 혼란 속에서 부산으로 피난 온 이승만은 국민이 직접 대통령을 뽑는 '대통령 직선제'로 헌법을 바꾸어버립니다.

이승만은 이를 위해 사전에 반대파 정치인들을 간첩으로 몰아세우고, 계엄령을 선포했으며, 국회의원들을 납치하여 강제로 표결하게 하였지요. 그는 이후 전쟁으로 격화된 반공 분위기 속에서 경찰과 각종 어용 단체들을 동원하여 선거를 조작함으로써 원하던 대통령에 재선될 수 있었답니다.

개헌

나만 다 해먹을 거야!!

하지만 이것으로 그의 집권 야욕이 충족된 것은 아니었지요. 1954년 그는 이번에는 초선 대통령만 여러 번 대통령을 할 수 있도록 개헌안을 발의합니다. 당시 국회의원 203명 중 3분의 2면 135.333명이므로, 136명 이상이 찬성해야 이 법이 통과되는 것입니다. 하지만 135표만이 찬성표가 나왔지요. 결국 그는 4까지는 버리고 5부터 올린다는 '사사오입四捨五入'이라는 황당한 논리를 내세워 헌법을 강제로 통과시켜버렸답니다. 이렇게 자신만이 여러 번 대통령이 될 수 있는 권한을 얻은 그는 1956년 대통령 선거에서 표를 조작하고 관권과 금권을 동원해 3선에까지 성공하게 됩니다.

그리고 마침내 1960년 이승만은 자신이 또 한 번 대통령에 오르고 자신의 후계자 이기붕 또한 부통령에 당선될 수 있게 하기 위해 모든 방법을 동원합니다.

이승만 정권은 자연스럽게 만들어진 기권표와 선거인 명부에 허위 기재한 유권자표, 금전으로 매수해 기권표 등을 만들어내 40퍼센트에 이르는 가짜 유권자가 미리 투표하게 하였으며, 팀을 만들어 서로 확인함으로써 이들 모두가 이승만 후보에게 투표하게 하는 방법을 쓰기도 했습니다. 또한 반대편 측 투표 참관인을 폭행·감금해 참관을 포기시키거나 투표소 밖으로 내쫓기도 했지요. 그 결과 이승만과 이기붕은 90퍼센트가 넘는 너무 많은 표를 얻어, 오히려 하향 조정해 당선을 발표해야 했답니다.

하지만 이제 국민들도 가만히 있지 않았습니다. 이미 선거일 이전부터 학생들의 시위가 여기저기서 일어났으며, 4월 19일 마침내 대규모 시위가 전국적으로 확산되었지요. 19일 하루 동안 전국의 시위 참가자 중 130여 명이 죽고, 6천여 명의 부상자가 속출했다고 합니다. 혁명이 되어버린 이 시위로 이승만은 끝내 하야해야 했고, 국민의 손으로 뽑은 제2공화국이 출범하게 되었답니다.

박정희 정권의 번영과 유신독재

혁명 후 새로 치러진 총선에서 민주당이 정권을 잡았습니다. 윤보선이 대통령을, 장면이 총리로 옹립된 '내각책임제'를 내세웠지요. 하지만 9개월 만에 무엇 하나 펼치지 못하고, 박정희 육군 소장이 이끄는 군부 세력의 정변(5·16 군사정변)에 의해 전복되고 맙니다.

군대를 동원해 쿠데타에 성공한 박정희는 정치인들의 활동을 금지시키고 사회단체를 해산시켰으며, 집회와 언론을 통제하면서 '대통령 중심제'로 헌법을 바꾸었지요. 대통령에 당선된 그는 정부 요직을 군인들로 채웠으며, '중앙정보부'라는 비밀 정보 조직을 만들어 군사정권에 반대하는 사람들을 감시하고 탄압했습니다.

민주적 명분이 없는 박정희 정부는 반공을 전면에 내세웠으며, 경제적 성공을 통해 명분을 얻고자 했지요. 박정희는 정변 직후부터, 장면 정부 때 준비하고 있던 '경제개발 5개년 계획'을 수정해 본격적인 경제 개혁을 시작했습니다. 막강한 힘을 가진 군부는 기업의 조력자가 되기보다는 경제에 직접 개입하는 방법을 택했습니다. 그들은 기업은행 등 특수은행을 설립하고, 필요한 곳에 자금이 집중될 수 있도록 금융을 통제했지요. 무엇보다 자본을 유치해오는 것이 시급한 과제였는데요, 이를 위해 군부는 한일 협정을 강행해 일본으로부터 3억 달러의 무상자금과 3억 달러의 유상 차관을 끌어왔지요. 베트남에도 젊은이들을 파병해 미국으로부터 1억 5천만 달러의 차관과 베트남 시장 진출을 약속받습니다. 이들 자금은 우리나라 최초의 고속도로인 경부고속도로와 포항제철의 건설에 쓰이게 됩니다.

제1차 경제개발에서는 먼저 전력, 석탄, 정유 등 에너지산업을 개발하고, 값싼 임금을 활용한 수출 상품을 늘리면서 경제적 기반을 다져나갔지요. 경제가 서서히 탄력을 받기 시작하자 박정희를 지지하는 층도 늘어났는데요, 그 결과 박정희는 1967년 5월 무난히 재선에 성공할 수 있었습니다. 이어진 제2차 경제개발 5개년 계획에서는 경부고속도로가 완공되어 물류가 획기적으로 개선되고, 화학, 철강 등 중화학공업 등이 집중 육성되면서 경제성장 폭이 더욱 커졌지요. 제1·2차 경제개발 계획이 성공리에 수행되

한일 협정 반대 시위 한일 협정에 대한 많은 비난이 빗발쳤다. 하지만 한일 관계 정상화는 당시 국제 정세의 요청이기도 했다. 이에 장면 정부도 한일 관계 정상화를 준비하고 있었다. 문제는 충분한 사과와 그에 상응하는 민간에 대한 배상이 이루어지지 못한 굴욕적인 협상이었다는 것이다.

면서, 우리나라는 연평균 10퍼센트 이상이라는 유례없는 고도성장을 하기 시작했답니다.

하지만 이러한 성장의 이면에는 많은 부작용이 함께하고 있었지요. 먼저 일본과의 관계 정상화는 그 시작부터 격렬한 국민적 저항을 불러일으켰습니다. 일본이 과거 우리를 식민 통치했었기 때문에 국민적 적대감이 만연해 있었고, 협상 결과 또한 정중한 사과와 희생자에 대한 배상이 이루어지지 않은 것이었기 때문이지요. 이때 군부는 비상 계엄령을 선포하고, 반대하는 지식인과 학생들을 북한의 지령을 받은 지하조직인 인민혁명당이라고 몰아붙였습니다. 이른바 '제1차 인혁당 사건'이지요.

　한편 베트남 파병은 5천여 명의 우리 젊은이들의 목숨을 앗아갔으며, 아직까지도 고엽제 피해로 고생하는 사람들을 남겼습니다. 또한 계획적 경제 전략을 위한 정부와 기업의 동맹은 이후 정경유착이라는 패습을 남겼으며, 수도권과 경상도에 대한 개발 집중은 지역 불균형 발전과 지역감정을 유발하게 되었답니다.

　'한강의 기적'이라 불릴 만큼 비약적인 경제성장은 박정희 정부에 대한 지지를 키우며 당당하게 재선을 성공시켰지만, 그의 권력욕도 함께 키웠습니다. 박정희는 당시 재선까지만 가능한 대통령제를 3선까지 가능하게 바꾸고 싶어졌지요. 헌법 개정에는 국회의원들의 합의가 필요했으므로, 그는 이후 치러진 국회의원 선거에서 대대적인 부정선거를 감행합니다. 이에 항의하는 목소리가 커지자 그들은 또다시 간첩사건을 만들었습니다. 바로 유럽에서 통일 운동과 반독재 활동을 하던 지식인들을 간첩으로 몬 '동백림 사건(동베를린 사건)'이지요. 이때 학생이었던 천상병 시인은 모진 고문으로 불구가 되었습니다. 여기에 미국 첩보선인 푸에블로 호가 북한에 납치되는 사건이 터졌는데요, 이로써 군부 정권은 반공 사상을 내세울 더없이 좋은 기회를 얻게 되었지요. 그들은 안보를 내세워 민주화 운동을 탄압하고, 예비군과 학도호국단을 만들어 국민과 학생들까지 군대식으로 통제해나갔답니다.

군부는 그렇게 '3선 개헌'을 통과시켰고, 1971년 마침내 박정희는 세 차례나 대통령에 취임할 수 있었지요. 하지만 당시의 선거는 그리 만만한 것이 아니었답니다. 40대 기수론을 내세운 김대중이 코앞까지 추격하는 득표율을 자랑했으며, 야당의 의석 수도 많이 늘어났기 때문입니다. 문제는 바로 이 점이 박정희의 독재 야욕을 더욱 자극했다는 점입니다. 그는 더 이상 장기 집권에 대한 핑계도 지지도 얻기 힘들다는 사실을 알고, 유신이라는 초강수를 두게 되었으니까요.

1972년 10월 17일, 갑자기 계엄령이 선포되고 국회가 해산되었으며, 모든 정치 활동이 금지된 상태에서 내려진 유신헌법은 평화통일을 위해 더욱 강력한 정부가 필요하다는 명분을 내세웠습니다. 대통령 중임 제한이 폐지되었고, 국민이나 국회의원이 아닌 대통령 직속기구인 '통일주체국민회의'에서 대통령을 뽑도록 했지요. 또한 국민이 아닌 대통령이 직접 국회의원의 3분의 1을 뽑을 수 있었으며, 독립되어야 할 사법부의 인사권까지 대통령이 가지게 되었지요. 형식적인 주권도 대의제도 삼권분립도 존재하지 않는, 헌법핵이 완전히 무시되어버린 사상 초유의 헌정 파괴가 일어난 것입니다.

박정희는 자신이 만든 통일주체국민회의를 통해, 임기가 채 끝나기도 전에 다시 대통령으로 선출되었지요. 모든 것들이 강압과 공포 속에서 이루어졌고, 언제든 국민들을 힘으로 누를 수 있을 것 같았지요.

하지만 이미 많은 것들이 변하고 있었답니다. 한국 경제는 그 어느 나라도 못 쫓아올 만큼 급속한 성장을 이루었지만, 실제로 그 성장의 이면에는 아주 값싼 노동력이 있었지요. 당시 한국이 택한 방법은 값싼 상품을 만들어 수출하는 것이었는데, 이를 위해서는 임금과 농산물 가격이 낮아야 했지요. 분명 경기는 좋아졌고 주변은 풍요로워졌지만, 정부와 기업은 임금과 농산물 가격을 올리는 것을 피했습니다. 그 결과 노동자와 농민들은 여전히 힘겹게 살아가며 상대적 박탈감까지 떠안아야 했지요. 그러면서 지식인에게 일었던 자각이 자본주의가 본격화된 한국 사회의 노동자와 농민들에게도 일어나기 시작했습니다. 그 대표적 사건이 청계천 의류 생산 공장에서 일하던 청년 전태일의 분신자살입니다. 그는 노동 실태를 조사하여 노동청에 진정서를 내는 등 노동 현실을 개선하기 위해 갖은 노력을 다했지만, 아무것도 관철되지 않자 "근로기준법을 준수하라"고 외치며 1970년 11월 13일 분신자살을 택하고 말았지요.

그의 죽음은 많은 사람들을 자각시켰습니다. 노동조합이 만들어지고, 농민들도 가톨릭 농민회를 조직했지요. 서울의 판자촌 철거민들도 이주 대책을 내놓으라며 대규모 시위를 벌였습니다. 그러면서 민주

청소년을 위한 지금 시작하는 인문학

화에 대한 열망이 다시 한 번 번져 나갔습니다. 과거 학생과 정치인에 머물렀던 민주화 운동은 사회 각층으로 번져나갔으며, 판사들마저도 반공법에 반발하며 집단 사표를 제출했지요. 경제 상황도 외채 상환에 대한 부담에 시달렸고, 머지않아 석유파동까지 몰아닥쳤습니다. 이런 힘겹고 혼란한 상황을 박정희 정부는 비정상적인 유신헌법으로 타개하려 했던 것이지요. 심지어 그는 경쟁자였던 김대중까지 납치해 죽이려 했다가, 미국의 압력으로 풀어주어야 했답니다. 이에 반유신 시위가 거세게 일었고, 또 한 번 학생들을 간첩으로 모는 '제2차 인혁당 사건'이 조작되기도 했습니다. 이에 동아일보 등의 기자들까지 나서서 언론 자유 수호를 외치며 투쟁을 전개했고, 문익환, 함석헌 등 사회 각층의 인사들이 의기투합해 유신 철폐를 외쳤지요. 급기야 미국에서조차 한국 인권 탄압을 경고하고 나서기에 이릅니다.

바로 이런 와중에 유신 정권은 당시 야당 총재 김영삼을 국회의원에서 제명해버립니다. 이에 야당 총재를 지지하는 지역인 부산과 마산 지역에서 거센 시위가 일어나게 되는데, 이른바 '부마사태'입니다. 이 사태가 확산되자 이를 해결하려는 과정에서 박정희 대통령의 경호실장 차지철과 중앙정보부장 김재규 사이에서 마찰이 일어납니다. 차지철은 공수부대를 동원한 강제 진압을 주장했고, 김재규는 사태의 심각성을 인식하고 이에 반대한 것이지요. 결국 1979년 10월 26일, 김재규가 궁정동에서 박정희 대통령의 암살을 감행하면서, 마침내 헌법 파괴로 장기집권을 꿈꾸던 박정희 군사정권은 막을 내리게 됩니다.

대학살로 시작된 신군부 정권과 그 몰락

　박정희의 죽음은 군부 정권의 종말이라는 희망을 심어주었습니다. 이를 '80년의 봄'이라고 부르지요. 하지만 그것은 말 그대로 희망 사항에 불과했답니다. 박정희가 죽자 박정희가 군에 심어놓은 중앙정보부격에 해당하는 보안사령부가 군을 장악하고 정변(12·12 군사정변)을 일으킨 것이지요. 보안사령관 전두환은 계엄령을 내리고, 김대중을 비롯한 정치인들을 체포했습니다. 이에 계엄 철폐와 김대중 석방을 요구하는 시위가 광주에서 벌어졌고, 당시 진압의 명분을 찾고 있던 전두환이 군을 동원해 진압에 나선 것이지요. 당시 광주의 학생들과 시위대는 신군부에게 진압의 빌미를 주지 않기 위해 자진 해산하기도 했지

시민들을 무참히 진압하는 계엄군 전두환에 의해 급파된 공수부대원들이 집단발포와 무자비한 살상을 감행했다. 미국은 이 참사를 묵과하는데, 이 때문에 미국의 저의를 의심하는 학생들의 반미 운동이 시작됐다.

만, 정권 장악을 위해 비상사태의 분위기를 만들어야 했던 전두환은 공수부대를 급파해 무자비한 살상을 저질러버립니다. 엄청난 살상을 목격한 광주의 20만 시민들은 도청 앞에 집결했고, 광주에 있는 KBS와 MBC 방송국을 방화했습니다. 당시 방송국은 광주 시민들을 폭도라고 왜곡 보도하고 있었기 때문입니다. 이후 시민들은 경찰서 등에서 무기를 탈취해 진압군과 대치하기도 했지만, 자진해서 무기를 회수하고 민주주의 수호 궐기대회를 열었습니다. 그러나 전두환은 '화려한 휴가'라는 작전명을 내려 탱크를 앞세우고, 광주를 무자비한 학살로 진압해버립니다. 유족들의 주장에 의하면 2천여 명의 사망자를 낸 이 대학살은 훗날 '5·18 광주민주화운동'으로 불리는 사건이지요.

대학살을 자행한 신군부는 '국가보위비상대책위원회'를 발족하고 입법·사법·행정의 3권을 장악합니다. 그리고 통일주체국민회의를 열어 전두환 자신이 대통령으로 취임하게 되지요. 신군부는 국가보안법을 전면에 내세워 체포·구금의 명분을 세우고, 언론 기본법을 만들어 언론을 통제해 방송사들을 KBS 하나로 통합하고, 각 신문사에 군인들을 배치했습니다. 5만여 명이 체포되고 4만여 명이 삼청교육대*로 보내졌습니다.

반면 그들은 유화정책도 함께 사용했습니다. '국풍81'이라는 대규모 예술제를 개최하고, 프로야구도 만들었지요. 통행금지를 해제하고 중·

 삼청교육대 전두환 정권이 사회악을 일소한다는 명분으로 군부대 내에 설치한 기관이다. 폭력범과 사회 풍토 문란 사범을 소탕한다고 했지만, 실상은 정치 탄압에 쓰였다. 무자비한 폭행과 훈련이 자행되었다.

고등학생들에게는 교복과 두발 자유화도 실시했습니다. 여기에 북한과 이산가족 찾기까지 개최해 마치 자유와 평화를 추구하는 정권인 양 행세했지요.

하지만 그들의 다양한 노력에도 민주주의와 진정한 자유에 대한 열망은 온전히 차단할 수 없었지요. 1985년 국회의원 선거에서는 대통령 직선제를 선거공약으로 내세운 신민당이 서울·부산 등 주요 도시에서 모두 당선되는 이변을 일으켰습니다. 많은 국민들이 통일주체국민회의에서 뽑는 대통령이 아닌, 국민들 스스로가 뽑는 민주주의의 대통령을 갈망하고 있었던 것이지요. 야당과 학생들은 이 여세를 몰아 '직선제 개헌 운동'과 '광주 대학살에 대한 진상 규명 운동'을 전개해나갔습니다. 시위는 여기저기서 끊이질 않았고, 당황한 신군부는 '북한이 금강산댐의 물을 방류하면 서울이 물에 잠긴다'는 황당한 속임수를 들고 나오기까지 했습니다. 그리고 1987년 더 이상 직선제 논의를 하지 말라는 4·13호헌 조치도 내려졌지요. 그러는 중 서울대 학생 박종철 군이 고문을 받다가 사망하고, 시위 중 이한열 군이 경찰이 쏜 최루탄에 맞아 뇌사 상태에 빠지면서 저항은 걷잡을 수 없이 번져갔습니다. 결국 직장인들까지도 시위에 동참하는 넥타이 부대가 줄을 이었고, 도심은 매일 직선제와 민주주의를 열망하는 국민들로 가득 차게 되었지요. 결국 6월 29일 신군부는 국민들의 직선제 요구를 수용(6·29 민주화 선언)하고, 시국 사범들의 사면과 언론 자유를 보장할 수밖에 없었답니다.

그렇게 30년에 가까운 군부 세력의 반민주적인 정치가 부단한 국민들의 피와 저항에 의해 막을 내리게 되었지요.

새로운 환경에 봉착한
민주주의 대한민국

박정희 군부와 전두환의 신군부가 끝내 민주화 세력의 저항 속에서 몰락하고, 대한민국은 건국 이래 처음으로 독재의 그늘에서 벗어나게 되었습니다.

하지만 그렇다고 군부 세력이 당장 사라지거나 처벌받은 것은 아니랍니다. 대통령 직선제로 바뀌고 치러진 대통령 선거에서 영남과 호남을 대표하는 두 정치인인 김영삼과 김대중이 분열하면서 표가 나뉘었고, 그 결과 전두환을 이어 대통령을 노렸던 군부의 노태우가 고작 36 퍼센트의 득표율로 대통령에 당선되었기 때문입니다.

희망을 허무로 바꾼 대통령

노태우의 대통령 취임은 의미 있는 것이었지요. 전직 대통령이 임기를 마치면서 혁명이나 군사 정변을 거치지 않고 정권 이양이 이루어진 것이 처음이었기 때문입니다. 그만큼 우리는 제대로 된 민주주의 사회를 살아오지 못했던 것입니다. 또한 처음으로 여당 세력보다 야당 세력이 더 많은 여소야대與小野大 분위기가 형성되었지요. 그동안 집권 세력들은 모든 힘을 동원해 여당의 세력을 키워놓았지만, 이제 정반대가 된 것입니다.

하지만 이런 분위기는 머지않아 평생 대통령이 꿈이었던 한 정치인에 의해 퇴색되고 맙니다. 한때 88올림픽의 성공적인 개최와 저유가 및 달러 약세라는 세계시장의 호조건 속에서 순풍을 달았던 노태우 정부의 경제는, 세계시장 여건이 바뀌고 물가가 폭등하자 위기에 몰리기 시작했습니다. 노태우는 이 위기를 '3당 합당'이란 방법으로 모면해보려고 했습니다. 이에 김영삼의 '통일민주당'과 박정희의 충복이었던 김종필의 '공화당'을 끌어들여 합당을 한, 대통합 여당인 '민주자유당'을 만들었습니다. 김영삼이 누굽니까? 과거 군사정권에 맞서 목숨을 걸고 민주주의를 지켜낸 대표적 투사가 아닙니까? 그런 사람이 자신을 탄압했던 군부의 잔재들과 의기투합한 것이지요. 민주주의를 꿈꾸고 민주주의를 위해 희생해왔던 많은 사람들은 크게 분노했습니다.

여기저기서 규탄 대회가 열렸고, 경찰들의 강경 진압이 뒤따랐습니다. 김대중의 '평화민주당'을 빼고는 모두가 한통속이 되어버렸고, 다

청소년을 위한 지금 시작하는 인문학

3당 합당에 분노하는 노무현 3당 합당으로 보수 대연합이 이루어졌으며, 이후 민주와 반민주의 구도는 진보와 보수의 구도로 바뀌게 된다. 지역 구도도 고착되었다. 김영삼을 통해 정치에 입문했던 노무현은 김영삼과 결별했다.

시 여당이 주도하는 여대야소與大野小가 되어버렸지요. 또한 김영삼과 김대중이 상징적으로 대립하게 되는 이 구도는 이후 경상도와 전라도라는 지역감정을 더욱 뚜렷하게 드러내는 계기가 되었답니다. 마침내 김영삼은 여당의 대통령 후보로 등장해 튼튼한 기득권 세력과 지역감정을 등에 업고, 경쟁 상대인 김대중 후보를 7퍼센트 차로 누르며 그토록 고대하던 대통령에 당선될 수 있었습니다.

김영삼은 비록 야합을 통해 대통령이 되는 불명예를 안았지만, '문민정부文民政府'라는 이름으로 여러 개혁을 시도했습니다. 공직자들의 재산을 공개하는 법을 만들어 그동안 비정상적으로 많은 재산을 축적해온 공직자들을 물러나게 했으며, 금융 거래 때 실명을 사용하게 하는 '금융실명제金融實名制'를 추진하여 검은 돈의 흐름을 차단하려 했습니다. 또한 비리를 저지른 여당의 사무총장과 금융비리 은행장 등을 구속했으며, 과거 전두환의 군대 사조직인 하나회 회원 142명을 해임시켜버렸지요. 그리고 무엇보다 풀뿌리 민주주의의 대명사인 '지방자치제'를 전면적으로 실시했으며, 만족스러운 것은 아니었지만 과거 신군부의 주역이었던 전두환과 노태우를 재판정에 세우기도 했답니다.

하지만 김영삼 정부 또한 군사정권 못지않게 노동운동과 학생운동

을 탄압했으며, 노동자들에게 불리한 노동법과 비밀 시찰을 위한 안기부법을 국회에서 날치기로 통과시켰습니다. 무엇보다 과거 군사정권과 기득권 세력들을 물려받은 탓일까요? 김영삼 정부는 끝내 과거 정치의 유물인 비밀정보 정치와 정경유착에 대한 미련을 버리지 못했고, 결국 몰락의 길을 걷고 맙니다. 특히 대통령의 아들 김현철은 비밀정보 정치를 통해 부정한 방법으로 금융과 인사에 개입했으며, 정경유착을 통해 아버지의 정치자금을 만들고 기업에 특혜를 주었지요. 김현철은 그 과정에서 부실기업 한보철강에 막대한 특혜를 주었는데, 결국 한보철강이 부도가 나면서 각계 기업의 연쇄 부도로까지 이어지게 되었습니다.

한편 서둘러 선진국 대열에 끼고 싶었던 김영삼은 많은 반대를 무릅쓰고 경제협력세계기구^{OECD}에 무리하게 가입했는데요, 그 가입 조건으로 한국 시장을 무분별하게 개방해야 했지요. 결국 국내 은행들은 닥치는 대로 외국자본을 빌려왔고 외국에 갚아야 할 빚은 산더미처럼 불어났습니다. 바로 이런 시점에서 한보철강의 비리가 터진 것이지요. 결국 여기저기서 연쇄 부도가 속출하고 한국의 국가신용도가 떨어지면서 한국 경제는 파탄이 나고 말았습니다.

군사정권 시절 "닭 모가지를 비틀어도 새벽은 온다"라는 말로 민주주의에 희망을 던졌던 정치인 김영삼. 하지만 그는 그렇게 3당 합당을 통해 독재자는 응징된다는 민주주의 세력의 중요한 동력과 자부심의 목을 비틀고, 대한민국 경제를 파탄으로 이끌어 선진국 진입이라는 또 다른 희망의 목을 비트는 주인공이 되고 말았습니다.

경제 파탄의 망령과 싸우는 국민의 정부

한국 경제는 파탄에 이르렀고, 마침내 국제통화기금IMF : International Monetary Fund에 구제금융을 신청해야 했지요. 서둘러 민주자유당은 '한나라당'이라고 이름을 바꾸었으며, 법관 출신의 이회창을 내세워 재집권에 도전했습니다. 경제 파탄에도 불구하고 기득권과 지역감정의 힘은 튼튼해서 이회창은 후보들 중 선두를 달렸지요. 하지만 이회창 후보 아들의 군 병역 비리 문제가 불거지면서 판세는 경쟁자인 김대중에게 유리하게 바뀌었답니다. 결국 1998년 김대중이 대통령에 당선되고, 마침내 건국 이후 최초로 선거에 의한 평화적인 여·야 정권 교체가 이루어졌습니다. 세계 신문들도 이를 대서특필했으며, 김대중은 이후 한국인 최초로 노벨평화상까지 수상했습니다.

김대중 정부가 제일 먼저 떠안은 문제는 김영삼 정부가 물려준 외환위기를 극복하는 것이었습니다. 이에 김대중 정부는 '금 모으기 운동'과 뼈를 깎는 '구조조정' 등을 강행하여 IMF 지원 자금을 3년이나 앞당겨 갚아버렸지요.

또한 김대중 정부는 남북한 간의 긴장관계를 완화시키고자 식량난에 허덕이는 북한을 지원하는 '햇볕정책'을 펴고, 분단 역사상 처음으로 '남북정상회담'을 성사시켰습니다. '6·15 남북공동선언'이 발표되고, 금강산 관광, 개성공단 착공 등 남북 교류와 협력에도 박차가 가해졌지요. 그리고 '의문사진상규명위원회'를 설치해 과거 민주화 운동 과정에서 희생된 많은 투사들의 억울한 진상을 밝히고자 했답니다. 한편 유신 체제 때부터 단일 국정교과서로 발행해오던 고등학교 국사 교과서에서 '한국 근현대사'를 분리해내 검인정* 체제로 바꿈으로써, 한국 현대사가 재조명될 수 있는 여건을 만들어냈습니다.

하지만 사실 김대중 정부는 시작부터 많은 한계를 가질 수밖에 없었습니다. 파탄 난 경제 속에서 IMF 구제금융을 받는 조건으로, 강력한 정리 해고와 금융 등 많은 분야에서 철저한 개방을 약속했기 때문이지요. 외국자본의 유입으로 당장의 경기는 안정을 찾았지만, 많은 사람들이 대량으로 해고되고, 많은 기업과 은행들이 외국자본에 의해 매각되거나 통합되었지요. 살아남은 기업의 이윤은 증가했지만, 해고자가 복직되기보다는 비정규직 사원들만 대거 늘어났습니다. 그 결과 소득 격차는 더욱 벌어졌지요.

또한 기업 주식의 많은 부분이 외국자본으로 채워지면서 기업은 작은 악재에도 쉽게 흔들리기 시작했습니다. 외국자본은 기업을 위해서가 아니라 철저히 자신의 이익을 위해 주식을 사고팔기 때문에, 한국 경제가 안 좋을수록 그 심각성이 더욱 증폭되곤 했지요. 미국과 유럽의 금융시장이 기침을 하면 한국 금융시장이 독감에 걸린다는 말까지 나왔답니다. 게다가 김대중 정부는 국내 소비를 활성화하기 위해 신용카드가 남발되는 것을 방조했는데요, 이로 인해 250만 명에 달하는 신용불량자가 생기게 됩니다.

 검인정 검인정 교과서는 개인들이 편찬해 일반 출판사에서 발행하며, 교육부가 심사해서 인정한다. 반면 국정 교과서는 교육부에서 편찬하여 발행하므로, 교육부의 일방적인 견해가 들어갈 수도 있다.

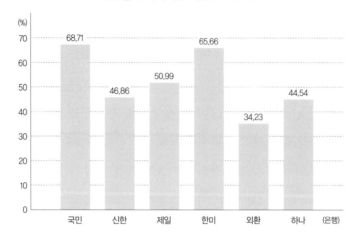

| 은행의 외국자본 비율(2002년 기준) |

김대중 정부에 대한 실망은 경제 이외의 부분에서도 나타났습니다. 이 정부 또한 노동자와 농민을 국가보안법 안에 넣어 억압하려 했으며, 안기부의 횡포를 없애기 위해 만들어진 국가정보원에서는 광범위하게 도청이 감행되었지요.

권위주의와 싸운 바보 대통령

김영삼과 김대중이 돌아가며 대통령에 취임했고, 이로써 민주주의 투쟁을 이끌었던 양 김의 시대도 저물고 있었습니다. 이런 상황에서 가장 지명도가 높은 정치인은 과거 김대중 대통령과 경쟁했던 한나라당의 이회창 후보뿐이었지요. 하지만 실제로 대통령에 당선된 이는 당시 여당이었던 '새천년민주당'에서도 지지 세력이 가장 없었던 노무현이었답니다.

5공 비리 청문회에서 청문회 스타로 등장한 노무현은, 양 김의 시대를 겪으면서 지역감정의 폐해를 실감하게 됩니다. 이에 그는 호남을 지지 기반으로 하는 김대중 쪽에 몸담고 있으면서도, 두 번씩이나 지지 기반이 없는 부산 지역으로 가서 선거를 치렀지요. 경상도 출신인 자신이 전라도라는 지지 기반을 가지고 지역감정의 벽을 뛰어넘어보고 싶었던 것이지요. 하지만 두 번 다 지역감정의 벽에 부딪혀 낙마하고 말았습니다. 그런데 한국의 정치 현실을 생각하지 않는 이 정치인을 안타깝게 여긴 네티즌들이 인터넷을 통해 '노사모(노무현을 사랑하는 사람들의 모임)'를 조직하고, 이후 적극적인 지지를 보내게 됩니다. 이에 그는 당내 미약한 지지율을 극복하고 대통령 후보로 지명되었지요. 또한 그는 수차례의 경선 과정에서도 자신에게 불리한 많은 경선 조건들을 모두 수용하는 아량을 보여주었는데요, 이 점이 더 많은 국민의 신뢰를 불러오기도 했답니다.

노무현은 마침내 최고 지명도를 자랑하던 한나라당의 이회창을 누르고 대통령에 당선되었습니다. 대통령이라는 최고 권력의 자리에 오른 그는 누가 봐도 이제까지의 대통령과는 사뭇 다른 바보 근성을 곳곳에서 발휘합니다. 먼저 그는 사법 개혁을 통해 대통령인 자신까지도 법의 심판대 위에 놓이게 하고, 권력을 행사하는 데 있어 비밀스러운 힘이 되는 국정원을 축소해버리지요. 민주화된 두 대통령도 싸안고 있던 국가보안법을 폐지하려 들었으며, 미국을 상대로 언성을 높이기

헌법재판소의 행정수도건설특별법 위헌 판결 모습 당시 헌법재판소의 판결은 법적 논리가 결여된 것으로, 많은 비난을 받았다. 성문헌법 국가인 우리나라에서 불문헌법을 이야기하는 것은 헌법 위반에 가까웠으며, 과거 우리나라인 조선뿐 아니라 신라나 고려도 이들의 수도가 각각 달라 관습법이라고 하기에 어폐가 있기 때문이다. 한편 수도로 남게 된 서울시민은 환영했고, 충청도민은 좌절해야 했다.

도 했습니다. 스스로 카리스마를 내려놓은 만만한 대통령을 지켜본 보수 신문과 언론은, 이제까지의 역사 속에서의 소극적인 모습을 벗어던지고 대통령을 향해 가장 신랄한 비판을 가했지요. 자수성가로 대통령까지 되었다면 박수를 쳐줘도 모자란 것인데, 오히려 그들은 대통령이 대학을 안 나왔다는 것까지 트집을 잡았습니다.

　노무현은 그렇게 권위주의와 싸우는 최초의 대한민국 대통령이었으며, 또한 취임 이후에도 여전히 지역주의와 싸우는 대통령이었습니다. 그는 지역주의를 타파하고 새로운 도약을 마련하기 위해 취임 전

대선 공약이었던 '수도 이전 계획'을 추진했으며, 야당에게 지역주의를 극복할 수 있는 선거제도를 받아주면 총리와 내각을 내주겠다는 대연정을 제안하기도 했지요. 하지만 대연정은 지지율 하락을 극복해보려는 쇼라고 비판받았으며, 수도 이전은 불문헌법이라는 헌법재판소의 이상한 논리에 부딪혀서 변형되고 말았습니다.

이렇듯 노무현의 다양한 노력들은 기득권의 저항에 휘말리거나 현실이라는 벽에 번번이 무너져 내렸지요. 여기에 일정 수준에 달해 성장이 정체될 수밖에 없는 경제적 상황 또한 그의 발목을 잡았습니다. 그는 경제에 무능한 대통령이라는 비난을 받아야 했으며, 5퍼센트대라는 역대 최저의 지지율을 기록하기도 했습니다. 그러다가 자신의 정당인 '열린우리당'을 지지 발언했다는 이유로 선거법 위반으로 고발되었고, 급기야 대한민국 역사상 최초로 탄핵 소추당하는 대통령이 되었지요. 과거 정권들이 번번이 국회의원들을 해산해왔는데, 그토록 무능하던 국회의원들이 이제는 역으로 대통령을 탄핵하고 나선 것입니다.

그런데 이 역사적 역전극에 분노한 것은 노무현이 아니라 국민들이었습니다. 많은 시민들이 국회로 모여들어 탄핵 소추된 대통령을 위해 촛불을 들었지요. 탄핵을 반대하는 수많은 촛불이 거리를 메웠고, 이후 헌법재판소에서는 탄핵이 기각되었습니다.

탄핵 기각의 폭풍은 열세에 있던 열린우리당이 국회에서 152석을 차지하며 제1당이 되는 결과로 나타났습니다. 이때 궁지에 몰린 한나라당은 박정희 전 대통령의 딸, 박근혜의 등장으로 간신히 의석을 확보할 수 있었지요.

탄핵에 반대해 모인 촛불 시위 인파 대통령 탄핵을 국민들이 막아내는 역사상 초유의 사건이 발생했다. 탄핵을 지지했던 새천년민주당과 자유민주연합은 총선에서 각각 9석과 4석을 얻으며 몰락했고, 한나라당을 몰락에서 구한 박근혜가 새로운 대권 주자로 부상했다.

하지만 제1당을 가진 노무현의 인기는 그리 오래가지 못했답니다. 여전히 회복되지 않는 경제 문제와 실업난, 부동산 폭등 등이 그의 발목을 잡았고, 앞에서 언급한 수도 이전과 대연정 논란들이 이때 이루어지면서 남은 지지마저 추락해버렸지요. 이렇게 경제에 무능한 대통령이라는 그에 대한 평가는 이후, 기업가 출신의 이명박과 경제 부흥을 일으켰던 박정희 전 대통령의 딸인 박근혜가 대통령으로 선출되는 데 많은 영향을 미치게 되었답니다.

이 지지율 저조하고 무능한 대통령은 그러나 퇴임 후 더 많은 사랑과 주목을 받게 됩니다. 새로 취임한 이명박이 FTA 체결 과정에서 쇠고기 수입에 대해 불리한 협상을 했는데요, 이에 미국 앞에서 항상 당당했던 그를 떠올리며 그와 그가 내려간 봉하마을에 많은 관심이 쏟아졌기 때문이지요. 하지만 그는 끝내 다른 대통령들처럼 측근 비리에 휘말렸고, 자살을 택해 파란만장한 삶을 마무리하고 말았답니다.

그런데 우리는 여기서 그의 퇴임 또는 죽음 이후를 주목해야 합니다. 한때 경제성장을 주도했던 '박정희'와 박정희의 유신독재에 항거했던 '김대중'이, 한국 정치의 큰 대척점을 이루고 있었습니다.

하지만 지금은 자신의 명을 다하지 못한 두 대통령에 의해 서로 다른 입장들이 상징되고 있는데요, 바로 '박정희'와 '노무현'입니다. 경제성장의 상징인 박정희의 영향력은 박근혜에게도 이어져 한나라당을 위기 때마다 구원해주었고, 그녀에게 대통령의 자리도 선사했지요.

반면 권위주의를 비판하고 새로운 사회를 갈망할 때면, 이제 대중들은 노무현을 떠올립니다. 이들이 각각 보수와 진보라는 두 진영의 상징이자 구심점으로 자리 잡고 있는 것이지요. 그들은 죽어서 못다 산 삶을 살기라도 하듯, 그렇게 긴 여운을 남기며 끝없이 지지자들을 이끌어내고 있습니다.

힘겨운 한국 역사가
남겨놓은 문제들

식민지와 분단의 역사를 거쳐야 했던 나라, 만들어져 있던 민주주의의 외양만을 가지고 출발해야 했던 나라, 그런 와중에도 어느 나라보다 빠른 경제적 성장을 이루었던 우리나라는 그 과정에서 눈부신 발전만큼이나 많은 문제를 떠안고 달려와야 했습니다. 이렇게 개발 과정에서 형성되기 시작한 문제들은 민주화가 진척된 오늘날까지도 사회 곳곳에 배어 있어서, 더 나은 사회로 발전하려는 우리들의 발목을 잡고 있지요. 또한 그것은 사회에 대한 불신과 균열을 자극하고 원흉으로 자리 잡아, 더 많은 대안을 찾아야 할 시점에서 원활한 대화의 공간을 차단하는 역할을 하기도 한답니다.

친일 청산과 반공 이데올로기 문제

우선 이승만 정부가 자신들의 입지를 튼튼히 하기 위해 적극적으로 끌어들인 친일파 문제와 그와 궤를 같이하는 반공 이데올로기의 문제입니다.

보통 '친일'이라 함은 이완용처럼 국권이 일본에 침탈되는 것을 적극 주도한 매국노와 자신의 재산 축재와 출세를 위해 독립운동가와 동포들을 앞장서서 탄압한 이들을 말하지요. 여기에 일본의 침략과 수탈, 강제징용을 찬양하고 이를 자신이 가진 지명도를 통해 적극적으로 지원한 학계, 언론계, 예술계 인사들도 포함됩니다. 이들은 독립운동 등 국권을 회복하려는 다양한 노력을 좌절시키거나 차단하고, 오직 자신의 배를 채우기 위해 동포를 더 힘겨운 삶으로 몰아간 범죄자라 할수 있습니다. 이들을 처벌하지 않을 경우, 언제든지 우리의 국권을 침탈하려는 외세에 앞장서는 일들이 아무런 죄의식 없이 반복될 수 있겠지요. 나라가 위태로울 때면 언제든지 배신을 해도 된다는 생각을 심어줄 수도 있고요. 또한 이들을 단죄하는 것이야말로 독립운동 과정에서 수많은 희생을 치러야 했던 독립투사와 그 유족들에 대한 최소한의 예의가 될 것입니다.

그러나 이승만 정권은 친일파에게서 정치자금을 지원받으며, 그들을 국가의 주요 관직에 기용하여 그 지위를 더욱 견고히 해주었습니다. 심지어 노덕술과 같이 동포를 체포·감금하는 데 앞장섰던 악덕 친일 세력을 자신의 경쟁 관계에 있는 독립지사들을 처단하는 데 활용하고, 애국자처럼 대우했습니다. 이에 해방이 되었지만 친일 세력이 처단되기는커녕 독립지사들이 친일 행위자들에게 처벌되는 해괴한 상황까지 벌어졌답니다. 실제로 이승만 정권은 국민들의 염원이요, 해방 후 첫 번째 과제였던 '반민족 행위 처벌을 위한 위원회'의 활동을 철저히 방해하여, 고작 사형 1명과 징역형 11명으로 마무리했답니다. 독일에 4년 동안 통치당했던 프랑스가 사형만 1만 2천 명을 언도한 것과는 비교할 수조차 없는 처결이었지요. 그 후 이승만은 반민족 행위 처벌에 앞장섰던 13명 위원들을 공산당으로 몰아 구속했으며, 구속되어 있던 반민족 행위자 11명은 모두 석방해주었답니다.

결국 해방 전이나 후나 대부분의 부와 권력 및 명성까지 이들 친일파가 거머쥐고 있었으며, 그들에 의해 경제와 사회·문화 모든 것들이 주도되어 갔답니다.

또한 그들은 자신들의 입지를 더욱 굳히는 방법으로 반공을 내세우는 데 주도적 역할을 하였는데요, 이는 이후 군부 정권과도 한 몸이 될 수 있는 좋은 명분이 되었지요. 이에 친일 잔재 세력들은 군부 독재 세력을 지원하고, 군부에게서 기업을 경영할 막대한 자금과 혜택을 지원받았으며, 힘을 모아 민주화 세력을 비난하고 탄압해나갔던 것입니다. 오늘날까지도 그들과 그들의 후손은 경제·사회·언론 등 주요 분야 곳곳에 가장 영향력 있는 세력으로 자리 잡고 부와 명예를 향유하고 있습니다.

일례로 우리나라 명문 여대의 대명사인 이화여자대학교의 총장 김활란金活蘭(1899~1970)과 '모가지가 길어서 슬픈 짐승이여……'로 시작하는 시 「사슴」으로 잘 알려진 우리나라 대표 여성 시인 노천명盧天命 (1911~1957)을 들 수 있지요. 그들은 오늘날 누구나 아는 최고의 명성을 누리고 있지만, 일제 식민지 시대에 다음과 같은 글로 우리 민족의 젊은이들을 전쟁터로 몰고 갔답니다.

'이제야 기다리고 기다리던 징병제라는 커다란 감격이 왔다. (…) 지금까지 우리는 나라를 위하여 귀한 아들을 전장으로 보내는 일본의 어머니들을 물끄러미 바라만 보고 있었다. (…) 그러나 조선 여성 자신들이 그 어머니, 그 아내가 된 것이다. (…) 이제 우리에게도 국민으로서의 최대 책임을 다할 기회가 왔고, 그 책임을 다함으로써 진정한 황국신민으로서의 영광을 누리게 된 것이다. 생각하면 얼마나 황송한 일인지 알 수 없다…….'

– 김활란, 「징병제와 반도여성의 각오」, 『신시대』 1942년 12월호

'남아면 군복에 총을 메고 / 나라 위해 전장에 나감이 소원이리니 // 이 영광의 날 / 나도 사나이였드면 나도 사나이였드면 / 귀한 부르심 입는 것을…….'

– 노천명, 「님의 부르심을 받들고서」, 1943년 作

또한 앞에서도 언급한 악덕 경찰 노덕술의 아들 노재봉은 노태우 정부 때 국무총리까지 역임했는데요, 사실 많은 역대 국무총리와 고위 공직자들이 친일파와 무관하지 않았습니다. 심지어 박정희도 친일 행

임종국의 『친일문학론』 임종국은 친일파의 일본 추종 문학만을 다룬 『친일문학론』을 발표해, 친일 문학가들의 실체를 드러냈다. 또한 그는 자신의 아버지조차 친일파였음을 부끄럽게 밝히고, 역사를 바로 세우기 위해 평생을 친일 행위들을 파헤쳐 기록하는 데 바쳤다. 이후 그가 모은 자료를 핵심 토대로 『친일인명사전』이 만들어졌다.

위의 의심을 받고 있으며, 조선일보, 동아일보 등 주요 언론사 대부분도 친일의 오명을 씻을 수 없는 실정이랍니다. 반면 이들이 대대손손 부와 명예를 누릴 때, 많은 독립운동가의 후손들은 패가망신하여 힘겹게 살아가야 했답니다.

다행히 이들 친일 문제는 노무현 정부 때, 보수정당의 강한 저항을 뿌리치고 '친일파 재산 환수법'이라는 수확을 얻어내기도 했지요. 민간에서도 임종국과 같은 양심적 역사가의 노력으로부터 시작된 『친일인명사전』이 출간되어, 친일 행위자들의 기록을 접할 수 있게 되었답니다. 늦게나마 친일에 대한 역사를 바로잡을 기회를 갖게 된 것이지요.

그렇다면 이제 친일 문제는 모두 해결된 게 아닐까요? 이제 오랜 세월이 지났으니, 모두 용서하고 새 출발을 하는 것은 어떨까요? 하지만 그것은 친일 당사자들의 반성을 토대로 하지 않는다면 요원해 보입니다. 이미 많은 부분 사회적 지위와 문화의 주도 세력이 된 이들은 친일을 인정하고 반성하기보다는, 친일의 불가항력을 대변하거나 일본 침략이 근대화를 앞당겼다는 논리를 더 선호하고 있답니다. 심지어 그 후손들은 죄의식조차 느끼지 못하면서, 반성을 촉구하는 세력을 빨갱이나 열등한 불만 세력 정도로 치부하려 하는 이들도 있지요. 특히 최근 부상하고 있는 뉴라이트^{New Right}는 이런 보수 논리를 앞세워 역사를 수정하려고까지 하고 있답니다.

군부의 개발 독재가 남긴 문제와 진보 진영의 종북 문제

이승만 이후 이어진 박정희와 전두환의 군부 독재는 민주주의를 심하게 침해했습니다. 하지만 그들이 보여준 경제적 성과는 눈부신 것이었습니다. 실제 그 경제적 원인 분석이 어떻게 되었든 간에 분명 그들의 재임 기간 중에 그 어느 시기보다 큰 경제적 발전이 이루어졌으며, 이는 많은 국민들의 기억 속에도 분명히 남아 있는 것이지요. 특히 박정희 정부가 이룬 경제적 도약은 우리나라와 같은 시기에 독립한 많은 제3세계 국가들과 비교해본다면 더욱 그 성과의 경이로움을 느낄 수 있답니다. 놀라운 경제성장의 이유를 우리 국민의 학구열이나 근성에서도 찾을 수 있겠지만, 그런 경우 이승만 정권의 실패는 설명하기 힘들게 되는 것이지요.

바로 이런 점 때문에 박정희는 오늘날에도 가장 존경하는 대통령 중한 명으로 손꼽히며, 그가 자행한 많은 비민주적 탄압조차 일부 세력에게는 쉽게 용서받을 수 있는 것이 되어버렸습니다. 한편 그가 이룩해낸 경제적 업적에는 일정한 한계와 부작용이 함께하고 있는데요, 그중 대표적인 것이 정경유착政經癒着이지요.

박정희 정부는 특정 분야를 키우기 위해 특정 기업에 많은 혜택을 주었으며, 그 대가로 많은 정치자금을 받았습니다. 이에 다른 기업에게 공평한 기회가 돌아가지 못했으며, 특혜 기업들만이 문어발식으로 기업을 확장하며 거대한 재벌로 성장할 수 있었지요. 이후 이런 특혜 기업들은 당당히 경쟁하기보다 권력에 의존하며 불공정한 거래를 자

우리 사회의 첫 번째 교양, 민주주의와 한국 사회 ·

행했으며, 정치인들 또한 당연히 정치자금을 받는 섯으로 여기며 국민을 위한 정치가 아니라 돈 받은 기업을 위한 정치를 계속해나가게 되었지요. 이렇게 뿌리 깊이 정착된 기업과 정치인들의 유착은 민주 정부가 들어서서도 쉽게 개선되지 못해 끊임없이 문제가 불거졌으며, 심지어 대통령과 그의 가족들까지 비리에 연루되곤 했답니다.

군사정권의 경제 발전이 만들어놓은 또 하나의 문제는, 과거 방식의 경제 발전에 대한 막연한 기대감입니다. 국민들의 기억에 비록 독재정권이지만 훌륭한 성과를 냈다는 생각이 남아 있어서, 경제가 어려워질수록 그에 대한 향수가 강하게 일어나고 있는 것입니다.

하지만 당시의 경제 발전은 우리나라가 아무것도 없는 불모지의 후진국적 경제에서 개발도상국으로 급속한 발전을 이루는 단계였습니다. 과거 독일 등 후발 선진국들의 경우를 보더라도, 초기의 도약 단계에서는 경제가 급속하게 발전하는 경향이 있는데요, 한국도 그런 예라 할 수 있지요. 지금은 거의 모든 선진국들이 그러하듯, 일정 단계로 돌입하면 더 이상 급성장은 이루어지기 힘듭니다. 쉽게 말해 개발하고 확대하기엔 충분히 많이 개발되어 있고, 임금도 상승해 수지 타산이 맞지 않는 단계로 진입한 것입니다. 문제는 바로 이런 경제의 정체 단계가 전두환 정권 때부터 서서히 시작되고 있었고, 민주주의 정부가 들어설 즈음에는 이미 도달되어 있는 시점이었다는 것이지요. 그래서 GNP 1만 달러 시대를 운운하며 선진국들만 든다는 OECD (Organization for Economic Cooperation and Development, 경제 협력 개발 기구) 가입도 가능했던 것이고요. 게다가 이때가 바로 강대국들이 약소국 시장에 개방 압력을 넣고 있었던 '세계화'라는 치열한 경쟁이 본격화된 시기이기도 했답니다. 이런 내외적인 변화는 필연적으로 경제성장 속도를 늦추기에 충분했던 것이지요. 여기에 또 IMF까지 터졌습니다. 이에 많은 국민들의 인식 속에는 그토록 좋다는 민주주의가 경제 약화를 보여준 셈이 되었고, 오히려 강한 독재력을 가진 지도자의 강력한 경제 개발을 그리워하는 경향이 생겨나게 된 것입니다. 오늘날도 여전히

대한민국의 야경 사진 야경 사진을 보면 수도권과 경상도 지역에 많은 불이 들어와 있어, 그 발전된 양상을 한눈에 확인할 수 있다. 이런 불균형 발전은 지역주의로 이어져, 정책 선거가 아닌 감정적 선거를 양산했다.

경제적 문제가 가장 큰 관심사이기에, 한국 사회는 또다시 박정희를 불러내고 싶은 마음으로 그의 딸 박근혜를 대통령으로 당선시켰지요.

군사정권 시대 개발 독재가 만들어놓은 또 하나의 부작용이 있습니다. 그것은 바로 지역 간 불균형과 지역감정이지요. 오늘날 대부분의 주요 산업은 수도권 및 경상도 지방에 몰려 있습니다. 물론 호남 지역은 넓은 평야를 이루고 있어, 곡창지대에 공장을 세우기도 애매한 노릇이겠지요. 하지만 문제는 박정희를 비롯한 과거 군사정권과 그 참모들이 모두 경상도 출신이라는 점입니다. 여기에 박정희의 라이벌이었던 김대중은 전라도였지요. 이때부터 본격적으로 지역감정이 부추겨지기 시작합니다. 박정희 정권은 자신들이 경상도 정권임을 강조하고, 전라도가 경상도에 복수하려 한다는 등의 음모를 내세워 경상도 표를 결집시키곤 했기 때문이지요. 또한 김대중을 빨갱이로 몰고, 이

후 전두환이 집권 명분을 찾기 위해 광주 시민을 폭도로 몰아세우면서 전라도에 대한 인식은 더욱 악화되어 갔습니다. 이렇게 군사정권에 의해 형성된 지역감정은 김영삼이 3당 합당을 하면서 민주화된 사회에서도 고착되었답니다. 혼자 남은 김대중의 야당은 전라도 세력을 더욱 뭉치게 했으며, 반대편에서는 또 그만큼 더 전라도 세력을 배척하게 되었으니까요. 오늘날에도 여전히 지역감정은 선거에서 당락을 가르는 가장 중요한 변수 중 하나로 자리 잡고 있는데요, 결국 정치가 공약과 정책 대결이 아니라 출신 지역의 대결이 되어버린 것이지요.

한편 군사정권의 탄압과 맞서면서 생긴 진보 진영 내의 문제도 있는데, 바로 최근 불거진 종북 문제랍니다.

해방 후 우리나라 학생운동은 크게 두 진영으로 나누어져 있었습니다. 하나는 자본가와 노동자의 계급 갈등을 먼저 해결해야 한다고 주장하는 '민중민주파'로 주로 'PD People's Democracy'라고 부릅니다. 그리고 다른 하나는 우리나라가 미국의 식민지이므로, 먼저 이 외세에서 벗어나 남북한이 자주적으로 통일을 해야 한다는 '민족해방파'로 'NL National Liberation'이라 불렀습니다. 물론 이들이 군사정권에서 주장하는 간첩은 아니지요. 그런데 전두환에 의해 광주 대학살이 자행되었을 때, 미군은 이를 묵과합니다. 바로 이 사건으로 미국의 저의가 의심받게 되고, 미국의 식민지에서 해방되어야 한다는 민족해방파(NL)가 힘을 얻게 되었답니다. 학생운동의 주도 세력이 된 민족해방파는 전두환 정권을 퇴진시키는 데도 주도적 역할을 했지요.

문제는 이들이 북한과 남한의 자주 통일을 강조하다 보니, 지나치게 북한의 사상과 유사성을 보이는 무리가 섞여 있었다는 점입니다. 그리고 최근 그 급진 세력의 숨은 지도자로 주목받고 있는 이석기가 친북 및 국가 반란 선동 음모 재판에 회부되면서, 북한을 따르는 무리가 있다는 종북 문제가 가시화되기도 했지요. 하지만 정작 중요한 문제는 그 진실 여부를 떠나, 그들과는 무관한 많은 진보 세력들의 이미지까지 함께 악화되어 버렸다는 점이지요. 이는 결국, 이제 막 기지개를 켜기 시작한 진보 진영의 대중화에 커다란 걸림돌로 작용하고 있답니다.

변화된 환경과
새롭게 떠오르는 문제들

이제 대한민국에는 누가 봐도 그럴싸한 민주주의 정부가 들어섰고, 민주주의가 우리의 당연한 권리임을 내세우는 사람들도 많아졌습니다. 게다가 선진국 소리는 못 듣고 있지만, 국내 기업이 세계시장을 주름잡는 등 웬만한 나라 부럽지 않은 경제력도 과시하고 있지요. 하지만 변화된 인식 구조와 경제 환경만큼이나 이미 우리가 살고 있는 사회의 구조도 알게 모르게 변모하고 있었답니다. 이 변모한 사회 구조는 제대로 진단조차 하지 못한 상황에서 또다시 '세계화'라는 커다란 압력에 노출되어야 했습니다. 이렇게 변화된 사회 구조와 세계화의 여파는 과거와는 또 다른 문제들을 불러내고 있었습니다.

변화된 경제 환경과 새로운 문제들

민주화가 이루어지면서 더 이상 독재로 회귀할 수 없는 선거법 등의 제도 장치와 국민감정이 정착되어 갔습니다. 선거와 투표를 통해 국민들의 의사가 반영되고 있으며, 국민감정에 부응하지 못한 정당은 스스로 변모해야 살아남을 수 있게 되었답니다.

김영삼 정부 때 본격화된 지방자치는 각 지역 시민들의 욕구를 반영하며 서서히 자리를 잡아가고 있으며, 지방자치단체장들의 정치적 영향력도 함께 높아졌습니다.

하지만 지방 정치인들은 지역민들에게 서둘러 가시적 성과를 보이고자 하고, 지역민들 또한 경제적 성장에만 지나치게 집착하는 경향이 많았지요. 그 결과 지나친 투자 유치가 발생하는 곳이 속속 등장하기도 했는데요, 이는 지역민의 경제를 더욱 어렵게 하고 무책임한 지방정부가 양산되는 결과를 낳기도 했답니다. 이에 정치인뿐 아니라 지역민들도 더 신중한 논의와 판단을 하려는 노력이 필요할 때가 된 것이지요.

그리고 과거 독재정부들이 자행해오던 언론에 대한 대대적인 탄압도 자취를 감추었습니다. 하지만 여전히 정부가 공영방송인 KBS의 사장 임명권을 가지고 있고, MBC에는 국가 보유 지분이 많이 있어 방송사의 독립은 한계를 가질 수밖에 없습니다. 방송사의 잦은 파업은 이런 정부의 영향력에 의해 실제로 편집권이 침해받고 있다는 주장에서 나온 것입니다.

오랜 세월 대중들에게 막대한 영향력을 가진 신문사들은 민주화가

기자실 통폐합 방안을 발표하는 노무현 정부 발표가 이루어지자 거대 언론들은 노무현 정부에 대해 사상 초유의 언론 탄압이라고 강하게 반발했다. 하지만 국제 인권단체 프리덤 하우스가 매년 발표하는 '세계의 자유' 보고서에서 노무현 정부는 한국 역사상 처음으로 '언론의 자유' 등급이 1등급이 되었다.

되자, 언론을 왜 제4의 권력이라 부르는지 확실히 보여주기 시작합니다. 아마도 그 대표적인 것이 앞에서도 언급한 노무현 비판과 여론몰이일 것입니다. 이에 노무현 정부는 보수 언론의 집중포화를 줄이고자 기자들의 직접 취재를 제한하는 기자실 통폐합을 추진했는데요, 또다시 거대 언론사들의 비난의 화살을 받아야 했지요.

사실 군사정권 때에도 의식 있는 기자들만이 통제 대상이었을 뿐, 거대 언론 사주들은 정부의 보호망 안에 있었다고도 할 수 있었습니다. 조선일보와 동아일보는 식민지 시대부터 지배층과 야욕을 함께

해왔으며, 중앙일보는 대기업 삼성의 계열사이지요. 이들은 언론 재벌로 이미 기득권 세력이었으며, 재벌 기업들과의 결혼 등의 관계를 통해서도 기득권을 더욱 공고히 했습니다. 과거 이들의 보수적인 발언은 독재 정부에 억눌려 있기에 편향적이라 의심받을 수 있었지만, 이제 민주화가 이루어지면서 아주 투명하고 중립적인 보도처럼 포장될 수 있는 것이지요. 더욱이 이들 신문의 구독률은 70퍼센트에 육박하는데요, 그만큼 우리 사회가 기득권의 입장만을 듣고 있다고도 할 수 있답니다.

거대 언론의 영향력은 정치·경제적인 면에서 더욱 확대됩니다. 이명박 정부가 이들에게 종합편성채널 사업을 허용해주었기 때문입니다. 케이블 TV나 위성 TV는 우리나라 국민들의 80퍼센트가 밤낮을 가리지 않고 시청할 수 있는데요, 그만큼 뉴스 등을 통해 많은 영향력을 미칠 수 있는 매체입니다. 이에 재벌, 신문사, 외국자본처럼 여론을 좌우할 수 있는 힘 있는 집단은 종합편성채널 사업에 뛰어드는 것을 제한하고 있었는데, 이명박 정부가 이를 허용한 것이지요. 이로써 가뜩이나 영향력이 강한 보수 언론들의 발언권은 더욱 강해졌으며, 막대한 자본을 가지고 이 사업 분야마저 잠식할 기회를 확보한 것입니다. 심지어 이때 거대 언론을 허용할 명분을 찾기 위해 외국자본에도 이를 허용했는데요, 그 결과 일본 텔레비전 아사히까지도 국내 사업에 손을 뻗을 수 있게 되었답니다.

이렇게 기득권 세력의 영향력이 확대되어가며 언론의 방향이 보수 성향으로 치우쳐 가는 가운데, 그동안 진보적 성향을 내세운 한겨레,

경향신문 등의 신문은 자립성을 더욱 상실해가고 있는 실정입니다. 모두 합해 구독률이 10퍼센트에도 못 미치는 이들 신문은 갈수록 그 영향력이 줄 뿐만 아니라 경제적 어려움까지 겹치게 되었는데요, 이에 광고 유치를 위해서라도 삼성이나 현대 등 재벌 기업을 비판하는 데 더욱 소극적이 될 수밖에 없는 형편에 몰렸다고 할 수 있지요.

결국 오늘날 한국의 언론은 탄압이 아니라 기득권의 논리와 경제적 논리 안에서, 보수적 편향을 가질 뿐 아니라 스스로에게 투명한 보도를 제한하는 상황으로 나아가고 있다고 할 수 있습니다. 이렇게 언론의 분위기는 보수화가 심화되어가고 있으며, 심지어 언론 스스로가 자발적으로 비판 기능을 포기하려는 경향까지 보이기도 합니다. 이런 상황에서 그나마 다행인 것은, 인터넷 포털 사이트의 등장이지요. 이들은 과거 기득권층과도 거리가 있을뿐더러, 첨단 문화라는 점에서 젊은 세대와 더 가깝게 있는 언론이라 할 수 있습니다. 이들이 새롭게 부상하면서, 한쪽으로 치우쳐 있는 여론과 견해들에 대해 역동적인 견제와 균형의 역할을 하기 시작한 것이지요.

하지만 민주화 이후 무엇보다 강하게 대두되는 것은 경제적 문제와 그 대안입니다. 실제로 군사정권에서 민주주의 정권으로 넘어가는 시기에 경제 및 사회적 환경이 너무나 많이 변해버렸습니다.

산업화가 진전되고 여성의 취업이 늘자 출산율이 줄어들었고, 반면 의학의 발달로 수명이 길어지면서 고령화가 급속히 진행되었지요. 이로 인해 일 인당 부양해야 할 노인 인구 비율이 증가하고 있었지만, 오

히려 경제성장은 일정 수준에 도달해 성장이 둔화되고 있었지요. 이런 시점에서 세계화로 인한 개방은 물론 경제 파탄으로 IMF 구제금융까지 받게 된 것이랍니다. 이때 대량 실업이 발생하고, 외국자본이 물밀듯이 들어와 경제구조는 더욱 불안정하게 바뀌어버렸답니다.

김대중 정부의 노력은 간신히 경기를 회복세로 돌리게 했으며, 머지않아 대기업들은 도약을 하며 세계무대에 우뚝 서기도 했지요. 하지만 그 성장만큼 일자리가 느는 것은 결코 아니었습니다. 새로운 일자리는 비정규직으로 채워졌고, 발돋움하기 시작한 기업들은 대부분 IT 관련 기업으로 많은 노동력을 필요로 하지 않았답니다. 또한 대기업들의 남은 여력은 해외 마케팅과 해외 지사 확장으로 이어져 국내 고용에는 큰 영향력을 줄 수 없었답니다. 그리고 법인세 감면 등으로 만들어진 대기업의 투자 여력은 국내의 새로운 투자로 이어지기보다, 국내 중소기업들의 영역을 침범하는 사례로 나타났지요. 이에 가뜩이나 위축된 중소기업 및 자영업자들의 입지는 더욱 궁지로 몰리게 되었답니다.

이런 현상들이 맞물리자 소득 격차는 갈수록 벌어지기 시작했습니다. 승승장구하는 대기업과 그 종사자들은 임금이 크게 뛰고, 비정규직으로 전락한 사람들이나 고령화된 노인들, 위축된 자영업자들의 소득은 크게 줄어버린 것이지요. 여기에 식지 않는 사교육의 오랜 영향으로 저소득층 자녀들의 사회 진출 기회는 더욱 줄었지요. 이는 점점 더 구조적으로 굳어져 가는 사회 구조와 맞물리며 빈부 격차뿐 아니라, 노력을 통한 경제적 신분 이동까지 어렵게 만들었습니다. 이러한 세태를 반영하듯 '88만 원 세대''나 '이태백과 사오정'''이란 신조어가 유행하기 시작했지요.

반면 이러한 변화와 움직임으로 과거 경제에 대한 향수와 신자유주의식 경쟁에 대한 비판이 서로 맞부딪치고 있기도 한데요, 이것이 또 하나의 보수 · 진보 갈등이나 세대 갈등을 초래하기도 한답니다.

88만 원 세대 비정규직 초임 임금이 88만 원 정도라는 데서 얻어진 말. 이런 상황을 분석해 소개한 경제학자 우석훈의 책 제목이기도 하다. 이 책은 많은 젊은이들에게 공감을 불러일으켰다.
이태백과 사오정 이태백은 '20대 태반이 백수'를, 사오정은 '45세면 정년'을 의미한다.

통일은 필요한 것인가

마지막으로 우리에게 여전히 남겨진 가장 큰 과제이면서도, 과거와는 사뭇 다른 분위기 속에 풀어내야 할 문제가 있습니다. 바로 통일 문제이지요. 한때 통일은 반드시 이루어져야 하는 민족 감정의 문제였습니다. 해방 직후 당연히 우리 민족이 하나라는 의식이 강했고, 남북 분단 이후에도 많은 이산가족이 언제 다시 만날지 기약이 없는 애끓는 시간을 인내해야 했지요. 하지만 세대가 바뀌고, 남북이 하나였음을 피부로 느꼈던 사람들이 사라져 가고 있습니다. 새로운 세대에게 통일은 이론적인 문제일 뿐 피부에 와 닿지 않으며, 북한보다 훨씬 잘살고 있는 남한이 굳이 통일을 해야 하는가 하는 의문이 자연스럽게 일고 있는 상황으로 보입니다. 이런 분위기는 남한뿐만은 아닌 것 같습니다. 많은 북한의 주민들도 체제가 완전히 다르고 거의 왕래가 없는 남한과는 이질감이 크며, 오히려 같은 공산주의 국가이자 우방으로 여기는 중국과는 많은 동질감을 느끼고 있다고 합니다.

그렇다면 이제 통일은 애써 추구할 필요가 없는 게 아닐까요? 이 질문에 대해 무조건 잘못된 것이라고 말한다면, 현실을 도외시한 감정적인 대답에 불과한 것일 수 있습니다. 우리는 오히려 통일의 이유를 분단비용과 통일비용이라는 접근을 통해, 현실적으로 판단해야 할 때가 온 것입니다.

먼저 분단을 유지하면서 얻어지는 득과 실이 분단비용인데요, 이에는 경제적 비용과 핵 문제 등 위험에 대한 비용이 있을 것입니다. 먼저 남한의 남성들은 분단으로 대립되어 있는 한 국방의 의무를 다해야 하며, 국방비 또한 수십조 원에 이르고 있습니다. 문제는 이 비용이 미래 발전을 위한 투자비용이 아니라 소모비용이라는 점이며, 통일이 이루어진다면 기간산업 투자비용이나 복지비용으로 활용될 수 있는 재원이라는 점이지요. 그리고 지속되는 핵 위험은 국제시장에서의 한국 경제에 대한 저평가 요인으로 작용하고 있습니다. 분단으로 인해 제기되는 정치·사상·학문 등 모든 분야에서의 우편향과 한계성도 사회 발전을 위한 다양한 담론을 저해하고 있답니다. 또한 북한이 가지고 있는 많은 양의 자원과 남한의 앞선 기술이 하나로 만날 때 많은 시너지 효과를 낼 수 있으며, 늘어나는 인구수만큼 경제 규모와 대외 영향력이 확대될 가능성이 높지요. 이는 남한이 중국으로 진출할 때나 북한이 대양으로 뻗어나갈 때 서로가 걸림돌이 되는 상황이 사라지게 되는 것이기도 합니다.

한편 통일 과정에서 드는 비용도 생각해보아야 하는데요, 이 비용이 너무 커서 통일 후의 이익을 초과한다면 통일 자체가 큰 의미를 갖지 못하기 때문입니다. 여기에는 통일이 이루어지는 과정에서 생기는 위기관리 비용과 체제나 제도가 하나로 통합되면서 생기는 비용, 낙후된 북한 경제를 위한 투자비용 등을 들 수 있지요. 분명한 것은 이들 비용이 소모비용이 아니라 투자비용이라는 점입니다. 이들에 대한 비용이 적재적소에 유용하게 쓰이면 한반도 전체의 자원을 효율적으로 사용할 수 있으며, 물류비가 감소하고 남한 기업들의 유용한 인력 확보와 투자처 확보에도 많은 도움을 주는 것이지요. 다행히 독일의 통일 후

남북한 교류의 상징인 개성공단 남한의 자본과 기술이 북한의 토지, 인력과 결합하면서, 남북 교류의 상징이 되었다. 이는 또한 북한에게 자본주의 문화를 간접적으로 경험하게 하는 계기로 작용하기도 한다. 개성공단의 가동 여부는 남북한 교류가 얼마나 원활한가를 나타내는 지표이기도 하다.

성공 사례가 이를 희망적으로 보게 하고 있답니다.

독일은 서독이 낙후된 공산주의 동독을 오랜 기간 원조하면서 서서히 통일로 나아간 경우인데요, 이 또한 평화로운 방법으로 통일로 가는 하나의 방법을 제시한 것이지요. 그렇다고 무조건 독일을 따라 해야 한다는 것은 아닙니다. 우리와 북한의 처지에 맞게 알맞은 최선의 방법을 찾아 나가야겠지요. 이에 우리 국민 또한 2가지 큰 방법 중에서 고민하고 있답니다. 북한을 핵무기 국가요, 믿을 수 없는 국가로 적대시하고 경계하는 것이 통일에 도움이 될까, 아니면 하루라도 빨리 경제적 교류를 확장하고 각종 원조 등을 통해 서로의 신뢰와 동질감을 쌓아가는 것이 더 도움이 될까 같은 고민입니다.

물론 개중에는 북한을 지원해봤자 핵무기를 만들고 전쟁 준비에만 쓰기 때문에 오히려 역효과가 난다고 말하는 사람도 있으며, 오히려 북한을 못살게 내버려둠으로써 하루빨리 스스로 붕괴하도록 유도해야 한다는 의견도 있습니다. 하지만 그들이 핵무기를 고수하는 것도 전쟁의 목적보다는 미국 등의 강대국에게 체제 유지를 지원받고자 하는 수단일 가능성이 높습니다. 북한 지도부 또한 오랫동안 자신들의 체제를 지속할 수 없음을 잘 알고 있기 때문이지요.

한편 북한에 대한 다양한 지원은 오히려 그들에게 더욱 쉽게 자본주의에 익숙하게 하고, 자본주의의 장점을 받아들이게 하는 역할을 합니다. 만약에 북한에 붕괴가 일어난다 해도 이미 자리 잡은 자본가 및 자본주의 추종 세력의 힘은 북한의 과거 집권 세력의 강압을 이겨낼 힘이 될 가능성이 높아지고, 그만큼 한국 사회에 더욱 쉽게 통합될 수 있을 것입니다. 반면 북한이 고립된 상태에서 붕괴한다면 가까운 사회주의 국가인 중국의 개입이 더욱 수월해지며, 성장하지 못한 북한 내 자본주의 추종 세력의 힘은 과거 집권 세력에 진압되기 쉬울 것입니다. 이는 또 다른 북한 공산 정권을 세우거나, 북한이 중국 성향과 남한 성향으로 분리되어버릴 위험성도 커지는 것이지요.

사실 북한이 남한과 거리를 둘수록 그들은 고립과 침체된 경제를 해결하기 위해 중국 등의 타국에 의존하는 경향이 강해집니다. 최근 그들은 경제적 난국을 중국에 개발 이권을 넘기는 식으로 풀어 나가고 있습니다. 말할 필요도 없이 남북한의 사이가 좋을 경우 당연히 이들 개발 이권은 남한이 먼저 차지할 수 있겠지요.

이렇게 여러 상황을 살펴볼 때 지원을 차단하기보다는, 북한 주민들에게 실질적인 지원이 이루어지도록 하는 방안을 찾으며, 더 많은 교류를 유도해내는 것이 유리한 게 아닐까요? 원활한 교류를 통해 북한의 주민들이 자본주의 체제에 열린 태도를 갖게 하고, 스스로 더 윤택한 체제를 향해 한 걸음 한 걸음 다가서게 하는 게 더 효율적이지 않을까요? 저 개인적으로는 그러한 생각을 해봅니다.

보수와 진보가 펼치는
사회의 다양한 청사진

　　우리 사회에는 다양한 문제가 등장하며, 또 새로운 정책을 입안하는 데 대한 다양한 논의들이 이루어지고 있습니다. 그런데 항상 문제나 정책을 이해하고 방향을 제시하는 데 있어 많은 논쟁들이 일곤 합니다. 특히 그 논쟁들은 '보수 논리다' '진보 논리다' 하는 대립으로 흐르고 있으며, 심지어 좌익 빨갱이니 수구 꼴통이니 하는 험한 말로 서로를 공격하기까지 합니다. 도대체 보수나 진보가 무엇이기에, 그것을 고집하며 치열하게 싸우는 것일까요? 서로 손을 맞잡고 화합을 이룰 수는 없는 것일까요? 이번 장에서는 바로 보수와 진보의 개념에 대한 이야기를 해보기로 하지요.

자유방임에서 공산주의까지

보통 '보수적'이라고 하면 고리타분하고 새로운 생각을 잘 받아들이지 않는 성향을, '진보적'이라 함은 변화된 생각을 쉽게 받아들이고 뭔가 진취적인 듯한 느낌을 주지요. 그러다 보니 보수보다 진보가 더 긍정적으로 보이기도 합니다. 하지만 이 용어가 정치·사회적 의미로 쓰일 때는 어느 한쪽이 부정적인 의미를 갖지 않습니다. 다음 질문을 한번 보세요.

"위험하지 않게 지금처럼 안정적으로 하루하루를 살 것인가?" 아니면, "위험을 무릅쓰고라도 더 나은 내일을 살 것인가?"

아마 이 물음에는 개인적으로 좋고 싫음은 있을지언정, 어느 한쪽이 절대적으로 옳고 그르다 말할 수 없을 것입니다. 보수와 진보란 이렇게 현 상태의 안정을 추구하는 쪽의 견해냐, 좀 더 변화된 사회를 추구하는 쪽의 견해냐 하는 것으로 단순하게 일반화해볼 수도 있지요. 그리고 이것은 정치·사회적인 문제냐, 경제적인 문제냐에 따라서, 또는 시대와 나라에 따라서 미묘한 의미의 차이를 보이며 다양한 모습으로 전개됩니다. 우리가 예전에 많이 사용하던 우익과 좌익, 우파와 좌파라는 말도 비슷하면서도 시대와 나라에 따라 미묘한 차이를 나타내며 사용되고 있는 용어랍니다.

먼저 우익과 좌익은 프랑스혁명 직후 국민의회 등에서 우측에는 왕당파같이 기득권층이, 좌측에는 제3계급 대표들이 앉으면서 유래되었습니다. 이후 초기 근대 국가에서는 왕정을 지키거나 혁명 이전으로

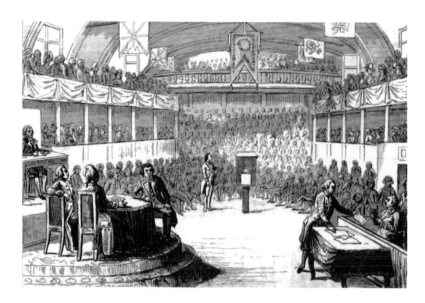

대립되는 세력이 좌우로 나누어 앉은 프랑스 국민의회 프랑스혁명 직후의 국민의회에서는 왕을 지키려는 왕당파가 오른쪽에, 제3계급이 왼쪽에 앉았다. 이후 치러진 국민의회에서는 제3계급이 온건파인 지롱드파와 급진파인 자코뱅파로 나누어졌다. 이때도 온건파는 오른쪽에 급진파는 왼쪽에 자리함으로써 자연스레 전통이 되었다.

돌아가려는 사람들을 '우파' 또는 '보수'라고 칭하게 되었으며, 자유를 내세우며 새로운 민주주의 국가를 요구하는 이들은 '좌파' 또는 '진보' 라는 이름으로 불리게 되었지요. 하지만 부르주아 중심의 근대 민주주의 국가가 형성되고, 여성과 노동자들이 소외되는 상황이 계속되자 이를 극복하려는 다양한 노력들이 전개되었습니다. 그러면서 과거 시민계급의 주축이자 변화에 앞장섰던 부르주아는 이제 '우익 보수'로 불리게 되었으며, 모두에게 평등한 권리와 투표권, 사회권을 보장해달라고 외치던 이들이 '좌익 진보'로 불리게 되었답니다.

한편 오늘날 보수와 진보는 정치·사회적인 면보다 경제적인 측면에서 더욱 그 색깔을 달리하며 나누어진다고 볼 수 있답니다.

　우선 맨 오른쪽 극단의 보수 진영에는 '자유방임주의'를 놓을 수 있습니다. 이는 개인의 자유를 완전히 보장하는 것으로, 국가가 개인의 자유와 권리, 재산권 등을 침해할 수 없지요. 또한 국가는 경찰의 역할을 할 뿐 국민에게 특별한 도움을 주지 않는 것이지요. 이는 개인의 자유가 완전히 보장되지만, 기득권자에게 일방적으로 유리해질 수 있다는 단점이 있습니다. 경제력과 권력을 가진 자들이 자신이 가진 것을 마음대로 휘두를 경우 노동자들은 쉽게 해고되고, 극단적 상황에 몰려도 아무런 도움을 받을 수 없게 되기 때문이지요. 이는 한때 초기 부르주아 사회의 주장이었지만, 대공황 등을 야기할 뿐 실패로 끝났습니다.

　반대로 왼쪽의 극단에는 모두가 평등하게 잘살기 위해 생산수단을 공유하는 '공산주의' 또는 '사회주의'가 있답니다. 아시다시피 러시아와 동유럽의 공산주의 실험은 실패로 끝났으며, 중국만이 자본주의 요소가 가미된 변형된 공산주의를 만들어가고 있습니다.

　부르주아적 자유주의에 대한 반발로 공산주의가 등장했다면, 공산주의가 갖고 있는 과격한 혁명을 버리고 점진적으로 사회주의로 나아가려는 부류가 등장하게 되었는데, 바로 '사회민주주의'입니다. 이들은 자유민주주의의 의회제도를 통해 사회주의의 이상을 실현할 수 있다고 생각했으며, 실제로 이들이 집권함으로써 복지국가가 탄생하게 된답니다. 대표적인 곳이 핀란드, 노르웨이, 스웨덴 등 북유럽 복지국가들이지요.

　한편 사회주의보다 민주주의를 더 강조하는 '민주사회주의'도 있답니다. 그들은 자본주의 체제를 극복하기보다 독재를 거부하고, 생활 곳곳에 민주주의를 현실화함으로써 사회주의만큼이나 많은 사람들이 평등함과 부를 누리고자 하였지요. 그들에게 생산수단의 공유화는 여러 수단 중의 하나이자 최후의 보루였답니다.

이렇게 전후 유럽의 많은 나라들이 사회민주주의나 민주사회주의를 내세우며 복지국가를 추구해나갔지요. 미국 또한 심각한 경제 대공황을 극복하는 과정에서 국민들이 상품을 살 수 있는 능력을 키워야 한다는 케인즈주의^{Keynesism}를 내세우며 복지를 확대해갔으며, 패망했던 독일도 마찬가지였답니다. 전후 경제적으로 최악의 조건이었던 스웨덴은 전체경영자조합과 전체노동자조합이 서로 임금을 합의하기로 약속하면서, 비슷한 직무를 가진 사람은 비슷한 월급을 받거나 생활에 필요한 많은 서비스를 국가가 제공하는 최고의 복지국가로 우뚝 솟기도 했답니다.

하지만 유가가 5배가량 뛰어오르는 오일 쇼크가 터지자 많은 상황이 변하기 시작했습니다. 세계 경기는 침체가 지속되었으며, 그동안 미자격자가 수혜를 받는 등 복지국가의 지나친 재정지출도 도마 위에 오르게 되었지요. 이에 미국의 레이건^{Ronald Reagan}과 영국의 대처^{Margaret Hilda Thatcher}가 복지에 대해 재정지출을 줄이는 작은 정부를 내세웠습니다. 더불어 과거 기업들이 자유롭게 경영을 했듯이 각종 규제를 풀고, 오히려 기업들에게 세금 혜택 등의 지원을 시작했습니다.

이렇게 해서 자유를 최대한 확장하며 복지 혜택을 최소화하는 것을 주장하는 '신자유주의'가 세계의 주 흐름으로 부상하게 됩니다. 이들은

주로 '신보수주의' 경향을 띠기도 합니다. 신자유주의가 경제적으로 과거 자유주의적 성향을 강화하고자 하는 것이라면, 신보수주의는 정치·문화적으로 과거의 전통과 권위로 복귀하고자 하는 것이지요. 그래서 영국과 미국은 '작지만 강한 정부'라는 신보수주의의 기치 아래 주변국들에게는 자신들의 신자유주의를 강요해나갔지요. 그들이 주변국에 강요한 신자유주의는 세계화의 이름으로 경쟁력이 낮은 약소국가들까지 자신들처럼 규제를 푸는 것이었습니다. 그 결과 그들은 군사적으로나 경제적으로 강한 영향력을 발휘할 수 있었지만, 약소국가들의 경제는 채 발전도 하기 전에 침식당하는 꼴이 되었답니다.

한편 자유주의를 기본으로 하면서 복지제도를 강화하려는 것을 '사회자유주의'라고 하고요, 시장적 분위기를 많은 부분 수용하면서도 복지국가의 면모를 지켜내려는 것을 '제3의 길' 또는 '중도좌파'라고 부르기도 한답니다.

최근에는 그토록 강경했던 신자유주의의 흐름도 빛이 바랜 상황이랍니다. 자유를 앞세워 경쟁과 세계화를 추진하던 신자유주의가 서브프라임 문제로 그 한계를 드러냈기 때문이지요. 사실 미국의 실제적인 힘은 세계 기준 화폐인 달러를 찍어내는 데 있었고, 이를 통해 금융 장

우리 사회의 첫 번째 교양, 민주주의와 한국 사회 ·

　사를 해오던 것인데, 서브프라임이라는 금융 붕괴가 일어나 그 실체가
드러난 것입니다.

　그런가 하면 한때 과도한 복지 지출로 허덕이던 스웨덴은 사회민주
주의적 성향을 강하게 유지하면서도 다시 안정을 되찾았는데요, 이는
다수의 유럽 국가들이 재정 위기를 겪고 있는 것과는 상반된 것이어서
많은 시사점을 던져주기도 한답니다.

　이렇듯 오늘날 사회는 신자유주의적 모색과 함께 사회민주주의적
인 모색도 이루어지고 있으며, 또는 이들 사이에서 다양한 실험의 중
도적인 방법들이 모색되고 있다고 할 수 있습니다.

한국 사회에서의 보수와 진보

자유방임에서 공산주의까지 다양한 견해들이 있음을 살펴보았습니다. 그런데 이상의 기준은 실제 각 나라에 적용될 때 그 뉘앙스와 의미에서 꽤 많은 차이를 보입니다. 특히 식민지와 분단으로 점철되었던 우리나라의 경우 더욱 큰 차이를 보이며 사람들에게 통용되었다고 할 수 있지요.

먼저 과거 우리나라는 '우익'과 '좌익'이라는 개념을 주로 사용하였습니다. 여기에서 '좌익'이라 함은 보통 공산주의나 사회주의를 추구하는 사람이지요. 하지만 이승만 정부와 군사정권을 거치면서, 독재를 거부했던 순수한 민주주의 세력이나 통일을 주장했던 보수적인 민족주의 세력까지도 모두 좌익으로 치부하게 됩니다. 그리고 여기에 한국전쟁까지 겹치면서 좌익에 대한 강한 적대감을 갖게 되었지요. 물론 좌익이란 말은 상대적으로도 사용할 수 있지요. 그런 차원에서 본다면 우리나라는 지나치게 우편향적으로 되어 있다고 할 수 있답니다. 마치 근대 초기의 사회처럼 민주주의를 부르짖는 것 자체가 좌익이라고 비난받아왔으니까요.

한편 대한민국의 우익은 미군정의 집권과 일제 친일파들의 대거 집권으로 강한 반공주의와 국수주의적 성향을 띱니다. 즉 친일 세력과 독재 정권이 장기 집권을 획책하는 과정에서 지나치게 북한을 적으로 간주하면서, 보수에게 북한은 포용해야 할 한 민족이 아니라 해체되어야 하는 집단이 되어버린 것이지요.

이러한 좌우 간의 대립 개념은 군사정권이 막을 내리고, 민주주의 정권들이 들어서면서 서서히 보수와 진보라는 개념으로 대체되기 시작합니다.

먼저 보수의 개념을 살펴봅시다. 기존의 군사정권과 구 박정희 세력인 김종필 세력에 새로운 김영삼 민주주의 세력이 결탁하면서, 보수라는 개념이 포괄하는 의미와 그 지지층이 과거 우파 개념보다 더 확대됩니다. 또한 IMF를 전후로 부상하기 시작한 신자유주의자들도 한국의 보수주의 세력으로 자리 잡았는데요. 이후 이들은 노무현 정권 전후로 '수구' '부패' 이미지로 점철된 기존 우파 세력의 한계를 극복하겠다며, '뉴라이트' 또는 '신우파'라는 말을 내세웠지요. '뉴라이트 전국연합'과 '뉴라이트 네트워크' 등으로 대표되는 이들은 신자유주의와 신보수주의를 대변하는 역할을 하게 됩니다.

또한 그들은 과거 독재의 왜곡과 은폐에서 벗어나 만들어진 오늘날의 근현대사 교과서를, 보수 기득권의 입장에서 다시 서술하고자 노력하고 있답니다. 정당으로 본다면 과거 군사정부부터 3당 합당의 민주자유당, 한나라당으로 이어져 내려온 새누리당이 대표적인 보수정당이랍니다.

한편 현재 새정치민주연합으로 불리는 민주당 세력은 신자유주의, FTA 등 정치·경제적 측면에서 보면 보수정당에 포함될 수 있답니다. 하지만 우편향적인 한국의 현실과 민주주의 획득에 대한 오랜 투쟁의 이미지로, 많은 사람들에게 진보정당으로 인식되어왔답니다. 이런 우리나라의 우편향적인 인식이 가장 잘 드러나는 것은 노무현 정권을 보는 시각일 것입니다. 많은 사람들이 그와 열린우리당을 '노빠'라는 이름하에 '극좌파' '극진보' 정도로 생각하고 있는 것이지요. 하지만 노무현 정권은 일반적인 기준으로 볼 때 '중도우파' 정도라고 여겨지고 있습니다. 세계화 속에서 신자유주의적 경제를 적극적으로 추진하면서도, 기득권 세력 등의 권위주의 추방과 민영화 계획을 유보하는 등의 행보가 조금이나마 진보를 지향하는 우파로 평가되는 것이지요. 또한 새정치민주연합과 과거 열린우리당을 모두 사회자유주의로 보는 견해도 있답니다.

그렇다면 도대체 우리나라의 좌파는 어디 있는 것일까요? 살펴본 바와 같이 우리나라의 주요 정당들은 거의 다 보수 쪽으로 치우쳐 있으니 말이지요.

사실 노무현 탄핵 이전, 지난 48년간 한국에서 국회에 진출한 정식 진보정당은 전무했습니다. 이는 이승만 정권이 진보정당을 빨갱이로 몰아 거의 전멸시켰고, 이후 군사정권들 또한 진보정당이 쉽게 발붙이기 힘들게 해왔기 때문이지요. 하지만 진보 세력들은 노동조합과 학생운동을 중심으로 꾸준히 그 세력을 키워왔으며, 마침내 대표적 진보정당인 민주노동당이 10석이라는 의석을 획득하게 된답니다. 이는 노무현 대통령 탄핵이라는 보수 세력의 가공할 만한 행보에 놀란 국민들이 처음으로 진보에 대한 지지를 보낸 것으로도 볼 수 있답니다. 이로써 우리 사회는 우쪽으로 여전히 많이 치우쳐 있긴 하지만, 그나마 다양한 견해를 개진할 수 있는 균형추로서 진보정당을 얻게 된 것이지요.

그러나 진보정당인 통합진보당, 정의당, 노동당 등은 아직까지도 그 이름조차 알지 못하는 사람들이 많을 정도로 미미하며, 심지어 종북 논쟁에 휘말려 부정적 이미지를 끝내 벗지 못하고 있는 실정이랍니다.

한편 이런 생각도 해볼 수 있습니다. 보수와 진보는 무조건 대립만을 하는 것일까요? 적어도 오늘날 확실한 것은 양 진영 모두 똑같은 첫 번째 목표를 가지고 있다는 점입니다. 그것은 바로 경제적 안정 또는 번영이지요. 이 경제적 안정과 번영을 목표로 보수는 파이를 키워야만 더 많이 먹을 수 있다는 생각으로 기업에 집중하자고 하는 것이며, 진보는 일반 국민이 상품을 살 수 있는 여유가 있어야 기업이 돌아간다고 맞서는 것이랍니다.

또한 그 실천 과정에서도 입장은 다르지만 양 진영이 똑같이 주장하는 필연적 방법이 대두되는데요, 바로 권위주의를 없애고 모든 과정을 투명화하자는 것이랍니다. 현대의 민주주의는 민주주의를 생활 속에 실제화하기 위해 끊임없이 권위주의를 타파하는 쪽으로 나아가고 있으며, 기업과 공공 기관 모두 야합 등이 없는 투명화 절차를 통해 공정한 경쟁으로 나아갈 것을 요구받고 있기 때문이랍니다. 그러므로 우리는 각 진영의 다양한 견해에 귀 기울이면서도, 경제적 비전은 물론 권위주의 타파와 그 실현 과정에서의 투명화 여부 등을 함께 고려해야 할 것입니다.

대한민국 공화국의 변천사

한국 정치사를 보면 제3공화국이니 제5공화국이니 하는 말을 하지요. 이는 헌법의 큰 틀이 변했을 때 적용하는 말인데요, 일반적으로 대통령제인가 아니면 내각제인가와 같은 통치 구조에 따라 분류한답니다. 다음은 우리나라의 공화국 변천사인데요, 물론 공화국이 바뀔 때마다 큰 폭의 헌법 개정이 있었답니다.

제1공화국	이승만 정부	대통령제 (대통령 간선제 ➡ 대통령 직선제)
제2공화국	장면 정부 (대통령 : 윤보선)	의원내각제 (국무총리가 실권 장악)
제3공화국	박정희 정부	대통령제 (대통령 직선제 4년 / 중임)
제4공화국	박정희 유신 체제	영도적 대통령제 (대통령 간선제 6년 / 중임 제한 없음)
제5공화국	전두환 정부	대통령제 (대통령 간선제 7년 / 단임)
제6공화국	노태우 정부 ⋮ 박근혜 정부	대통령제 (대통령 직선제 5년 / 단임)

← 1960년 4·19 혁명

← 1961년 5·16 군사정변

1979년 10·26 사태
← 1979년 12·12 군사정변
1980년 5·18 광주민주화운동

← 1987년 6·29 민주화 선언

영도적 대통령제 헌법상 대통령이 타 국가기관보다 월등하게 우월한 지위를 가져서, 타 기관이 대통령의 권력 독점을 견제할 수 없는 정치제도.

참고 문헌

제1장 그리스와 세계의 신화

오비디우스, 『원전으로 읽는 변신이야기』, 천병희 옮김, 숲, 2005

윤일권 외, 『그리스 로마 신화와 서양 문화』, 문예출판사, 2004

토마스 벌핀치, 『벌핀치의 그리스 로마 신화』, 이윤기 편역, 창해, 2009

김성대 편저, 『상식으로 꼭 알아야 할 그리스 로마 신화』, 삼양미디어, 2007

최순옥, 『북유럽 신화 여행 : 인간보다 더 인간적인 신들의 이야기』, 서해문집, 2012

이야기연구회 편저, 『청소년을 위한 이야기 세계신화』, 민중출판사, 2006

박영목, 『과학이 말해주는 신화의 진실』, 북스힐, 2012

멜리사 리틀필드 애플게이트, 『벽화로 보는 이집트 신화』, 최용훈 옮김, 해바라기, 2001

싱유, 『중국신화의 즐거움』, 정수국 옮김, 차이나하우스, 2011

신동흔, 『살아있는 한국 신화 : 흐린 영혼을 씻어주는 오래된 이야기』, 한겨레출판, 2014

제2장 현대 회화

E. H. 곰브리치, 『서양미술사』, 백승길·이종숭 옮김, 예경, 2002

캐롤 스트릭랜드, 『클릭, 서양미술사』, 김호경 옮김, 예경, 2012

H. W 잰슨·A. F. 잰슨, 『서양미술사』, 최기득 옮김, 미진사, 2008

질 플라지·장 라쿠튀르, 『이미지로 보는 서양미술사』, 이봉순 옮김, 마로니에북스, 2007

도병훈, 『청소년을 위한 서양미술사』, 두리미디어, 2006

박갑영, 『이야기 청소년 서양미술사』, 아트북스, 2008

팸 미첨·줄리 셸던, 『현대미술의 이해』, 이민재·황보화 옮김, 시공사, 2004

존 톰슨, 『세계 명화 속 현대 미술 읽기』, 박누리 옮김, 마로니에북스, 2009

강은주, 『모나리자도 반한 서양 미술관』, 거인, 2011

구어슈쉬앤, 『그림을 보는 52가지 방법』, 김현정 옮김, 예경, 2006

유경희, 『10개의 테마로 만나는 아트 살롱』, 아트북스, 2012

제3장 서양 유럽사

헤로도토스, 『헤로도토스 역사』, 박현태 옮김, 동서문화사, 2008

헤로도토스, 『페르시아 전쟁사』, 강은영 옮김, 시그마북스, 2008

타키투스, 『타키투스의 연대기』, 박광순 옮김, 범우, 2005

한스 크리스티안 후프, 『임페리움』, 박종대 옮김, 말글빛냄, 2005

신선희 · 김상엽, 『이야기 그리스·로마사』, 청아출판사, 2006

에드워드 기번, 『로마제국 쇠망사』, 이종인 옮김, 책과함께, 2012

시오노 나나미, 『로마인 이야기 1』, 김석희 옮김, 한길사, 1995

시오노 나나미, 『또 하나의 로마인 이야기』, 한성례 옮김, 부엔리브로, 2007

허승일 외, 『인물로 보는 서양고대사』, 길, 2006

김진, 『30분에 읽는 예수』, 랜덤하우스코리아, 2005

헤이르트 마크, 『유럽사 산책』, 강주헌 옮김, 옥당, 2011

피에르 베즈바크, 『세계경제사』, 박상은 옮김, 현실문화연구, 2012

주경철, 『대항해 시대』, 서울대학교출판부, 2008

CCTV 다큐멘터리 대국굴기 제작진, 『대국굴기 강대국의 조건 : 포르투갈, 스페인』, 안그라픽스, 2007

CCTV 다큐멘터리 대국굴기 제작진, 『대국굴기 강대국의 조건 : 네덜란드』, 안그라픽스, 2007

CCTV 다큐멘터리 대국굴기 제작진, 『대국굴기 강대국의 조건 : 영국』, 안그라픽스, 2007

CCTV 다큐멘터리 대국굴기 제작진, 『대국굴기 강대국의 조건 : 독일』, 안그라픽스, 2007

윤승준, 『하룻밤에 읽는 유럽사』, 알에이치코리아, 2012

강철구, 『서양 현대사의 흐름과 세계』, 용의숲, 2012

오인석, 『세계 현대사』, 서울대학교출판문화원, 2014

제4장 철학과 과학

앤서니 케니, 『고대철학』, 김성호 옮김, 서광사, 2008

앤소니 A. 롱, 『헬레니즘 철학』, 이경직 옮김, 서광사, 2000

플라톤, 『플라톤의 대화편』, 최명관 옮김, 창, 2008

이한규, 『청소년을 위한 소크라테스와의 대화』, 두리미디어, 2011

미하엘 보르트, 『철학자 플라톤』, 한석환 옮김, 이학사, 2003

아리스토텔레스, 『형이상학』, 김재범 옮김, 책세상, 2009

신재식, 『아우구스티누스 & 아퀴나스』, 김영사, 2008

토마스 오미어러, 『신학자 토마스 아퀴나스』, 이재룡 옮김, 가톨릭출판사, 2012

노영덕, 『플로티노스의 미학과 예술의 존재론적 지위』, 한국학술정보, 2008

헨리 채드윅, 『아우구스티누스』, 김승철 옮김, 시공사, 2001

클라우스 리젠후버, 『중세사상사』, 이용주 옮김, 열린책들, 2007

김효명, 『영국경험론』, 아카넷, 2007

한자경, 『칸트 철학에의 초대』, 서광사, 2006

콜린 A. 로넌, 『세계과학문명사 1·2』, 김동광 외 옮김, 한길사, 1997

곽영직, 『과학기술의 역사』, 북스힐, 2009

김영식 외, 『과학사신론』, 다산출판사, 2005

오진곤, 『과학사 총설』, 전파과학사, 1996

홍영석, 『과학의 역사』, 교우사, 2002

배리 가우어, 『과학의 방법 : 역사적 철학적 고찰』, 박영태 옮김, 이학사, 2013

존 로지, 『과학철학의 역사』, 정병훈 외 옮김, 동연, 1999

존 그리빈, 『한번은 꼭 읽어야 할 과학의 역사 1·2』, 최주연 옮김, 에코리브르, 2005

존 L. 캐스티, 『현대과학의 6가지 쟁점』, 김희봉·권기호 옮김, 지식의풍경, 2005

일본 뉴턴프레스, 『뉴턴 하이라이트 뉴턴 역학과 만유인력』, 뉴턴코리아, 2011

게일 E. 크리스티안슨, 『만유인력과 뉴턴』, 정소영 옮김, 바다출판사, 2002

제임스 맥라클란, 『물리학의 탄생과 갈릴레오』, 이무현 옮김, 바다출판사, 2002

니콜라우스 코페르니쿠스, 『천체의 회전에 관하여』, 민영기·최원재 옮김, 서해문집, 1998

오철우, 『갈릴레오의 두 우주 체계에 관한 대화』, 사계절, 2009

가마타 히로키, 『세계를 움직인 과학의 고전들』, 정숙영 옮김, 부키, 2010

공하린, 『3일 만에 읽는 과학사』, 서울문화사, 2006

박민아, 『뉴턴 & 데카르트』, 김영사, 2006

리처드 커니, 『현대 유럽 철학의 흐름』, 임헌규·곽영아·임찬순 옮김, 한울, 2009

이승훈 외, 『포스트모더니즘과 문학비평』, 고려원, 1994

권택영, 『포스트모더니즘이란 무엇인가』, 민음사, 1990

김욱동, 『포스트모더니즘의 이해』, 문학과지성사, 2004

제5장 민주주의와 한국 사회

김철수, 『헌법학개론』, 박영사, 2002

김학성, 『헌법학원론』, 피앤씨미디어, 2014

강만길, 『고쳐 쓴 한국현대사』, 창작과비평사, 2006

조동걸, 『한국 근현대사 개론』, 역사공간, 2014

LEWIS A. COSER, 『사회사상사』, 신용하 옮김, 시그마프레스, 2010

셰리 버먼, 『정치가 우선한다』, 김유진 옮김, 후마니타스, 2010

정종섭, 『대한민국 헌법 이야기』, 나남, 2013

한상범, 『살아있는 우리 헌법 이야기』, 삼인, 2005

안병길, 『약자가 강자를 이기는 법』, 동녘, 2010

한대희, 『청소년 정치 수첩』, 신홍민 옮김, 양철북, 2008

손석춘, 『민주주의 색깔을 묻는다』, 우리교육, 2010

도정일·박원순, 『다시 민주주의를 말한다』, 휴머니스트, 2010

정경영·김현철, 『글로벌 이슈와 한국의 전략』, 밀레, 2009